项目
管理
XIANGMUGUANLI

高等学校项目管理系列规划教材

U0748373

现代项目质量管理

王祖和 ◎ 编著

Managing
Project Quality

中国电力出版社
CHINA ELECTRIC POWER PRESS

内 容 提 要

本书根据质量管理的一般原理,针对项目的特殊性,吸收目前国内外质量管理、项目质量管理的最新成果,全面、系统地阐述了项目质量管理的理论、方法与技术。本书包括项目质量管理导论、项目质量数据、项目质量管理方法、项目质量规划、项目质量保证、项目质量控制、项目质量控制形成过程管理、项目质量精益管理8章内容,可作为高等学校项目管理、工程管理等专业教学用书,同时也可供项目管理从业人员自学参考。

图书在版编目 (CIP) 数据

现代项目质量管理/王祖和编著. —北京:中国电力出版社,2014.1(2023.12重印)
高等学校项目管理系列规划教材
ISBN 978-7-5123-4891-2

Ⅰ. ①现… Ⅱ. ①王… Ⅲ. ①项目管理-质量管理-高等学校-教材
Ⅳ. ①F273.2

中国版本图书馆 CIP 数据核字 (2013) 第 210080 号

中国电力出版社出版、发行

北京市东城区北京站西街 19 号 100005 http://www.cepp.sgcc.com.cn
责任编辑:闫丽娜 责任印制:钱兴根 责任校对:王晓鹏
中国电力出版社有限公司印刷·各地新华书店经售
2014 年 1 月第 1 版·2023 年 12 月北京第 7 次印刷
787mm×1092mm 16 开本·19.25 印张·442 千字
定价:68.00 元

《高等学校项目管理系列规划教材》专家委员会

主　任　钱福培　国际项目管理协会（IPMA）中国认证委员会主任

西北工业大学教授

（以下按姓氏拼音排序）

委　员　陈德泉　中科院科技政策与管理科学研究所教授

陈信祥　北京项目管理协会副会长兼秘书长

过剑寿　北京项目管理协会副秘书长

胡新渝　北京项目管理协会副会长

欧立雄　中国（双法）项目管理研究委员会副主任兼秘书长

西北工业大学国际项目管理研究院副院长

王守清　清华大学国际工程项目管理研究院副院长、教授

王瑶琪　中央财经大学副校长、教授

薛　岩　中国（双法）项目管理研究委员会副主任委员

北京大学软件与微电子学院教授

邹祖烨　北京项目管理协会常务副会长

《高等学校项目管理系列规划教材》编写委员会

| 总　序 |

随着市场经济的发展，市场竞争越来越充分，越来越多的企业采用项目的形式开展工作，项目已逐步成为各类企业应对变化和挑战、实现其战略目标的有效途径，成为经济社会发展的助推器。项目管理能力也正在成为企业核心竞争力的重要组成部分。

近年来，我国许多支柱产业和领先行业都引入了项目管理理念和方法，项目管理作为一种通用的管理技术，已被广泛地应用到航空、航天、冶金、煤炭、水利、电力、建工、造船、石化、矿产、机电、兵器、IT、金融、保险、教育及政府部门，获得了瞩目的效率和效益。项目管理的理念、方法及标准已得到政府部门、相关机构和众多企业的认可，各行各业对项目管理人才的需求急剧增加，已纳入 2010~2020 年国家人才规划。杰出的项目管理人才成为组织的高端人才和社会的稀缺资源。

我国项目管理的学位教育近年来的发展也十分迅速，目前已有200 多所院校设立了工程管理本科专业，在教育部本科专业目录中英文名为 Project Management，即项目管理。2004 年，中央财经大学等院校经国家教委批准，自主设置了项目管理本科专业并正式招生。2004 年 72 所高校正式开办项目管理领域工程硕士专业学位教育以来，我国项目管理学位教育发展更为迅猛。项目管理领域工程硕士的报考人数和录取人数迅速跃居全国 40 余个工程硕士专业的第一位。目前全国已经有161 所高校具有项目管理领域工程硕士培养权，每年招生 1 万余人。

2006 年 7 月，经全国自学考试办公室批准，福建省和天津市分别开设了高等教育自学考试项目管理专业（独立本科段），分别由福州大学、厦门大学和天津理工大学担任主考学校，并对合格者授予项目管理学士学位，使项目管理本科学位教育又向前迈进了一步。

为适应我国社会经济发展的需要，满足社会各行各业对具有国际视野的应用型项目管理专业人才不断增长的迫切要求，促进我国项目管理专业教育体系的建设与完善，从 2010 年起，中国（双法）项目管理研究委员会（PMRC）与北京项目管理协会联合，共同向北京市高等教育自学考试办公室申报并组织开办了与国际项目管理专业资质认证体系（IPMP）相结合的高等教育自学考试项目管理专业(专科、独立本科段）项目。该项目的特色是"学历证书和从业资格证书"相结合，学生毕业时既能取得国家承认的、由中央财经大学作为主考学校的高等教育自学考试学历证书，同时成绩合格者又能取得相应级别的、由中国（双法）项目管理研究委员会引进的国际项目管理专业资质证书。开考三年多来，报考已近万人次。在北京试点成功后，考试将陆续在河北等其他省市展开。

为了规范高等教育自学考试项目管理专业考试，满足其持续发展的需求，提高教学及考试质量，我们设立了"高等教育自学考试项目管理专业专家委员会"和"高等学校项目管理系列规划教材编写委员会"，就高等教育自学考试项目管理专业建设、教学与考试标准、题库建设、教材建设等进行研讨和规划。本系列教材共有 12 册，面向项目管理的本科学位教育，同时兼顾其他项目管理学历和学位教育的需要。

本系列教材的突出特点是与国际项目管理资质认证标准的融合，注重理论与实务相结合，既有基础理论及知识体系的阐述，又有案例、方法的解读与点评。本系列教材难度适中，能同时满足工科与非工科背景考生的学习和备考需求。教材每章后均配有多种题型的练习题，这些练习题与考试题型保持一致，以方便考生的学习和掌握。

本系列教材的编写委员会由国际项目管理专业资质认证辅导与评估专家、高等学校项目管理学位教育负责人和具有丰富的项目管理教学经验的教师组成，因而教材内容充分体现了与国际接轨的要求。

项目管理是一门发展迅速的学科，其理论、方法、体系、应用等方面还在不断发展与完善之中，加之专业的局限性和写作时间限制，本系列教材定会有其不足之处，敬请广大项目管理专业师生与考生在教学和学习备考过程中提出宝贵意见和建议，并及时反馈给我们，以便我们能够及时对教材进行修订与完善，也便于我们不断提高教材质量，更好地为项目管理专业的广大师生服务。

中国（双法）项目管理研究委员会副主任兼秘书长

西北工业大学国际项目管理研究院副院长

高等学校项目管理系列规划教材编委会主任

| 前　言 |

　　项目质量与项目费用、时间、安全、环境、可持续发展等构成项目的主要目标，从而成为判断项目成败的关键因素之一。所以，项目质量管理自然就成为项目管理的重要内容之一。优质的项目或服务无论是对项目相关组织，还是对国家、社会都具有战略性的重要意义。

　　项目质量管理是指围绕项目质量所进行的指挥、协调和控制等活动。进行项目质量管理的目的是确保项目按规定的要求令人满意地实现，它包括使项目所有的功能活动能够按照预期的质量及目标要求得以实施。项目的质量管理是一个系统过程，在实施过程中，应创造必要的资源条件，使之与项目质量要求相适应。项目各参与方都必须保证其工作质量，做到工作流程程序化、标准化和规范化，围绕一个共同的目标——实现项目质量的最佳化，开展质量管理工作。项目质量管理由优化的质量方针、质量计划、组织结构、项目过程中的活动以及相应的资源所组成，包括整体管理职能为确保项目能够满足质量需求所展开的过程的所有活动，这些活动包括确定质量政策、目标和责任。在项目生命周期内，需要持续使用质量计划、质量控制、质量保证和改进措施，最大限度地满足顾客的需求和期望，并争取顾客满意度最大化。

　　本书根据质量管理的一般原理，针对项目的特殊性，吸收目前国内外质量管理、项目质量管理的最新成果，全面、系统地阐述了项目质量管理的理论、方法与技术。

　　本书有以下五大主要特点：

　　1. 针对性

　　项目不同于一般产品，项目质量管理不同于一般产品质量管理。项目的质量管理与一般产品质量管理相比，具有共同点也存在不同点。项目质量管理的不同点是由项目的复杂性、动态性、一次性、系统性、生命周期属性、单件性等特点所决定的。本书充分考虑项目的特殊性，针对项目的特点，全面阐述项目质量管理，严格区分了项目质量管理与一般质量管理。

2. 全面性

本书围绕着项目质量管理的原理、方法与技术，针对项目质量形成的全过程、影响项目质量的全因素、项目质量管理的全要素进行了全面叙述。

3. 前沿性

本书主要参考了美国《项目管理知识体系》（《PMBOK2008》）、《国际项目管理专业资质认证标准》（《ICB3.0》）、《中国项目管理知识体系》（《C-PMBOK2008》）等最新成果，同时结合项目质量管理的最新成果，有些是作者本人的研究成果，如项目质量持续改进、项目质量精益管理、项目质量责任制、项目质量文化等，使得该书能跟踪国际最前沿。

4. 理论性

运用科学原理，采用科学方法与工具，系统论述了项目质量数据、项目质量管理与控制方法等理论知识，以丰富项目质量管理的理论知识。

5. 适用性

采用理论与实际相结合的方式，结合实际案例对项目质量管理理论进行验证，努力避免空洞的叙述。

由于时间和水平，本书肯定存在错漏，恳请读者不吝指正，以便再版时改进。

作　者

| 目　录 |

第 1 章

项目质量管理导论

引　言

　　项目质量、费用、时间、安全、对环境的影响、可持续发展能力、客户满意度等构成项目的多元目标，从而成为判断项目成功与否的关键因素。可见，项目质量管理是项目管理的重要内容之一。项目不同于一般产品，项目质量管理不同于一般产品质量管理。本章将从介绍项目及项目质量的概念和特点出发，叙述项目质量管理的概念与基本原理。

本章学习目标

　　重点掌握：项目质量的概念、项目质量形成过程及影响因素；项目质量管理定义及原则；PDCA 循环原理、全面质量管理原理、质量控制原理、质量保证原理。

　　一般掌握：项目定义；项目质量管理概念模型；系统原理。

　　了解：质量管理及其发展史概略；合格控制原理及监督原理。

本章学习导航

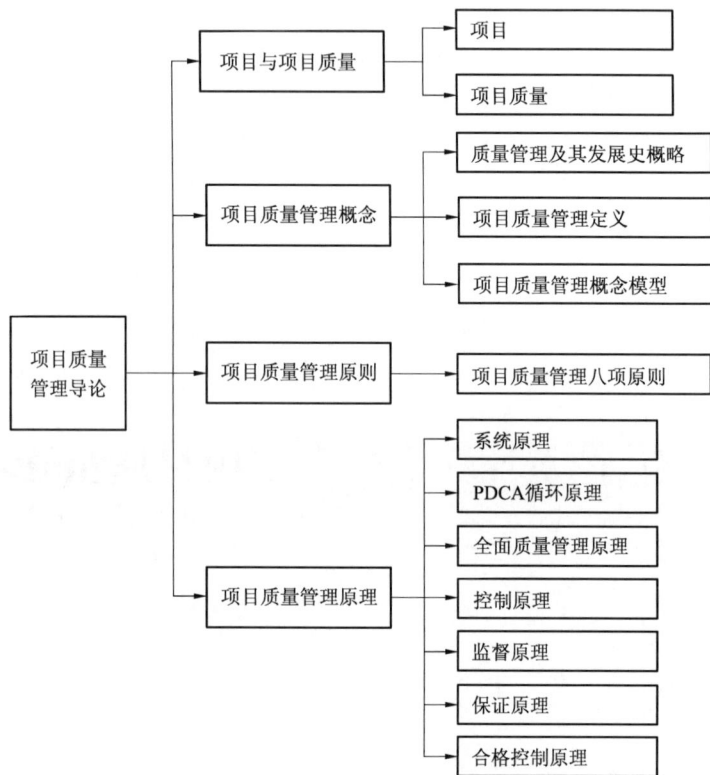

```
                                        ┌──────────────┐
                    ┌──────────────┐ ┌─▶│     项目      │
                 ┌─▶│  项目与项目质量  │─┤  └──────────────┘
                 │  └──────────────┘ └─▶│   项目质量    │
                 │                       └──────────────┘
                 │                       ┌──────────────────┐
                 │                    ┌─▶│ 质量管理及其发展史概略 │
                 │  ┌──────────────┐ │  └──────────────────┘
                 ├─▶│  项目质量管理概念 │─┼─▶│  项目质量管理定义  │
                 │  └──────────────┘ │  └──────────────────┘
  ┌────────┐     │                    └─▶│ 项目质量管理概念模型 │
  │ 项目质量 │     │                       └──────────────────┘
  │ 管理导论 │────┤  ┌──────────────┐    ┌──────────────────┐
  └────────┘     ├─▶│  项目质量管理原则 │─▶│  项目质量管理八项原则 │
                 │  └──────────────┘    └──────────────────┘
                 │                       ┌──────────────┐
                 │                    ┌─▶│   系统原理    │
                 │                    ├─▶│  PDCA循环原理  │
                 │  ┌──────────────┐ ├─▶│ 全面质量管理原理 │
                 └─▶│  项目质量管理原理 │─┼─▶│   控制原理    │
                    └──────────────┘ ├─▶│   监督原理    │
                                      ├─▶│   保证原理    │
                                      └─▶│  合格控制原理  │
```

1.1 项目与项目质量

1.1.1 项目

简单地说，项目就是具有特定目标的一次性任务。它是在一定时间内，满足一系列特定目标的多项相关工作的总称。项目与一般产品不同，与连续不断、周而复始的活动（人们往往称为"运作"）也不同，其特点主要体现在以下几方面。

（1）一次性。项目是一次性任务，这是区别项目与运作、项目与一般性产品的关键特征。所谓一次性，是指项目无完全程序化的过程可以对照执行，以后也不可能完全按该项任务的过程去完成另一项任务。项目从开始到完成需要经历若干环节与过程，而这些环节与过程是不可逆的。

（2）系统性。项目是由若干相互联系、相互制约的要素组成的有机整体。项目的所有问题都不是孤立存在的，它们之间存在着千丝万缕的联系。质量与费用、质量与时间、质量与安全、质量与其他各目标之间既相互矛盾，又相互统一，这就要求项目管理者必须有系统思维。

（3）单件性。项目的单件性又称为唯一性。任何一个项目都具有自身的特点，不可能找到两个完全相同的项目，这就是项目的单件性，它是项目一次性属性的基础。

（4）多目标属性。项目的目标可分为成果性目标和约束性目标。在项目实施过程中，成果性目标都是由一系列技术指标来定义的，同时都受到多种条件的约束，这种约束性条件往往是多方面的，这就形成了多种约束性目标。因此，项目具有多目标属性。

（5）生命周期属性。项目是一次性任务，所以项目具有明确的起点和终点。无论任何项目都需要经历概念、开发、实施、收尾等一系列过程，这种过程就被称为生命周期。这种生命周期属性充分体现了项目实施的动态性。

（6）可变性。变化是项目的最大特征之一，任何一个项目总是处在复杂多变的环境中，变化是绝对的，不变是相对的，项目质量管理应充分考虑这一特点。

1.1.2　项目质量

1. 质量的定义

GB/T 19000—2008/ISO 9000：2008《质量管理体系——基础和术语》标准关于质量的定义是：所谓质量，是指一组固有特性满足要求的程度。这一定义可以从以下几方面加以理解。

（1）固有特性是指在某事或某物中本来就有的，是产品、过程或体系的一部分，尤其是那种永久的特性；特性是指可区分的特征，特性可以是固有的或被赋予的，可以是定性的或定量的，可以是各种各样的特性，如物理的、感官的、行为的、时间的、功效的、功能的等。

（2）要求是指明示的、通常隐含的或必须履行的需求或期望。"明示"是指合同、规范、标准、技术、文件、图纸中明确规定的；"通常隐含"是指组织、顾客和其他相关方的惯例或一般做法，所考虑的需求或期望是不言而喻的；"必须履行的"是指法律、法规等所规定的。对质量的要求除考虑满足顾客的需要外，还应考虑组织自身利益、提供原材料和零部件等供方的利益和社会的利益等多种需求，如需要考虑安全性、环境保护、节约能源、减少排放等外部的强制性要求。

（3）质量不仅指产品质量，也可以是某项活动或过程的工作质量，还可以是质量管理体系运行的质量。质量可以用形容词加以修饰，如差、好或优秀等。

（4）质量所反映的是"满足要求的程度"，而不是反映为"特性总和"，因为特性是固有的，与要求相比，满足要求的程度才能反映质量的好坏。

（5）质量具有动态性，即质量要求并不是固定不变的，随着技术的发展、生活水平的提高，人们对产品、过程或体系会提出新的质量要求。

（6）质量具有相对性，不同国家、不同地区因自然环境条件的不同、技术发达的程度不同、消费水平不同和风俗习惯等的不同，会对产品提出不同的要求，产品应具有这种环境的适应性，对不同地区应提供不同性能的产品，以满足不同地区用户的明示或隐含的需求。

2. 与质量有关的术语

（1）产品。产品是指过程的结果。产品通常有四种通用的类别：服务、软件、硬件和流程性材料。服务通常是一种无形产品，例如，在为顾客提供的有形产品或无形产品上所完成的活动，为顾客创造氛围等。软件由信息组成，通常是无形产品并可以方法、记录或程序的形式存在。硬件通常是有形产品，其量具有记数的特性，如建造一项工程，开发一个产品。流程性材料通常是有形产品，其量具有连续的特性。可见，产品是广义的概念，既可以是交付给顾客的最终产品，也可以是生产过程中的半成品和外购件。产品可能是上述四种类型中的某一种，也可能是由不同类别的产品所构成的。项目同样也是一种产品，不过这种产品通常是由不同类别的产品所构成。例如，房地产开发项目既包括有形产品也包括无形产品。

（2）不合格。不合格就是未满足要求。产品合格与否不是以是否满足"规定的要求"作为判断的依据，而直接以"要求"——"明示的、习惯上隐含的或必须履行的要求或期望"作为判断的依据。这反映出对质量提出了更高的要求，一切以市场为导向，组织所提供的产品质量不仅要满足顾客明示的需要，也应满足其隐含的需要，这才是合格产品的质量要求，否则，产品就不合格，从而将质量的概念由原来的符合性质量提升到适用性质量。产品质量从"满足标准规定"发展到"让顾客满意"到现在的"超越顾客的期望"的新阶段。

（3）缺陷。未满足预期或规定用途有关的要求就是缺陷。缺陷与不合格是两个不同的概念。不合格是指未满足要求，该要求包含多方面的内容，也包括"与预期或规定的用途有关的要求"。缺陷是指未满足其中特定的（与预期或规定用途有关的）要求，如与安全性有关的要求。所以，缺陷是一种特定范围内的"不合格"。

（4）纠正措施。为消除已发现的不合格或其他不期望状态的因素所采取的措施，分析造成不合格的原因，针对原因采取措施，防止同类问题再次发生。

（5）返修。返修是指为使不合格产品满足使用要求而采取的措施。返修与返工不同，返工是指不合格品经再次加工后，达到了规定的要求而成为合格品。

（6）顾客满意。顾客满意是指顾客对其要求被满足的程度的感受。顾客抱怨是一种满意程度低的最常见的表达方式，但没有抱怨并不一定表明顾客很满意。即使规定的顾客要求符合顾客的愿望并得到满足，也不一定确保顾客很满意。

3. 项目质量概念

项目的交付物是项目所获得的成果。当然，不同的项目其交付物是不同的，如工程项目的交付物是工程产品，产品研发项目的交付物是设备、仪器，软件开发项目的交付物是软件。所以，从这个意义上来说，项目质量与一般质量的概念并无本质的区别。项目质量就是项目的固有特性满足项目相关方要求的程度。满足要求就是应满足明示的、通常隐含的或必须履行的需要和期望。对项目质量的要求来源于项目的各相关方，满足各方要求的程度反映出项目质量的好坏。

项目作为一种特殊的产品，除具有一般产品所共有的质量特性，如性能、寿命、可靠性、安全性、经济性等满足社会需要的价值及其属性外，还应具有其特定的内涵。例如，建设工程项目质量的特性主要表现如下。

（1）适用性。适用性即项目功能，是指工程项目满足使用目的需具备的各种性能。包括：理化性能，如规格尺寸、保温、隔热、隔音等物理性能，耐酸、耐碱、耐腐蚀、防火、防风化、防尘等化学性能；结构性能，如地基基础的牢固程度，结构的强度、刚度和稳定性；使用性能，如民用住宅工程应使居住者安居，工业厂房应能满足生产活动的需要，道路、桥梁、铁路、航道等应能通达便捷等；建设项目的组成部件、配件、水、暖、电、卫器具和设备应能满足其使用功能；外观性能，如建筑物的造型、布置、室内装饰效果、色彩等美观大方协调等。

（2）耐久性。耐久性即寿命，是指工程项目在规定的条件下，满足规定功能要求使用的年限，即工程竣工后的合理使用寿命周期。

（3）安全性。工程项目建成后在使用过程中保证结构安全、保证人身和环境免受危害的程度就是工程项目的安全性。建设工程项目的结构安全度、抗震、耐火及防火能力、抗辐射、抗冲击波等能力是否达到特定的要求，都是安全性的重要标志。工程项目交付使用后，必须保证人身财产、工程整体都具有免遭工程结构破坏及外来危害的能力。

（4）可靠性。工程项目在规定的时间和规定的条件下完成规定功能的能力即为可靠性。工程项目不仅在交付使用时应达到规定的指标，而且在一定的使用时期内应保持应有的正常功能。如工程项目的防洪与抗震能力，工业生产用的管道防"跑、冒、滴、漏"的能力等，均属于可靠性的质量范畴。

（5）经济性。工程项目从规划、勘察、设计、施工到整个项目使用的全寿命周期内的成本和消耗的费用反映了项目的经济性。工程项目的经济性具体表现为设计成本、施工成本、使用成本三者之和。所以，判断工程项目的经济性必须从项目的全寿命周期考虑，而不能仅考虑项目的某一阶段所需要的费用。

（6）与环境的协调性。工程项目应与其周围的生态环境相协调，与所在地区经济环境相协调，与周围已建工程相协调，以适应可持续发展的需要。

工程项目的这些质量特性是相辅相成的，就总体而言，工程项目都必须达到这些要求。但对于不同类型的工程，则有不同的侧重面。

4. 项目质量形成过程及影响因素分析

（1）项目形成各阶段对质量形成的作用及影响。项目形成的各阶段对项目质量的形成都会产生影响，但不同的阶段对项目质量影响的程度也不相同。

1）项目概念阶段。项目的概念阶段主要进行项目的可行性研究及项目的决策。

项目的可行性研究是在项目建议书和项目策划的基础上，运用经济学原理对项目的技术、经济、社会、环境及其他有关方面进行调查研究，对各种可能的项目方案及其经济效益、社会效益、环境效益等进行技术经济分析、预测和论证，以确定项目的可行性，并在可行的前提下，通过多方案比较从中选择出最佳方案，作为项目决策和开发的依据。在项目的可行性研究阶段，需要确定项目的总体质量要求，并与项目的费用目标相协调。所以，项目的可行性研究直接影响项目的决策质量和项目的开发质量。

项目的决策是通过项目的可行性研究和项目评估，对项目的方案做出决策，使项目能充分反映顾客的意愿，并使项目的费用、质量、时间等目标达到协调和平衡。所以，项目决策阶段对项目质量的影响主要是确定项目应达到的质量目标和水平。

可见，项目概念阶段对项目质量的形成是至关重要的。

2）项目开发阶段。项目开发阶段需要界定项目的范围，明确项目的方案，进行项目规划，设计项目质量。项目开发阶段是决定项目质量的关键环节，因为在这一阶段，项目的质量目标和水平将通过对项目的策划、研究、构思、设计和描绘而得以具体体现。"质量是设计出来的，而不是加工出来的"准确反映了项目开发阶段对项目质量形成的重要性。

3）项目实施阶段。项目实施是按照项目开发阶段所提出的要求、规划，将项目意图付诸实现最终形成项目成果的活动。只有通过实施，项目才能变为现实。所以，项目实施决定了项目意图能否体现，它直接关系到项目的最终成果，在一定程度上，项目实施是形成项目质量的决定性环节。

4）项目收尾阶段。项目收尾阶段需要对项目质量进行验收，考核项目质量是否达到预期要求；是否符合决策阶段确定的质量目标和水平，并通过验收确保项目质量。可见，项目收尾阶段对项目质量的影响是对项目质量的确认和对项目最终成果质量的保证。

（2）影响项目质量的因素。影响项目质量的因素是多方面的，且不同的项目影响的因素会有所不同，但无论任何项目，也无论在任何阶段，影响项目质量的因素都可以归纳为"人、机、料、法、环"五类因素，即人（Man）、机械（Machine）、材料（Material）、方法（Method）和环境（Environment），简称为4M1E因素。

1）人对项目质量的影响。ISO 9000：2008 版标准所提出的八项质量管理原则的第三条为"全员参与"，该条原则充分体现了人与质量的关系。就项目而言，人是项目活动的主体，具体表现在：项目的决策者是人；项目的管理者是人；项目的操作者也是人。项目的所有环节、所有阶段都是通过人来完成的。所以，人将会对项目质量产生最直接、最重要的影响。人对于项目质量的影响程度取决于人的素质和质量意识。人的素质包括人的知识、经验、能力、职业道德、身体素质等。项目的参与人员应具备与其所承担的工作相适应的专业知识、文化水平、技术水平、工作经验、决策能力、管理能力、组织能力、作业能力、控制能力、创新能力；应具备最基本的职业道德和身体素质。人的质量意识是指人对于项目质量重要性的认识及对项目质量所持的态度。项目的参与者如果对项目质量的重要性无足够的认识，将会导致其对项目质量不重视，项目质量控制不严格等一系列问题，也就不可能使项目的相关方达到满意状态。

在项目进展过程中，如何提高项目参与者的素质和质量意识始终是项目管理的一个重要问题。

2）机械设备对项目质量的影响。项目中的机械设备分为两类：一类是构成项目本身的机械设备、机具等。例如，建筑工程项目中的电梯、通风设备等机械设备构成了建筑设备安装工程或工业设备安装工程，形成了完整的使用功能。另一类是项目形成过程中使用的各类机具设备、仪器等。例如，软件开发项目中使用的计算机。这类设备是项目实施的手段，将会直接影响项目质量。当然，不同类型的项目，其机械设备对项目质量的影响程度不一，有些是较为重要的因素；有些则可能是较为次要的因素。因此，在项目进行过程中，应有针对性地加以分析，以明确机械设备对项目质量可能会造成的影响。

3）材料对项目质量的影响。材料泛指构成项目实体的各类原材料、构配件、半成品等，是形成项目的物质条件，是项目质量的基础。材料的选用是否合理、质量是否合格、是否经过检验、保管是否恰当等，都将会直接影响项目质量，甚至会造成质量事故。使用不合格材料是产生质量问题的根源之一。所以，在项目进行过程中，加强对材料的质量控制、杜绝使用不合格材料是项目质量管理的重要内容。

4）方法对项目质量的影响。方法是指项目实施所采用的工艺方案、技术方案、作业方案和组织方案等。在项目实施过程中，选用方法的合理性、先进性、可靠性、科学性都将会对项目质量产生重大影响。方法合理、先进、可靠、科学将会大大促进项目质量的提高，反之则可能降低项目质量。方法选择失误，往往会对项目质量的保证造成重大障碍。所以，采用成熟的新技术、新工艺、新方法，不断提高方法的科学性和可靠性，是保证项目质量稳定提高的重要因素。

5）环境条件对项目质量的影响。环境条件是指对项目质量产生影响的环境因素。不同类型的项目，其环境条件会有很大不同。例如，工程项目的环境条件包括工程技术环境，如工程地质环境、水文、气象等；工程作业环境，如施工环境、防护设施等；工程管理环境，如工程实施的合同结构与管理关系的确定，组织体制及管理制度等；周边环境，如工程项目邻近的地下管线、构筑物等。而产品开发项目的环境条件就比工程项目的环境条件简单。但无论环境条件简单还是复杂，都会对项目质量产生特定的影响，只不过是影响的程度不同而已。因此，在项目进行过程中，应对项目的环境条件加以认真分析，有针对性地采取措施，进行环境管理，改善环境条件，创造有利于保证项目质量的环境。

如果根据性质划分，影响项目质量的因素又可分为偶然因素和系统因素。偶然因素是指随机发生的因素。这类因素一般是不可避免的，其对项目质量所造成的影响较小，往往在允许的范围之内。系统因素是非随机发生的，是不正常行为所导致的。这类因素对项目质量所造成的影响较大，往往超出允许范围。通过采取有效措施，可以避免这类因素产生。

5. 项目质量的特点

项目质量的特点是由项目的特点所决定的。不同的项目，项目质量的特点可能有所不同，但总的来说，无论何种项目都具有下述特点。

（1）影响因素多。项目需要经历若干阶段、一定周期才能完成。在不同的阶段、不同的时期，影响质量的因素是变化的，且有些因素是已知的，有些因素则可能是未知的，所以可以将影响项目质量的因素集看成是一个灰色系统。这一系统是动态的、复杂的。

（2）项目目标的制约性。项目具有多目标属性，而目标之间存在着对立统一的关系。项目的质量与项目的时间、费用等目标之间既相互统一，又相互矛盾。这就需要用系统的思想对待项目质量。

（3）质量的变异性。质量的变异性是指质量指标的不一致性。项目与一般工业产品的生产不同，无固定的生产流水线，无规范化的生产工艺和完善的检测技术，无成套的生产设备和稳定的生产环境，所以项目质量易产生波动。同时由于影响项目质量的偶然因素和系统因素比较多，其中任意一个因素的变化，都会使项目质量产生波动。

（4）评价方法的特殊性。对项目质量的评价不同于对一般产品质量的评价，且不同类型的项目，其适用的质量评价方法也不相同。

1.2 项目质量管理概念

项目的质量管理离不开一般质量管理的范畴，为了对项目质量管理的概念有一个完整的理解，首先应了解一般质量管理的概念及其发展史。

1.2.1 质量管理及其发展史概略

1. 质量管理概念

ISO 9000：2008 版标准关于质量管理的定义：质量管理是在质量方面指挥和控制组织的协调的活动。在质量方面的指挥和控制活动，通常包括制定质量方针和质量目标以及质量策划、质量控制、质量保证和质量改进。该定义表明，质量管理是一个组织围绕着使产品质量能满足不断更新的质量要求，而开展的策划、组织、计划，实施检查和监督、审核等所有管理活动的总和。质量管理是一个组织各级职能部门领导的职责，而由组织的最高领导负全责，应调动与质量有关的所有人员的积极性，共同做好本职工作，如此才能完成质量管理的任务。一个组织应以质量求生存，在激烈的市场竞争中求发展。要达到这一基本目的，组织就必须制定正确的质量方针和适宜的质量目标。围绕一定时期质量目标的实现，组织就应在产品开发、技术引进与改造、工艺水平的提高、人员素质的提高、全过程的质量控制和质量保证活动的组织等方面开展管理活动。

2. 质量管理发展史概略

质量管理并非进入工业大生产时代后才出现的课题。日本质量管理专家高木金地认为，早在一万年以前的石器时代，人类对器物就已经有了质量的意识，且对当时的石器也进行了极为简陋的检查。有关质量管理的做法虽然在古代就有，但有意识地、系统地、科学地实施质量管理，则是近代的事。

质量管理科学的发展以社会对质量的要求为原动力，随着社会的发展、人们对质量要求的提高，质量管理科学也得到了不断地发展与完善。质量管理科学自产生至今经历了三个阶段：质量检验阶段、统计质量管理阶段与全面质量管理阶段。

（1）质量检验阶段。从 20 世纪初至 30 年代末期，质量管理科学处于初级阶段。其主要特点是通过事后检验剔除不合格品以达到保证产品质量的目的。在此之前，产品质量检验是通过工人的自检进行的。20 世纪初，美国管理专家泰勒（F.W.Taylor）提出科学管理理论，要求按照职能的不同进行合理分工，首次将质量检验作为一种管理职能从生产过程中分离出来，建立了专职质量检验制度。在这一阶段，大量生产条件下的互换性理论和规格公差的概念也为质量检验奠定了理论基础，企业根据这些理论规定了产品的技术标准和适宜的加工精度。质量检验人员根据技术标准，利用各种测试手段，对零部件和成品进行检查，作出合格与否的判断，不合格品不允许进入下道工序或出厂，起到了质量把关的作用。

质量检验主要是在产品制造出来后进行，这样的质量管理显然是一种被动管理。而在大量生产的情况下，由于事后检验信息反馈不及时所造成的损失很大，故在这一阶段萌发了"预防"的思想，从而导致质量控制理论的诞生。这期间，统计科学有了很大的发展。20 世纪 20 年代英国统计学家和遗传学家费希尔（R.A.Fisher）结合农业试验提出方差分析与实验设计等理论，为近代数理统计学奠定了基础。与此同时，美国贝尔（Bell）电话实验室成立了两个课题研究组：一个是过程控制组，学术负责人是休哈特（W.A.Shewhart）；另一个是产品控制组，学术负责人是道奇（H.F.Dodge）。休哈特提出统计过程控制理论并首创进行过程监控的工具——控制图，为质量控制理论奠定了基础。道奇提出了抽样检验理论，构成了质量检验理论的重要内容。这两项研究成果对质量管理科学的发展产生了深远的影响。休哈特与道奇是将数理统计方法引入质量管理的先驱者，也是统计质量控制理论的创始人。

（2）统计质量管理阶段。从休哈特发明了质量控制图直到 20 世纪 50 年代末是统计质量管理阶段。其主要特点是：从单纯依靠质量检验事后把关，发展到进行工序控制，突出了质量的预防性控制与质量检验相结合的管理方式。在 20 世纪 20～30 年代，贝尔电话实验室提出了质量控制理论与质量检验理论，但由于当时西方发达国家经济萧条，所以这些新理论基本无人问津，直到第二次世界大战期间，各国军备竞赛展开，国防工业迫切需要保证军火质量，这为上述新理论的应用提供了平台。质量管理新理论的应用取得了显著效果，使得在第二次世界大战之后，这些理论更加广为应用并得到了更进一步的完善。在统计质量管理阶段，强调"用数据说话"和应用统计方法进行质量管理，因此通常也将这一阶段称为统计质量管理阶段，简称为 SQC 阶段，即 Statistical Quality Control 阶段。

统计质量管理阶段是质量管理发展史上的一个重要阶段，这一阶段所取得的成果为严格的科学管理和全面质量管理奠定了基础。1993 年日本第 31 次高层经营者质量管理大会明确提出："全面质量管理（TQM）的基础是 SQC，SQC 与 TQM 二者不能偏离，专业技术与管理技术同等重要。"

统计方法的应用提高了质量管理的效果，但由于影响产品质量的因素是多方面的，因此单纯依靠统计方法并不可能解决所有质量管理问题。随着社会的发展，产品的生产越来越复杂，影响因素也越来越多，所以质量管理并非简单问题，而是一个系统问题，这就不仅需要借助于数理统计方法进行质量管理，而且需要考虑组织、管理等一系列问题，这就导致质量管理进入了一个新的阶段。

（3）全面质量管理阶段。20 世纪 50 年代末，科学技术突飞猛进，大规模系统开始涌现，人造卫星、第三代集成电路的电子计算机等相继问世，并出现了强调全局观念的系统科学。同时，随着国际经济全球化的不断发展，国际的贸易往来日益增多，国际的贸易竞争日益加剧，对产品质量的要求越来越高。所有这些都促使了全面质量管理（Total Quality Management，TQM）的诞生和不断发展与完善。提出全面质量管理概念的代表人物是美国的费根堡姆（A.V.Feigenbaum）与朱兰（J.M.Juran）等。全面质量管理的核心是"三全"的管理。

1）全面的质量管理。全面质量管理所指质量是广义质量，不仅包括产品质量，而且包括服务质量和工作质量等。

2）全过程的质量管理。质量管理不仅包括产品的生产过程，而且包括市场调研、产品开发设计、生产技术准备、制造、检验、销售、售后服务等质量环的全过程。

3）全员参加的质量管理。质量管理不仅是某些人员、某些机构的重要工作，而且是所有人员都需要予以关注的工作，质量第一，人人有责。

"三全"管理，其实质就是对质量的系统管理。

随着社会的发展，人们对产品质量越来越重视。为了不断适应新的要求，质量管理专家们从系统的观点出发，先后提出了一些新的观点和理论。

1）质量保证理论。朱兰博士指出，质量保证就是对产品的质量实行担保和保证。在卖方市场条件下，不可能存在真正意义上的质量保证；在买方市场形成初期，质量保证也只能是停留在恢复产品质量的"三包（包退、包修、包换）"的水平上，用户得到的补偿是有限的；在成熟的买方市场条件下，质量保证的内容和范围都发生了质的变化，质量保证已从传统的、只限于流通领域扩展到生产经营的全过程，供方向需方提供的不仅是产品和服务本身的信誉，而且需要出示保证能够长期、稳定生产，满足需方全面质量要求的质量的证据。

2）产品质量责任理论。产品质量责任理论就是明确产品质量责任者，并使其承担起相应的质量责任，同时对产品的质量实施监督。例如，目前实施的工程质量终身责任制度及工程质量监督制度就属于这种状况。实施产品质量责任是为了制止不正当的竞争行为，减少质量事故的发生，保护消费者的利益。

3）质量经济学。20 世纪 80 年代质量经济学作为一门新的质量科学兴起。从宏观看，质量经济学主要研究质量形成的经济规律，分析价格、税收等经济杠杆对促进产品质量提高所起到的作用，对实施质量政策的经济评价等；从微观看，质量经济学所研究的是产品质量与所需投入的资源及费用之间的关系。例如，国外在 20 世纪 80 年代所研究的经济质量控制（Economical Quality Control，EQC）就是从微观角度研究质量经济问题。

4）质量文化。质量文化综合了一个组织在生产经营活动中所形成的质量意识、质量精神、质量行为、质量价值观和质量形象以及组织所提供的产品或服务质量等。质量文化是组织文化的核心，而组织文化又是社会文化的重要组成部分。组织中的质量文化的形成和发展反映了组织文化乃至社会文化的成熟程度。

5）质量管理与电子计算机的结合。质量管理与计算机的结合才能从根本上提高质量管理的有效性，这是一个必然趋势。近几年来，国外发展出一种应用计算机的集成制造系统（Computer Integrated Manufacturing System，CIMS），该系统将一个企业从市场调研、确定产量、制造、运输、销售等各个环节全部用计算机进行控制和优化。这是未来生产的发展方向，也是质量管理在现场运行的未来发展模式。

6）质量控制理论。质量控制理论自产生以来，得到了不断发展和完善。例如，我国张公绪教授提出了两种质量诊断理论，形成了统计诊断理论的新方向。

7）质量改进理论。质量标准不是一成不变的，顾客的需求和期望也处于不断地变化之中，因此需要根据条件的变化、市场的要求、顾客的需求等不断改进质量。这是质量改进理论的基本思想。质量改进是质量体系运行的驱动力，是实施质量保证的有力手段。

8）质量功能展开理论。质量功能展开（Quality Function Deployment，QFD）。该理论主要利用矩阵等工具将顾客的需求转化为所开发产品的规格要求。质量功能展开理论最早产生于日本。

21 世纪是高质量的世纪，质量管理科学已经并将会继续得到更加蓬勃的发展。美国质量管理专家朱兰曾经指出："本世纪（20 世纪）是生产率的世纪，下世纪（21 世纪）将是质量的世纪。"21 世纪，质量被作为社会诸要素中的一个重要要素来发展。质量将受到政治、经济、科技、文化、自然环境等因素的制约而同步发展；质量系统将作为一个子系统而在更大的社会系统中发展。21 世纪质量管理科学已向纵深发展，以下问题已成为或将会成为重要研究方向。

1）随着世界经济一体化的不断发展，产品和服务的质量将越来越具有社会化、国际化的性质。质量体系所包含的规模将越来越大，将可能超越企业的范畴。

2）社会质量监督系统和质量法规将更加完善和严格，与之相应的国际性质量管理组织将会发挥更大的作用。

3）衡量一个产品质量的好坏将不再以是否符合质量标准作为唯一的依据，而需要综合评价，特别是要将顾客满意度作为一项重要依据，因此需要建立与加强顾客满意度指标体系。

4）为世界各国所接受的通用性国际标准，如 ISO 9000 标准等将会进一步加强和完善。且会产生一些新的更高水平和更高层次的国际标准。

5）质量文化将会得到高速发展，将会代表更高水平的全面质量管理而出现。

6）质量管理将会更紧密地与计算机技术相结合。不仅有电子计算机集成制造系统，还将会出现计算机集成质量系统。计算机将会大量地用于与质量有关的决策和控制。21 世纪以信息技术为代表的高科技的飞速发展，将会对质量管理的观念、方法、组织及实施等产生划时代的影响。

7）质量控制与抽样检验理论将会沿着多元化、模糊化、柔性化等方向发展。

8）质量将随着政治、经济、科技、文化的发展而同步发展。质量与经济、科技进步之间的关系，质量与生产率同步改进理论、方法，质量与社会发展之间的相互关系等问题将会成为重要的研究领域。

1.2.2 项目质量管理定义

1. 定义

项目质量管理是指围绕项目质量所进行的指挥、协调、控制等活动。是项目管理的重要内容之一。由优化的质量方针、质量计划、组织结构、项目过程中的活动以及相应的资源组成。包括为确保项目能够满足质量需求所展开的过程和整体管理职能的所有活动。这些活动包括确定质量政策、目标和责任。在项目生命周期内，需要持续使用质量计划、质量控制、质量保证和改进措施，最大限度地满足顾客的需求和期望，并争取最大的顾客满意度。

美国《项目管理知识体系指南》（《PMBOK®指南》）关于项目质量管理的定义：项目质量管理过程包括保证项目满足原先规定的各项要求所需的实施组织的活动，即决定质量方针、目标与责任的所有活动，并通过诸如质量规划、质量保证、质量控制、质量持续改进（如适用）等方针、程序和过程来实施质量体系。

项目质量管理过程包括以下内容。

质量规划——判断哪些质量标准与本项目相关，并决定应如何达到这些质量标准。

实施质量保证——开展规划确定的系统的质量活动，确保项目实施满足要求所需的所有过程。

实施质量控制——监控项目的具体结果，判断它们是否符合相关质量标准，并找出消除不合绩效的方法。

项目质量管理是项目管理的一项必不可少的内容。优质的产品或服务无论是对企业还是对国家来说都具有战略性的重要意义，项目质量更是如此。以软件开发为例，由于我国软件行业发展的历史较短，加之 IT 行业技术发展速度快，使得许多软件公司虽然根据软件工程理论建立了一些软件开发管理规范，但由于我国软件行业自身发展方面存在着许多问题，例如，软件开发不规范，缺乏高技术高水平的开发人员等。因此，尚不能从根本上解决软件开发的质量管理问题。这样就导致软件产品质量不稳定，软件后期的维护、升级出现麻烦，从软件开发到开发管理都不能适应市场的要求。因为软件产品的质量是同用户联系在一起的，因此最终将会损害用户的利益。

2. 特点

项目的质量管理与一般产品质量管理相比，具有共同点也存在不同点。其共同点是管理的原理及方法基本相同。其不同点是由项目的特点所决定的，主要体现在以下几个方面。

（1）复杂性。由于项目的影响因素多，经历的环节多，涉及的主体多，质量风险多等，使得项目的质量管理具有复杂性。

（2）动态性。项目要经历从概念阶段至收尾阶段的完整的生命周期，不同的阶段，影响项目质量的因素不同，质量管理的内容和目的不同，所以项目质量管理的侧重点和方法要随着阶段的不同而做出相应调整。即使在同一阶段，由于时间不同，影响项目质量的因素也可能有所不同，同样需要进行有针对性的质量管理。所以，项目的质量管理具有动态性。

（3）不可逆性。项目具有一次性特点，这就需要对项目的每一个环节、每一个要素都予以高度重视，否则就可能造成无法挽回的影响。对项目的质量管理可以说"机不可失，失不再来"。

（4）系统性。项目的质量并不是孤立存在的，它受到其他因素和目标的制约，同时它也制约着其他的因素和目标。所以，项目的质量管理是系统管理。

3. 关于项目质量管理的重要观点

项目质量管理的过程贯穿于从初始的项目定义到项目过程、项目团队的管理、项目的交付物和项目收尾的所有项目阶段和项目的每个部分。

项目的质量管理要求每个团队成员的参与，他们都应该意识到，质量是项目成功的基础。项目的质量通过让客户满意来实现组织在长期业务中的发展和成功。

项目质量的基础是长期组织中的质量管理实践，它影响项目过程与结果。长期组织的质量管理包括制定质量方针、目标和职责并且以质量计划、标准运作程序以及运用质量管理体系进行改进。

忽视质量的风险是背离项目目标的。

1.2.3　项目质量管理概念模型

美国《项目管理知识体系指南》（《PMBOK®指南》）根据项目质量管理定义，提出了项目质量管理的概念模型，如图 1-1 所示。

```
                          ┌─────────────┐
                          │  项目质量管理  │
                          └─────────────┘
```

质量规划	实施质量保证	实施质量控制
1. 依据	1. 依据	1. 依据
（1）事业环境因素	（1）质量管理计划	（1）质量管理计划
（2）组织过程资产	（2）质量测量指标	（2）质量测量指标
（3）项目范围说明书	（3）过程改进计划	（3）质量核对表
（4）项目管理计划	（4）工作绩效信息	（4）组织过程资产
2. 工具与技术	（5）批准的变更请求	（5）工作绩效信息
（1）成本效益分析	（6）质量控制衡量	（6）批准的变更请求
（2）基准对照	（7）实施的变更请求	（7）可交付成果
（3）实验设计	（8）实施的纠正行动措施	2. 工具与技术
（4）质量成本（COQ）	（9）实施的缺陷补救	（1）因果图
（5）其他质量规划工具	（10）实施的预防措施	（2）控制图
3. 成果	2. 工具与技术	（3）流程图
（1）质量管理计划	（1）质量规划工具与技术	（4）直方图
（2）质量测量指标	（2）质量审计	（5）帕累托图
（3）质量核对表	（3）过程分析	（6）趋势图
（4）过程改进计划	（4）质量控制工具和技术	（7）散点图
（5）质量基准	3. 成果	（8）统计抽样
（6）项目管理计划（更新）	（1）请求的变更	（9）检查
	（2）推荐的纠正行动措施	（10）缺陷补救审查
	（3）组织过程资产（更新）	3. 成果
	（4）项目管理计划（更新）	（1）质量控制衡量
		（2）确认的缺陷补救
		（3）质量基准（更新）
		（4）推荐的纠正措施
		（5）推荐的预防措施
		（6）请求的变更
		（7）推荐的缺陷补救
		（8）组织过程资产（更新）
		（9）确认的可交付成果
		（10）项目管理计划（更新）

图 1–1　基于 PMBOK® 的项目质量管理概念模型

　　本书作者根据美国《项目管理知识体系指南》，提出了符合中国项目质量管理特点的项目管理概念模型，如图 1–2 所示。

　　根据概念模型，项目质量管理可以归纳为：项目质量管理的客体是项目；项目质量管理的主体是项目的各相关方；项目质量管理的宗旨是实现项目的质量目标，并使项目的相关方都满意；项目质量管理的主要活动包括项目质量策划、质量控制、质量保证和质量改进等。

项目描述

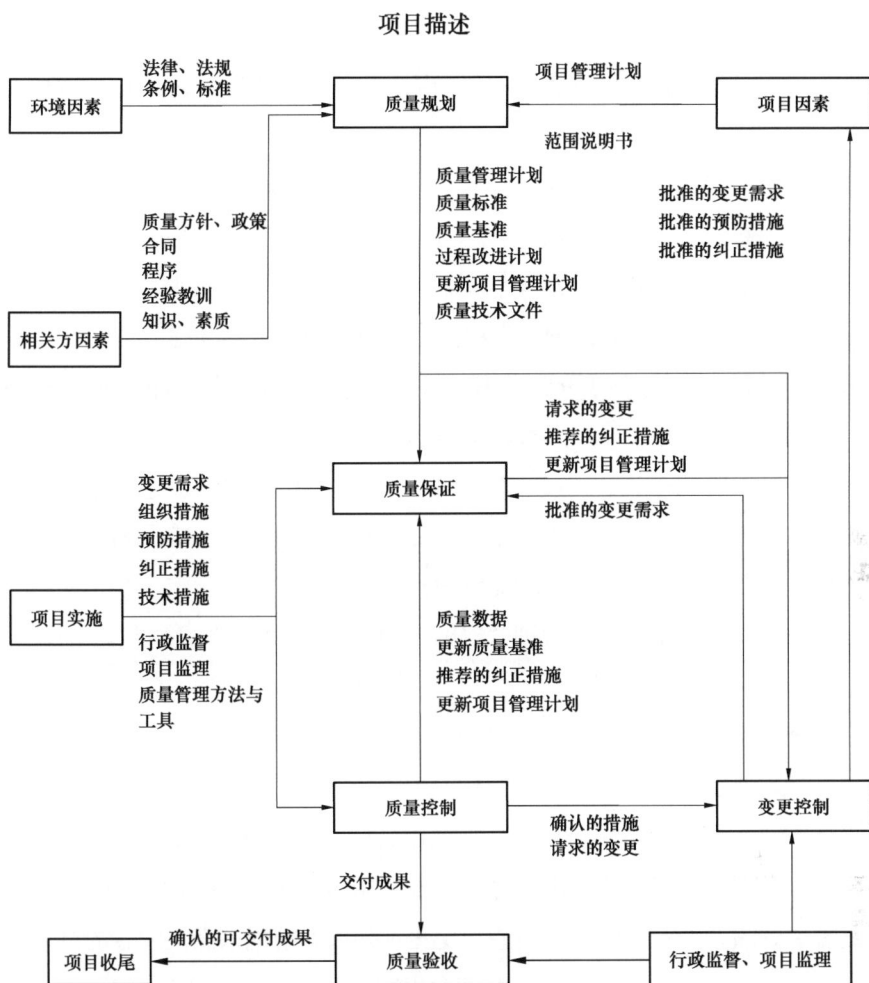

图 1-2　项目质量管理概念模型

1.3　项目质量管理原则

ISO 9000：2008 版标准在总结质量管理实践经验的基础上，用高度概括的语言表达了质量管理最基本、最通用的一般规律，这就是质量管理八项原则。这八项原则同样是指导项目质量管理的重要原则，只不过需要结合项目的内涵和特点来运用。

1.3.1　以顾客为关注焦点

组织的生存依赖于顾客。因此，组织应理解顾客当前和未来的需求，满足顾客要求并争取超越顾客期望。在项目质量管理中，项目的相关主体应明确自己的顾客是谁；应调查顾客的需求和期望是什么；应研究如何满足顾客的需求，提高顾客的满意度。

顾客是指"接受产品的组织或个人"。在项目质量管理中，针对项目的某个相关主体而言，顾客存在于该主体的外部，如项目承包商的顾客可能是用户、供应商、项目的其他受益者等。这些可统称为该主体的外部顾客。顾客同样也存在于项目相关主体的内部，如项目实施过程中，接受前一个过程输出的部门、岗位或个人，这些称为内部顾客。所以，项目的一个相关主体存在着两类顾客，即外部顾客和内部顾客。在项目的进行过程中，顾客是动态的，所以必须不断识别顾客。

顾客的需求与期望表达了顾客对项目质量的要求。在项目实施过程中，顾客的需求与期望并非一成不变的，可能会随着项目的进行而有所改变，因此顾客的需求与期望也是动态的，这就需要不断加以识别。

在项目进展过程中，为了做到"以顾客为关注焦点"，项目的相关主体应采取以下主要措施。

（1）不断识别顾客。

（2）不断地识别顾客的需求和期望。

（3）确保本组织的各项目标，包括质量目标，能直接体现顾客的需求和期望。

（4）确保顾客的需求与期望在整个组织中得以沟通，使得本组织的所有员工都能及时了解顾客需求的内容、细节和变化，并采取措施以满足顾客的要求。

（5）有计划地、系统地衡量顾客满意程度并针对结果采取必要的改进措施。

（6）与顾客保持良好的关系，力求做到使顾客满意。

（7）在重点关注顾客的前提下，确保兼顾其他相关方的利益，使组织得到全面、持续的发展。

1.3.2　领导作用

组织的领导者是"在最高层指挥和控制组织的一个人或一组人"。在项目管理中，任一相关方的领导者都需要针对项目的特点和要求建立统一的质量宗旨和方向，应当创造并保持使项目的所有参与者都能充分参与实现项目质量目标的内部环境。为此，领导者应做好确定方向、策划未来、激励员工、协调活动和营造一个良好的内部环境等各项工作。领导者的作用、承诺及积极参与，对项目质量的保证并使项目的所有相关方都满意是至关重要的。

在项目质量管理中，实施本原则应采取的主要措施包括以下几点。

（1）全面考虑所有相关方的需求。

（2）为项目编制可行的质量计划。

（3）在领导方式上，领导者要做到透明、务实和以身作则。

（4）设定富有挑战性的质量目标。

（5）营造一个适合项目特点的质量文化环境。

（6）对员工在项目质量管理方面的贡献予以肯定和激励。

（7）提倡公开和诚恳的交流和沟通。

1.3.3　全员参与

员工是项目的具体实施者，项目质量管理不仅需要管理者的正确领导，还有赖于全体员工的参与。项目的质量管理不只是某些人员、某些机构的事，而是与项目的所有人员的工作有关。员工的素质如何，员工对项目质量的重视程度如何都将会对项目质量产生影响。因此，与项目有关的所有员工，无论是直接的还是间接的，都需要对项目质量予以高度重视，都需要通过完成好自己的本职工作为实现项目的质量目标作出贡献。这一原则充分体现了全面质量管理的思想。

实施本原则应采取的主要措施如下。

（1）对员工进行质量意识、职业道德、以顾客为核心的意识和敬业精神的教育；进行与项目有关的专业知识教育，全面提高员工的素质。

（2）激发员工的积极性和责任感；使员工明确自己所作贡献的重要性和在项目中的作用。

（3）赋予员工一定的自主权，使其承担相应的责任。

（4）为员工创造提高自己能力、知识和经验的机会。

（5）提倡共享知识和经验，使先进的知识和经验成为项目共同的财富。

1.3.4　过程方法

任何利用资源并通过管理，将输入转化为输出的活动均可视为过程。系统地识别和管理组织所应用的过程，特别是这些过程之间的相互作用，就是过程方法。可见，过程方法是将活动和相关的资源作为过程进行管理的，可以更高效地得到期望的结果。过程方法的目的是获得持续改进的动态循环，并使项目的质量水平得到显著的提高。过程方法通过识别组织内的关键过程，随后加以实施和管理并不断进行持续改进来达到使顾客满意。

过程方法的实现，需要对项目所有的过程有一个清晰的理解。过程包含一个或若干个将输入转化为输出的活动，一个过程的输出往往是下一个过程的输入，过程与过程之间往往会形成复杂的过程网络。过程的输入和输出与内部和外部顾客相连。所以，在项目质量管理中应用过程方法时，应对每一个过程，特别是关键过程的要素加以识别和管理。这些要素包括输入、输出、活动、资源、管理和支持性过程。

实施本原则，一般应采取以下措施。

（1）识别项目所需要的过程，明确过程的顺序和相互作用。

（2）确定每个过程为取得所期望的结果所必须开发的关键活动，并明确管理好关键过程的职责和义务。

（3）确定控制过程运行有效的准则和方法，并实施对过程的监视和测量，包括测量关键过程可行性。

（4）对过程的监视和测量的结果进行数据分析，寻找质量改进点，并采取措施，以提高过程的效果和效率。

（5）评价过程结果可能产生的风险、后果及其对项目质量的影响。

1.3.5　管理的系统方法

将相互关联的过程作为系统加以确认、理解和管理，有助于提高项目目标实现的效果和效率。

系统的特点之一就是通过各子系统协同作用，相互促进，使总体的作用超过各子系统的作用之和。系统方法是在系统分析有关的数据、资料或客观事实的基础上，确定要达到的优化目标；通过系统工程，设计或策划为达到项目质量目标而采取的各项措施和步骤以及应配制的资源，形成一个完整的方案；在方案的实施中，通过系统管理而提高有效性和效率。

在项目质量管理过程中采用系统方法，就是将项目作为一个系统。对组成项目系统的各个过程加以识别、理解和管理，从而实现项目的质量目标。

实施本原则应采取的主要措施如下。

（1）建立一个以过程方法为主体的质量管理体系。

（2）明确质量管理过程的顺序和相互作用，使这些过程相互协调。

（3）控制并协调质量管理体系各过程的运行。

（4）不断测量和评审质量管理体系，并采取措施以持续改进质量管理体系，提高项目的质量水平。

1.3.6　持续改进

影响项目质量的因素在变化，顾客的需求和期望在变化，这就要求项目的相关方不断地改进其工作质量，提高质量管理体系及过程的效果和效率，以满足顾客和其他相关方日益增长的和不断变化的需求与期望。只有坚持持续改进，项目质量才能得到不断完善和提高。项目质量的持续改进是无止境的，应成为项目进展过程中的一个永恒的主题。

实施本原则应采取的主要措施如下。

（1）使持续改进成为一种制度。

（2）对员工进行持续改进的方法和工具的培训。

（3）使项目质量的持续改进成为项目所有参与者追求的目标。

（4）为项目的持续改进制定目标和实施指南。

（5）对改进的结果加以肯定，并加以推广应用。

1.3.7　以事实为决策基础

在项目质量管理过程中，决策将会随时伴随其中，决策的有效性将决定质量管理的有效性。而有效的决策应建立在对数据和信息有效分析的基础上。决策者应采取科学的态度，以事实或正确的信息为基础，通过合乎逻辑的分析，做出正确的决策。在质量管理过程中，必须避免盲目的决策或只凭个人的主观意愿的决策。

实施本原则应采取的主要措施如下。

（1）明确规定应收集信息的种类、渠道和职责，并有意识地收集与项目质量目标有关的各种数据和信息。

（2）对所采集的数据和信息进行鉴别，确保其准确性和可靠性。

（3）采取各种有效方法，分析、处理所采集的数据和信息；在分析时，应采用适当的统计技术。

（4）应建立完整的质量管理信息系统，确保信息渠道的畅通。

（5）根据对事实的分析、积累的经验和直觉判断等进行综合决策，并采取措施实现决策。

1.3.8 与供应商保持互利的关系

供应商提供给项目的资源将对项目质量产生重要的影响。项目的承包商与供应商是相互依存、互利合作的关系，这种关系可增强双方创造价值的能力。能否处理好与供应商的关系，将对承包商是否能向顾客提供满意的项目成果产生影响。因此，对供应商不仅要讲控制，还应讲互利合作，这对承包商和供应商都是有利的，是一种双赢战略。

实施本原则应采取的主要措施如下。

（1）识别并合理选择重要的供应商。

（2）与供应商建立关系时，既要考虑当前利益，又要考虑长远利益。

（3）与重要供应商共享专门技术、信息和资源。

（4）与供应商之间创造一个通畅和公开的沟通渠道，及时解决有关问题。

（5）对供应商的改进及其成果给予承认和鼓励。

上述原则对于项目质量管理非常重要，所有项目质量管理者都应遵循。

1.4 项目质量管理原理

项目质量管理可归纳出七个基本原理：系统原理、PDCA 循环原理、全面质量管理原理、控制原理、保证原理、监督原理和合格控制原理。

1.4.1 系统原理

项目质量管理的对象是项目，项目由不同的环节、不同的阶段、不同的要素所组成，项目的各环节、各阶段、各要素之间存在着相互矛盾又相互统一的关系；项目具有众多目标，有总目标，又有子目标，总目标之间、总目标与子目标之间、子目标与子目标之间同样存在着相互矛盾又相互统一的关系。可见，项目是一个有机整体，是一个系统。

从项目质量管理的主体来看，项目的质量管理是由项目的相关方共同进行的。项目的各个相关方也存在着相互矛盾又相互统一的关系。

无论项目质量管理的主体还是管理的客体，都是一个完整的体系。因此，在项目质量管理过程中，应运用系统原理进行系统分析，用统筹的观念和系统方法对项目质量进行系统管理，使得项目总体达到最优。

1.4.2 PDCA 循环原理

在项目质量管理过程中，无论是对整个项目的质量管理，还是对项目的某一个质量问题所进行的管理，都需要经过从质量计划的制订到组织实施的完整过程。即首先要提出目标，即质量达到的水平和程度，然后需要根据目标制订计划，这个计划不仅包括目标，而且包括为实现项目质量目标需要采取的措施。计划制订后，就需要组织实施。在实施的过程中，需要不断检查，并将检查结果与计划进行比较，根据比较的结果对项目质量状况作出判断。针对质量状况分析原因并进行处理。这个过程可归纳为 PDCA 循环。这里的 P 表示计划（Plan）；D 表示实施（Do）；C 表示检查（Check）；A 表示处理（Action）。这是由美国著名管理专家戴明博士首先提出的，所以也被称为"戴明环"。

1. PDCA 循环的基本内容

PDCA 循环可分为四个阶段和八个步骤，如图 1-3 所示。

（1）第一阶段是计划阶段（即 P 阶段）。该阶段的主要工作是制订项目质量管理目标、活动计划和管理项目的具体实施措施。这一阶段的具体工作步骤分为四步。

第一步（P_1）：分析质量现状，找出存在的质量问题。这就要求项目实施者有质量问题意识和改善质量的意识，并要用数据说话。

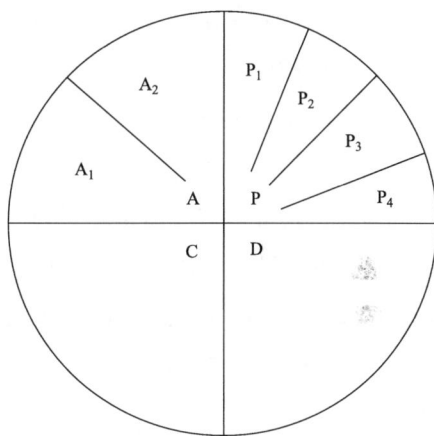

图 1-3　PDCA 循环的四个阶段和八个步骤

第二步（P_2）：分析产生质量问题的各种原因或影响因素。

第三步（P_3）：从各种原因中找出影响质量的主要原因或因素。

第四步（P_4）：针对影响质量的主要原因或因素制定对策，拟订改进质量的管理、技术和组织措施，提出执行计划和预期效果。在进行这一步工作时，需要明确回答 5W1H 问题。

1）为什么要提出这样的计划，采取这些措施？为什么需要这样改进？回答采取措施的原因（Why）？

2）改进后要达到什么目的？有何效果（What）？

3）改进措施在何处（哪道工序、哪个环节、哪个过程）进行（Where）？

4）计划和措施在何时执行和完成（When）？

5）由谁来执行（Who）？

6）用何种方法完成（How）？

（2）第二阶段是实施阶段（即 D 阶段）。该阶段的主要工作任务是按照第一阶段所制订的计划采取相应措施组织实施。

第五步，即执行计划和措施。在实施阶段，首先应做好计划措施的交底和落实，包括组织落实、技术落实和物资落实。有关人员需要经过训练、考核，达到要求后才能参与实施。同时应采取各种措施保证计划得以实施。

（3）第三阶段是检查阶段（即 C 阶段）。这一阶段的主要工作任务是将实施效果与预期目标对比，检查执行的情况，判断项目质量管理是否达到了预期效果。再进一步查找问题。

第六步，即检查效果、发现问题。

（4）第四阶段是处理阶段（即 A 阶段）。这一阶段的主要工作任务是对检查结果进行总结和处理。这一阶段分两步，即管理循环的第七步和第八步。

第七步（A_1）：总结经验，纳入标准。经过第六步检查后，明确有效果的措施，通过制定相应的工作文件、规程、作业标准，以及各种质量管理的规章制度，总结好的经验，巩固成绩，防止问题的再次发生。

第八步（A_2）：将遗留问题转入下一个循环。通过检查，找出效果尚不显著的问题所在，转入下一个管理循环，为下一期计划的制订或完善提供数据资料和依据。

上述 PDCA 循环的四个阶段和八个步骤以及所采用的方法或措施如表 1-1 所示。

表 1-1　PDCA 循环四个阶段和八个步骤以及相应的方法或措施

阶段	步　骤		方法或措施	说　明
P	1	分析质量现状，找出问题	排列图	查找影响项目质量的主次因素
			直方图	显示质量分布状态，并与标准对比，判断其是否正常
			控制图	观察控制质量特性值的分布状况，判断项目进展过程有无异常因素影响，用于动态控制
	2	分析产生问题的原因	因果分析图	寻找某个质量问题的所有可能的原因，分析主要矛盾
	3	找出主要原因	相关图或排列图	观察分析质量数据之间的相关关系
	4	制订措施计划	对策表	确定问题，制定对策，研究措施和落实有关部门、执行人及实现时间

续表

阶段	步 骤		方法或措施	说 明
D	5	执行计划措施	下达落实计划中心措施	
C	6	检查效果，发现问题	与步骤 1 相同	
A	7	总结经验，纳入标准	修订规程、工作标准，提供规范修订数据	标准化
	8	遗留问题转入下一循环	反馈到下一循环的计划中	重新开始新的 PDCA 循环问题

2. PDCA 循环在项目质量管理中的应用要点

PDCA 管理循环是一种科学的工作程序和管理方法。它将项目实施过程中的全部质量活动比喻为一个不停顿的、周而复始运行的轮子，非常形象直观、简明易懂，它可以促进项目质量的不断完善与提高。

（1）项目质量管理是由大小不同的 PDCA 循环所构成的完整体系。项目是一个有机整体，含有若干子系统或小项目；项目存在若干相关主体和人员。项目的质量管理运行于各个子系统或小项目之中，也运行于各个相关主体和人员之中。在项目的质量管理中，就项目整体而言需要开展 PDCA 循环，而就项目所包含的各个子项目或子系统，也需要开展相应的 PDCA 循环；项目的每一个相关主体需要开展 PDCA 循环，各个主体所包含的部门或机构同样需要进行 PDCA 循环。项目的质量管理就是由大小不同的 PDCA 循环组成的，上一级循环是小一级循环的依据，下一级循环又是上一级循环的具体实现。通过循环，项目的所有质量管理活动被有机联系起来，形成了大环套中环、中环套小环，环环相扣，一环保一环的形式，使局部保整体，促进整个项目质量的提高。图 1-4（b）表达了大小不同的 PDCA 循环同时运转的关系。

（2）合理的 PDCA 循环周期。要保证和提高项目质量和工作质量，仅进行一次 PDCA 循环是无济于事的，因为每运行一次，只能解决一个或几个质量问题。旧的问题得到了解决，又可能会出现新的问题，需要进行新的 PDCA 循环。所以，在项目质量管理中，需要一次又一次地周而复始、不断循环，以解决不断出现的质量问题，不断提高工作质量和项目质量。

从计划（P）开始至处理（A）完毕所需要的时间被称为一个循环周期。从理论上讲，PDCA 循环的周期越短，循环的次数越多，质量管理的效果就越好，但所需要的质量管理的时间、人员、费用等也就越多。因此需要确定一个合理的循环周期，合理的循环周期与项目的重要性、项目的阶段性及所解决的质量问题有关。

（3）阶梯式上升的趋势。每一次 PDCA 循环的最后阶段，一般都需要制定出技术和管理标准，总结经验和教训，研究改进和提高的措施，并按照新的措施和标准组织实施，使得下一个 PDCA 循环在新的基础上转动，从而达到更高的水平，使项目质量总是处于上升的趋势。即每经过一次 PDCA 循环，质量就能提高一步，不断循环，质量就不断提高和上升。如图 1-4（c）所示。

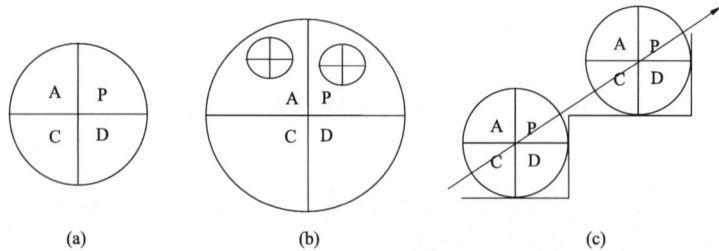

图 1-4　PDCA 特征

（a）PDCA 循环；（b）大环套小环；（c）阶梯式上升

P—Plan；D—Do；C—Check；A—Action

1.4.3　全面质量管理原理

实施全面质量管理，其实质就是系统原理的体现。

全面质量管理是世界各国普遍采用的先进的质量管理方法，其内涵是指质量管理的范围不仅仅限于产品质量本身，而是包含质量管理的各个方面，即将质量管理工作从生产扩大到设计、研制、生产准备、材料采购、生产制造、销售和服务等各个环节；将产品质量扩大到工序质量、工作质量和管理质量。所以，全面质量管理是一种涵盖全员、全面、全过程的质量管理体系。

在项目质量管理中，运用全面质量管理的思想，就是将项目的质量管理对象、过程、活动、主体等看成一个有机整体，对影响项目质量的各种因素，从宏观、微观、人员、技术、管理、方法、环境等各方面进行综合管理，实现项目的综合目标。

全面质量管理在项目质量管理中的应用需要强化以下几个重要思想。

1. 质量效益的思想

项目的质量是非常重要的，而项目实施者对于质量的追求也是无止境的。质量与效益是相互统一的又是相互矛盾的。统一的一面体现在，合理的质量可以减少质量事故，降低项目的返工费和维修费，同时又可以降低项目的运营费用；矛盾的一面体现在，质量越高，需要的费用就越高，项目的效益可能就会降低。所以，项目的相关方在讲求质量的同时还需要讲求经济效益。但是，讲求效益必须以不断提高项目质量为前提，走质量效益型的发展道路。质量效益型的发展道路，是指确立质量优先的战略，以质量求效益、求发展，建立以质量为核心的质量管理体系。走质量效益型的发展道路，核心是处理好质量与效益的辩证统一关系。质量是效益的前提与核心，效益寓于质量之中，求效益应以质量为中心。

2. 以人为本的思想

在影响项目质量的诸因素中，人的因素是首要因素。提高项目质量的根本途径在于不断提高所有项目参与者的素质，充分调动和发挥人的积极性和创造性。在项目进行过程中，倡导树立质量精神和质量意识，创建项目质量文化，增强凝聚力。通过目标管理、质量管理小组活动、合理化建议活动等形式，使每人都明确项目的质量目标，参与项目的质量管理。

现代质量管理的观念认为，提高质量的关键是人不是物。美国质量管理专家戴明曾经反复强调，振兴美国经济靠计算机能行吗？靠自动化能行吗？靠机器人能行吗？统统不行！只有靠企业全体职工，包括管理人员、科技人员和工人。戴明认为，企业必须从过去“见物不见人”转变为充分发挥人的主观能动性、积极性和创造性。

3. 预防为主的思想

强调“预防为主”，是全面质量管理与传统质量管理的重要区别。在项目质量管理中，预防为主，就是要预先分析影响项目质量的各种因素，找出主导性因素，并采取措施加以控制，变“事后把关”为主为“事前预防”为主，使质量问题消灭在质量形成过程之中，做到防患于未然。

4. 技术与管理并重的思想

项目质量与项目所采用的技术是密切相关的。这里所指的技术包括专业技术、实施方法和管理技术等。合理的技术方案，再加上科学、完善的管理，才能使项目质量得以保证；如果技术方案选择不合理，管理再完善也难以保证项目质量。因此，技术是保证项目质量的基础，质量管理是实现项目质量目标的重要途径，两者同等重要。

5. 注重过程的思想

项目的最终质量是项目的交付物的质量，是结果质量，是项目的工序质量和工作质量综合影响的结果。工序质量，是指人员、机械、材料、方法和环境五个方面的综合质量。工作质量，是指项目参与者在完成项目的过程中其工作符合要求的程度。工序质量和工作质量是在项目实施过程中形成的，因此可称为过程质量。过程质量能够得到保证，项目质量就能得到保证。项目质量管理不是就事论事，不仅注重结果，更重要的是注重过程。

1.4.4 控制原理

质量控制是质量管理的一部分，致力于满足质量要求。质量控制的目标就是确保项目质量能满足顾客、法律法规等方面所提出的质量要求。质量控制的范围涉及项目形成全过程的各个环节。项目质量受到质量环各阶段质量活动的直接影响，任一环节的工作未做好，都会使项目质量受到损害而不能满足质量要求。质量环的各阶段是由项目的性质所决定的，根据项目形成的工作流程，由掌握了必需的技术和方法的人员进行一系列有计划、有组织的活动，使质量要求转化为满足质量要求的项目。为了保证项目质量，这些活动必须在受控的状态下进行。

项目质量控制的工作内容包括作业技术和活动，即包括专业技术和管理技术两方面。围绕着质量环的每一阶段的工作，应对影响项目质量的人、机、料、法、环因素进行控制，并对质量活动的成果进行分阶段验证，以便及时发现问题，查明原因，采取相应纠正措施，防止质量问题的再次发生，并使质量问题在早期得以解决，以减少经济损失。因此，质量控制应贯彻预防为主与检验把关相结合的原则。同时，为了保证每项质量活动的有效性，质量控制必须对干什么、为何干、怎样干、谁来干、何时干、何地干等做出规定，并对实际质量活动进行监控。

由于顾客对于项目质量的要求和期望随着时间的进展而产生变化，这就使得项目的质量控制具有动态性。因此，为了满足项目质量的动态性要求，质量控制不能停留在一个水平上，应不断研究新的控制方法，不断发展，不断创新。

1.4.5 保证原理

项目的质量保证是项目质量管理的一部分，致力于提供质量保证会得到用户满足的信任。

质量保证具有特殊的含义，与一般概念的"保证质量"有较大区别。保证满足质量要求是质量控制的任务，就项目而言，用户不提质量保证的要求，项目实施者仍应进行质量控制，以保证项目的质量满足用户的需要。用户是否提出质量保证要求对项目实施者来说是有区别的。用户不提质量保证要求，项目实施者在项目进行过程中如何进行质量控制就不需要让用户知道，用户与项目实施者之间只是提出质量要求与提供项目验收这样一种交往关系。如果项目较简单，其性能完全可由最终检验反映，则用户只需把住"检验"关，就能得到满意的项目成果，而不需知道项目实施者是如何操作的。但是，随着技术的发展，项目越来越复杂，对其质量要求也越来越高，项目的有些性能已不能通过检验来鉴定。就这些项目来说，用户为了确信项目实施者所完成的项目达到了所规定的质量要求，就要求项目实施者提供项目设计、实施等各个环节的主要质量活动确实做好，且能提供合格项目的证据，这就是用户提出的"质量保证要求"。针对用户提出的质量保证要求，项目实施者就应开展外部质量保证活动，就应对用户提出的设计、项目实施等全过程中的某些环节的活动提供必要的证据，以使用户放心。

质量保证的内涵已不是单纯地为了保证质量，保证质量是质量控制的任务，而"质量保证"则以保证质量为基础，进一步引申到提供"信任"这一基本目的。要使用户能"信任"，项目实施者应加强质量管理，完善质量体系，对项目有一套完善的质量控制方案、办法，并认真贯彻执行，对实施过程及成果进行分阶段验证，以确保其有效性。在此基础上，项目实施者应有计划、有步骤地采取各种活动和措施，使用户能了解其实力、业绩、管理水平、技术水平以及对项目在设计、实施各阶段主要质量控制活动和内部质量保证活动的有效性，使对方建立信心，相信完成的项目能达到所规定的质量要求。所以，质量保证的主要工作是促使完善质量控制，以便准备好客观证据，并根据对方的要求有计划、有步骤地开展提供证据的活动。美国质量管理专家朱兰在《质量计划与分析》一书中指出，"保证"一词的含义非常类似于"保险"一词。保证和保险都是试图得到某种保护，以避免灾祸而进行少量的投资。就保险来说，这种保护是在万一出现了灾害或事故之后，能得到一笔损失赔偿费。而就保证而言，这种保护反映为所得到的信息，这种信息为下述两种信息之一。

（1）使对方确信万无一失，如项目满足用户要求；过程正在正常进行；工艺规程正在被正确执行等。

（2）向对方提供并非一切如意和某种故障可能正在酝酿之中的早期报警。通过这种早期报警，对方可以预先采取措施，以防止故障或事故的发生。

可见，质量保证的作用是从外部向质量控制系统施加压力，促使其更有效地运行，并向对方提供信息，以便及时采取改进措施，将问题在早期加以解决，以避免更大的经济损失。

内部质量保证是为使组织领导"确信"本组织所完成的项目能满足质量要

求所开展的一系列活动。组织领导对项目质量负全责，一旦出现质量事故，则要承担法律和经济责任。而项目的一系列质量活动是由项目经理部或项目团队进行的，虽然项目团队明确了职责分工，也有相应的质量控制方法和程序。但是，为了确认是否严格按程序进行，这些方法和程序是否确实有效，组织领导需要组织一部分独立的人员（国外称质量保证人员）对直接影响项目质量的主要质量活动实施监督、验证和质量审核活动（即内部质量保证活动），以便及时发现质量控制中的薄弱环节，提出改进措施，促使质量控制能更有效地实施，从而使领导"放心"。所以，内部质量保证是组织领导的一种管理手段。

质量保证原理的基本点包括：

（1）质量保证的主体是供方，供方需要根据顾客的需求与期望的变化不断地提供质量保证。

（2）供方所提供的质量保证方式逐步从事后转变为事前，从把关剔除不合格品到预防不合格品的产生。

（3）质量保证从只侧重于对项目结果的保证，逐步深化或扩大到对项目实施过程的保证。

（4）质量保证不应仅限于对项目本身实物质量的保证，而应进一步扩展为对项目附加值质量、服务质量、项目费用、项目工期等广义质量的保证。

（5）质量体系的建立与完善是实施质量保证的主要形式，项目承揽方需要建立质量体系，并进行评审与认证，以得到需方或第三方的确认。

（6）项目的相关方所提供的质量保证不仅仅是质量、费用，更重要的是赢得顾客信赖的企业形象与信誉。

（7）质量改进是质量体系运行的驱动力，是供方实施质量保证的有效手段。项目相关方应系统地、不断地寻找质量改进的潜力。

1.4.6 合格控制原理

在项目实施过程中，为保证项目或工序质量符合质量标准，及时判断项目或工序质量合格状况，防止将不合格品交付给用户或使不合格品进入下一道工序，必须借助于某些方法和手段，检测项目或工序的质量特性，并将测得的结果与规定的质量标准相比较，从而对项目或工序作出合格、不合格或优良的判断（称为合格性判断），如果项目或工序不合格，还应作出适用或不适用的判断（称为适用性判断）。这一过程就称为合格控制。合格控制贯穿于项目进行的全过程。

可见，合格控制是确定项目阶段性成果及最终成果是否符合规定的要求。其质量的含义是静态的符合性质量。

合格控制是项目质量管理的重要组成部分，是保证和提高项目质量必不可少的手段。合格控制具有三项重要的工作职能。

（1）保证职能。保证职能，即把关职能。通过对项目原材料、半成品、成品的检验，确定其是否合格，以保证不合格的原材料不投入项目使用；不合格的半成品不转入下一道工序；不合格的项目不能交付。

（2）预防职能。通过合格控制，及早发现问题，预防或减少不合格品的产生。

（3）报告职能。将合格控制所得到的数据进行分析和评价，及时向有关部门或人员报告，为提高项目质量、加强管理提供必要的信息和依据。

合格控制的三项职能是密不可分的统一体，应加以充分发挥。合格控制的基本环节是：量测（检测）、比较、判断和处理。

1）量测。为了对项目阶段性成果或最终成果的质量状况作出判断，需要采集相关数据，而采集数据的必要手段是量测。因此，在项目的质量管理过程中，必须具备必要的量测仪器或手段，且需要保证量测仪器或手段的可靠性和准确性。同时需要设计合理的量测方案，如量测点的数量，量测点的分布等。

2）比较。比较就是将实际采集的质量数据与计划或标准相对比，以便发现所存在的偏差。

3）判断和处理。这一环节是合格控制的最终环节，也是最重要的环节。其主要工作是根据比较的结果，采用科学、可靠的方法加以判断，并根据判断的结果采取相应措施进行处理。

1.4.7　监督原理

项目的承揽方作为独立的项目实施方，其质量行为始终受到实现最大利润这一目标的制约。这种最大利润是在保证和提高项目质量或服务质量的前提下，通过提高工作效率取得，还是通过偷工减料、降低质量获得，显然是两种完全不同的利润获得方式，前者是正当的，后者是不正当的。为了减少出现不正当的获利行为，减少质量问题的发生，进行质量监督是必要的。

项目质量存在缺陷，将可能会使顾客受到损害，甚至会对社会或环境产生危害，项目的承揽方应对此负责，这已成为基本的国际惯例，也为各国法规所认同。

对项目的相关方来说，遵循质量监督法规，不仅是减少质量问题的重要条件，而且是维护自身利益所必需的。

可见，质量监督是建立在项目质量责任理论基础之上的。

质量监督包括政府监督、社会监督和自我监督。

政府监督基本上是一种宏观监督，包括质量的法制监督、各种相关法规实施状况的监督、行业部门或职能部门的行政监督等。政府监督一般是属于强制性的。例如，工程质量监督站对工程项目的质量监督就是一种政府监督。

社会监督就是通过舆论、社会评价、质量认证等行为对项目质量的监督。这种监督对项目质量的保证起到了一个重要的制约作用。

自我监督一般是指顾客自身所组织的监督。例如，项目完成方对项目质量的监督就属于自我监督的一种方式。

复习思考题

一、判断题（正确的打"√"，错误的打"×"）

1. 质量监督是建立在项目质量控制理论基础之上的。   （   ）

2. 合格控制贯穿于项目进行的全过程。   （   ）

3. 保证满足质量要求是质量控制的任务。   （   ）

4. 现代质量管理的观念认为，提高质量的关键是原材料。   （   ）

5. 项目质量管理的主体是项目的需求方。   （   ）

二、单项选择题（请在题后的括号内填上选中项的序号）

1. 项目决策阶段对项目质量的影响主要是（   ）。

　　A. 确定质量目标　　B. 进行质量设计　　C. 实现质量目标　　D. 评价项目质量

2. 对项目质量产生最直接、最重要的影响因素是（   ）。

　　A. 材料　　　　　　B. 设备　　　　　　C. 人员　　　　　　D. 环境

3. 任何利用资源并通过管理，将输入转化为输出的活动均可称为（   ）。

　　A. 工序　　　　　　B. 过程　　　　　　C. 作业　　　　　　D. 控制

4. 质量与效益的关系是（   ）。

　　A. 对立的　　　　　B. 统一的　　　　　C. 线性的　　　　　D. 对立统一的

5. 下列各项，不属于质量控制的是（   ）。

　　A. 控制影响项目质量的因素　　　　　　B. 确定项目质量目标

　C. 验证质量活动的结果　　　　　　D. 采取纠正措施

三、多项选择题（请在题后的括号内填上选中项的序号）

1. 质量不仅是指产品质量，也可以是（　　　）。

　A. 工作质量　　　　　　　　　　B. 质量体系运行的质量

　C. 人员质量　　　　　　　　　　D. 经营质量

2. 项目质量管理过程包括（　　　）。

　A. 质量规划　　　B. 质量保证　　　C. 质量控制　　　D. 质量监督

3. 下列各项，属于项目质量管理原则的是（　　　）。

　A. 质量第一，预防为主　　　　　B. 以顾客为关注重点

　C. 领导作用　　　　　　　　　　D. 过程方法

4. 下列各方，可视为项目完成方顾客的是（　　　）。

　A. 项目需求方　　　B. 资源供应方　　　C. 完成方项目团队　C. 完成方决策层

5. 全面质量管理的重要思想是（　　　）。

　A. 预防为主　　　B. 效益为先　　　C. 以人为本　　　D. 注重过程

四、简答题

1. 什么是顾客满意？

2. 什么是项目质量？

3. 影响项目质量的系统因素有哪些？

4. 什么是质量的变异性？

5. 什么是 PDCA 循环？

五、案例分析

东风公司的项目质量管理

　东风公司是一家项目型公司，最近正在实施某一项目，为保证项目质量，公司组织人员确定项目的质量目标，并编制了项目质量计划。但随着项目的进行，项目质量并不理想，经常出现质量问题。

　思考题：你认为东风公司的项目质量管理有何问题？你对东风公司的项目质量管理有何建议？

第 2 章

项目质量数据

引导性案例 ┈┈┈┈┈┈┈┈┈┈┈┈┈┈┈┈┈┈┈┈

经检测，得到某项目的一批质量数据：

22	24	23	21	19	23	22	20	20	22	20	22	23
25	21	21	21	22	24	23	22	23	21	22	21	23
26	23	21	23	21	26	19	21	18	22	20	24	26

从表面上看，这批数据无规律性可言，但如果经过重新整理，就会得到表达这批数据特征的信息，如数据的集中性、离散性等。这就是本章所要研究的问题。

本章学习目标

重点掌握：与质量数据采集相关的概念；随机抽样方法；直方图；质量数据的集中性与离散性；正态分布。

一般掌握：频数分布表；累计频率及其分布曲线。

了解：直线图与折线图；偏度与峰度；二项分布、泊松分布；各项分布之间的关系。

本章学习导航

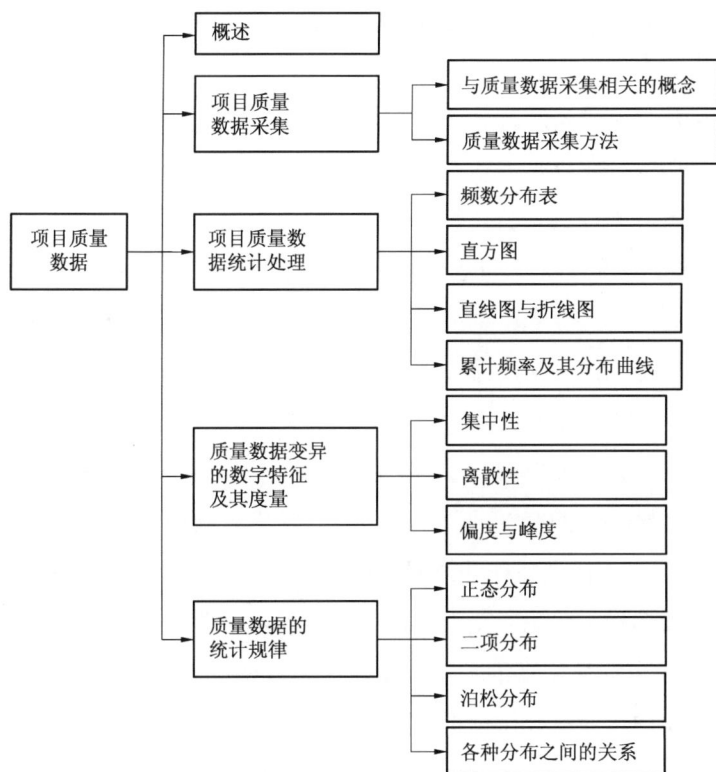

2.1　概述

　　ISO 9000：2008 版标准提出的八项质量管理原则的第七条原则是：基于事实的决策方法。这一原则表明，在质量管理过程中，自始至终都要以事实为根据，而表达事实的重要信息是数据，项目的质量管理也是如此。无论是对项目进展过程的质量控制，还是对项目最终质量的评判，都离不开数据。数据是项目质量管理中最重要的信息，是项目质量管理的基础。

　　项目质量管理中所涉及的数据形形色色。有的可以通过仪器仪表测量而得到，如规格尺寸、构件的厚度等；有的则可以通过查数的方法得到，如缺陷数、不合格品数等；有的以比率的形式出现，如合格品率、优良品率等、顾客满意度等；有的是通过评分等方法所得到的，如对一个项目质量的综合评分、项目的质量等级等。

　　根据项目质量数据特性的不同，可将其分为两类。

（1）计量值数据，即可以连续取值的数据，如重量、压力、强度等。

（2）计数值数据，即不能连续取值，只能数出个数、次数的数据，如废品数、合格品数、缺陷点数等。

由于质量数据有计量和计数之分，所以在项目质量管理过程中，不同类型的质量数据，所采用的分析处理方法亦有区别。

根据使用目的不同，项目质量数据大体可分为以下几类。

（1）掌握项目质量状况的数据，如合格品率、优良品率、废品率、质量指标等。

（2）分析问题原因用的数据，如为研究分析项目某一质量特性值所存在的问题而搜集的数据。搜集这类数据时，不论是调查过去的情况，还是重新做实验，都应针对既定目的，搜集那些能反映问题实质的数据，然后选用合适的数理统计方法，分析研究原因和结果之间存在的关系或规律，找出问题的关键所在。

（3）管理工序、活动或作业质量用的数据。搜集这类数据是为了掌握工序、活动或作业质量的稳定状态，用以作出判断和确定对策。

（4）判定项目质量水平的数据。搜集这类数据是为了评价已完项目的质量状况，为最终评价项目质量提供依据。

项目质量数据具有两个重要特点。

（1）波动性。质量数据并非同一的，而是在一定的范围内存在差异。质量数据的这种特性称为波动性。这是质量变异性的客观反映，质量数据的波动性是必然的。质量数据具有波动性，其实质就是质量数据具有分布性。

（2）规律性。从表面上看，质量数据是杂乱无章的，但若作进一步分析处理，就可以看出：在正常情况（即稳定状态）下所获取的质量数据，往往呈现出一定的规律性。

质量数据既有波动性又常具有规律性，是客观存在的事实。从某种意义上说，统计方法（质量管理的基本方法），就是从波动的数据中明确其规律性的一种数学方法。

2.2 项目质量数据采集

质量数据是项目质量管理的重要依据。因此数据的可靠性、代表性如何，将直接关系到项目质量管理效果的好坏。而质量数据的可靠性、代表性如何，在所采用的质量检测手段一定的条件下，主要取决于质量数据的采集方法。

2.2.1　与质量数据采集相关的概念

质量数据的采集方法分为两大类：其一是全数采集；其二是抽样采集。所谓全数采集，是指对所要管理的项目或工序中的所有"个体"都进行相关质量数据的采集工作。所谓抽样采集，是指从所要管理的项目或工序中抽取若干"样品"进行相关质量数据的采集工作。根据项目的特点，绝大部分质量数据的采集工作只能采用抽样采集的方法。

抽样采集涉及以下几个概念。

（1）总体。提供数据的原始集团（观察对象），或研究对象的全体。总体亦称为母体。如一个连续的工艺过程，一道工序、一项任务等都可以看作一个总体。

总体中的一个单元称为个体。

如果总体所含个体的数量是有限的，则称为有限总体。如果总体所含个体的数量是无限的，则称为无限总体。

（2）样本与样品。在项目质量管理中，对无限总体中的个体，全数考察其某个质量特性显然是不可能的；对有限总体，若所含的个体数量太大，也难于全数加以考察；对有限总体，若所含个体数量不大，但考察方法是破坏性的，同样不能全数考察。因此，往往通过抽取总体中的部分个体，对其加以考察来了解和分析总体情况，这是项目质量管理的一种主要做法。

所谓样本是指从总体中抽取的一部分个体所构成的集合。组成样本的每一个个体称为样品。抽取样本的过程称为抽样。样本中所含样品的数量称为样本容量。

样本容量的大小，直接关系到所采集的质量数据的可靠性和代表性。一般来说，样本容量越大，其可靠性和代表性越强，但所耗费的工作量也越大，所需要的成本亦越高。样本容量与总体中所含个体的量相等时，是一种极限情况。因此我们也可以说，全数采集是抽样采集的极限。

总体、样本、样品之间的关系如图 2-1 所示。

2.2.2　质量数据采集方法

在项目质量管理中，主要采取抽样的方法采集质量数据。即从被控对象（总体）中抽取样本，从样本所包含的各个样品中采集质量数据，用以推断被控对象的质量状况或动态。

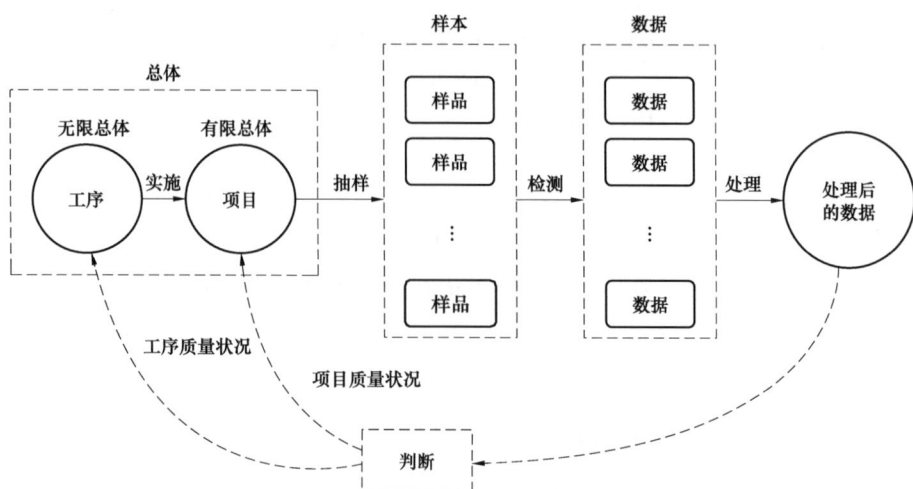

图 2-1 总体、样本、样品之间的关系示意图

总的来说，抽样方法分成两类，第一类是非随机抽样，即进行人为的有意识的挑选取样。这时人的主观因素发挥作用，由此所得到的质量数据，往往会对控制对象作出错误的判断。因此可以说，采用非随机抽样方法所推断的结论，其可信度是有限的，也就是说采用非随机抽样方法所得到的质量数据，其可靠性、代表性是有限的。在项目质量管理中，应尽量避免采用这种方法。第二类是随机抽样。随机抽样排除了人的主观因素，使总体中的每一个个体都具有同等的机会被抽取到。这类方法所得到的质量数据可靠性好、代表性强，是一种科学的抽样方法。

实现随机抽样的方式有多种，但适合于项目质量管理的方法一般有以下几种。

（1）单纯随机抽样。在总体中直接抽取样本的方法就是单纯随机抽样。这是一种完全随机化的抽样方法，它适用于对总体缺乏了解，总体中每个个体之间差异较小，总体、样本容量较小等场合。

单纯随机抽样主要关心的是抽样的多少及其随机性问题。只有抽取足够数量的样品，才能对总体做出估计。在有些情况下，难以采用单纯随机抽样方法，特别是当被控对象质量的稳定性和均衡性均较差或对被控对象的情况有所了解时，为提高可靠性或充分利用有利条件，提高抽样的针对性，还有其他一些随机抽样方法可供采用，但任何一种随机抽样方法都包含有单纯随机抽样的成分。

（2）系统抽样。有系统地将总体分成若干部分，然后从每一部分抽取一个或若干个个体，组成样本。这种方法称为系统抽样。在项目质量管理中，系统抽样的实现主要有三种情况。

1）将比较大的项目分成若干部分，再根据样本容量的大小，在每部分按比例进行单纯随机抽样，将各部分抽取的样品组合成一个总体样本。

2）间隔定时法：每隔一定时间，从工作面抽取一个或若干个样品。这种方法适合于工序质量控制。

3）间隔定量法：每隔一定数量的"单位产品"，抽取一个或若干个样品。这种方法也适合于工序质量控制。

系统抽样法使得所抽取的样品能相对均匀地分布在总体中，这对于质量不均的项目（工序）来说是一种较为理想的抽样方法。但要注意，采用系统抽样法，要求对项目、工序情况有一定了解，否则当其质量有周期性变化时，易产生较大的抽样误差。

（3）分层抽样。一个项目或工序往往是由若干不同的班组或作业队伍进行操作。分层抽样法就是根据此类情况，将项目或工序分为若干层。分层抽样的方法便于了解每层的质量状况，分析每层产生质量问题的原因。图 2-2 为分层抽样示意图。

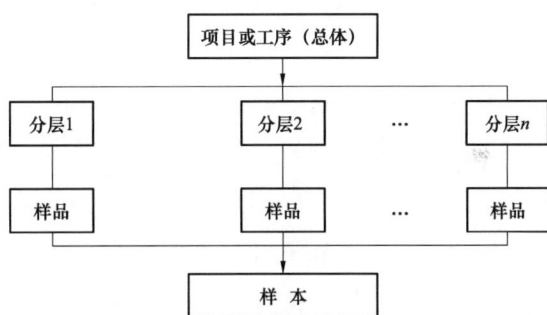

图 2-2　分层抽样示意图

无论采用何种抽样方法，抽样误差都是客观存在的。这是因为样本往往是总体中很小一部分，以它所提供的质量信息来代表和估计总体，必然会产生某种误差。样本所提供的质量信息不一定恰与总体的质量状况相一致的误差，称为代表性误差。代表性误差的大小主要取决于三个因素。

（1）总体中的数据的离散程度，即总体质量的均一性。离散程度越小，抽样代表性误差就越小，代表性就越好。

（2）样本容量的大小。根据概率论中的大数定律，若样本容量足够大，则总体的规律性及其特点在样本中就能得到充分反映。换句话说，样本容量越大，抽样代表性误差就越小。

（3）抽样方法的随机性。随机性越好，误差就越小。

上述三种抽样方法中，单纯抽样方法的随机性最好。

2.3　项目质量数据统计处理

要正确判断项目、工序质量状况或水平，首先必须具有可靠性高、代表性好的质量数据，这取决于获得质量数据的手段和方法；其次必须采用科学的方法对质量数据加以处理。

质量数据初看似乎杂乱无章，但经过一定的整理和用统计方法处理后，就可能从中发现一些规律和某些典型的数字特征。统计方法是一种科学的质量数据处理方法。本节将介绍几种常用的方法。

2.3.1 频数分布表

经检测，得到某项目的一批质量数据：

23　24　23　21　19　23　22　20　20　22　20　22　23

27　21　21　21　22　24　23　22　23　21　22　21　23

从表面上看，这批数据无规律性可言，需对之加以重新整理。

若这批数据出现的先后顺序与我们要从这批数据中获得的某种信息无关，即可按照"基量整理"的方法进行整理。所谓基量整理就是以数据的大小为基础，不考虑数据出现的先后顺序和时间的整理方法。若要获得的某种质量信息与数据出现的先后顺序有关，则应按时间先后顺序加以整理，这种方法称为"基时整理"。频数分布表示一种基量整理方法，控制图则是一种基时整理方法。

将上述数据，按其大小从左往右重新加以排列：

19　20　20　20　21　21　21　21　21　21　22　22　22

22　22　22　22　23　23　23　23　23　23　24　24　25

可见，大部分数据集中在 21、22 和 23，最大值 25，最小值 19。通过重新整理后，对这些数据的变异情况有了比较清楚的概念。

如果对上述数据进行再次整理：设不同的数据为一个变量，以 x 表示，则这批数据即为 x 的一个变异数列。用 x_i 表示任一变量，f_i 表示 x_i 出现的次数，在统计学中称 f_i 为频数；全部频数之和为 $\sum f_i$；变量 x_i 的频数 f_i 占全部频数之和（$\sum f_i$）的比值称为 x_i 的频率，用 P_i 表示，称为相对频数。依次对上述数据进行处理则可得到表 2–1。

表 2–1　频数频率表

x_i	19	20	21	22	23	24	25	合计
f_i	1	3	6	7	6	2	1	$\sum f_i = 1$
P_i	1/26	3/26	6/26	7/26	6/26	2/26	1/26	$\sum P_i = 1$

将各个变量所发生的频数情况，采用画频数符号的方式，在一张表格中表示出来（表 2–2），这种表格称为频数分布表。

表 2-2　频数分布表

序号	x_i	频　数　符　号	f_i
1	19	△	1
2	20	△ △ △	3
3	21	△ △ △ △ △ △	6
4	22	△ △ △ △ △ △ △	7
5	23	△ △ △ △ △ △	6
6	24	△ △	2
7	25	△	1
合计			26

从表 2-2 可见，采集的数据做出频数分布表后，能大致了解数据分布的情况，反映出频数分布状态、对其变异的规律，给人以直观的感觉。

数据少且分布范围窄，可对每一个数据逐一进行整理计算；数据多，分布范围广，若要对每一个数据逐一进行整理计算，显然太复杂。因此，针对这种情况，往往按数据大小排列后，以一定的间隔分组，然后计算每一组内的频数和频率，用频数分布表表示频数分布状况。频数分布表的编制，通常按以下步骤进行。

1. 确定分组数（K）

按组距相等的原则确定。

K 的大小影响着频数分布表的形状。一般来说，K 越大，频数分布越接近实际情况，但计算也越烦琐。因此，应合理确定 K 值，使其频数分布尽量符合总体特性值的分布情况，但又不至于过多地增加计算量。

迄今为止，尚无准确的计算公式可用于合理确定 K 值，而只能根据经验数据或经验公式来选择 K 值的大小。

一般来说，K 的选取范围常在 6～25，K=10 最常用。通常应保持按 K 分组后，平均每组至少能有 4～5 个数据为宜。

表 2-3 可供选择时参考。

表 2-3　组数 K 选择参考表

数据数 n	<50	50～100	100～250	>250
适当分组数 K	5～7	6～10	7～12	10～25

Sturges 提出了一个确定分组数 K 的公式：

$$K=1+3.31\lg n$$

式中　n——数据个数；

K——分组数，取正整数。

这一公式仅供选择 K 时参考。

2. 确定组距（h）

分组数 K 确定后，组距 h 也就随之而定。若一批数据中最大值为 x_{max}，最小值为 x_{min}，则：

$$h = \frac{x_{max} - x_{min}}{K-1}$$

3. 确定组的边界值

以一批数据中的最小值 x_{min} 为第一组（从小往大排列）的组中值，其上、下界限分别为以下内容。

第一组下限：$x_{min} - \dfrac{h}{2}$；

第一组上限：$x_{min} + \dfrac{h}{2}$；

第二组下限：$x_{min} + \dfrac{h}{2}$，即第一组上限；

第二组上限：$x_{min} + \dfrac{h}{2} + h$，即该组下限加组距。

依此类推，即可得到各组边界值。

为避免某些数据正好落在边界上，给确定每组数据所发生的频数造成不必要的困难，应将分组界定在最小测量单位的 1/2 处。

4. 计算组中值

$$组中值 = \frac{该组上限值 + 该组下限值}{2}$$

5. 作频数分布表

用频数符号表示出每个组的数据个数。

[例 2-1] 测得某项目某质量数据 100 个（表 2-4），测量单位为 1mm，作频数分布表。

解：

（1）确定组数 K。

总的数据个数为 100，因此，确定组数 K=9。

（2）确定组距 h。

数据中，x_{max}=144mm，x_{min}=127mm

因此，$$h = \frac{x_{max} - x_{min}}{K-1} = \frac{144-127}{9-1} = 2.125（mm）$$

取 h=2mm。在确定组距时，一般取 h 为最小测量单位的整数倍。

表 2-4 某质量数据测定值记录表

测点号	测 定 值	行 max	行 min
1～10	137 134 138 132 128 133 134 131 133 134	138	128
11～20	129 136 130 131 133 134 134 136 139 134	139	129
21～30	135 136 130 132 133 135 135 134 132 138	138	130
31～40	132 137 134 138 136 137 136 131 133 130	138	130
41～50	135 133 138 137 144 131 136 132 129 135	144	129
51～60	138 139 134 132 130 139 136 140 132 133	140	130
61～70	129 141 127 136 141 137 136 137 133 136	141	128
71～80	131 133 135 134 135 134 131 136 135 135	136	131
81～90	140 135 137 135 135 136 138 135 131 134	140	131
91～100	135 136 139 131 131 130 135 133 135 131	139	130

（3）确定组的边界值。

第一组下限：$x_{min} - \dfrac{h}{2} = 127 - 1 = 126$，取为 126.5；

第一组上限：126.5+h =126.5+2=128.5；

依此类推，得到每组边界值，见表 2-5。

表 2-5 频数分布表

组号	组 界	频 数 符 号	频数	频率（%）
1	126.5～128.5	‖	2	2
2	128.5～130.5	卌 ‖‖	8	8
3	130.5～132.5	卌 卌 卌 ‖‖	18	18
4	132.5～134.5	卌 卌 卌 卌 ‖	22	22
5	134.5～136.5	卌 卌 卌 卌 卌 ‖	27	27
6	136.5～138.5	卌 卌 ‖‖‖	14	14
7	138.5～140.5	卌 ‖	6	6
8	140.5～142.5	‖	2	2
9	142.5～144.5	‖	1	1
合计			100	100

（4）计算每组数据发生的频数。见表2-5。

（5）做频数分布表，见表2-5。从表2-5可以看出，靠近总体数据中值135.5所发生的频数最高，离中值越远，所发生的频数越低，这是基本符合计量数据的分布规律的，说明该质量数据控制基本处在正常状态。

频数分布表只能大致反映出数据的分布情况，不能用之作进一步的定性和定量分析。

2.3.2 直方图

为了能够比较准确地反映出质量数据的分布状况，可以用横坐标标注质量特性值，纵坐标标注频数或频率值，各组的频数或频率的大小用直方柱的高度表示，如图2-3所示。这种图形称为直方图。

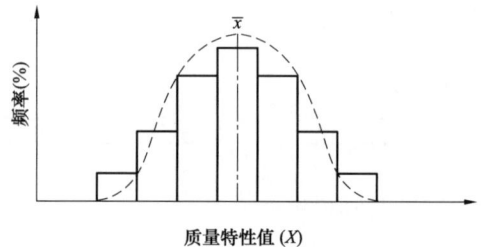

图2-3 频率直方图

1. 直方图的类型

按纵坐标的计量单位不同，直方图可分为两种。

（1）频数直方图。以频数为纵坐标的直方图称为频数直方图，它直接反映了质量数据的分布情况，故又称质量分布图。

（2）频率直方图。以频率为纵坐标的直方图为频率直方图。该图中，各直方柱面积之和为1，其纵坐标值与正态分布的密度函数一致，故可在同一图中画出标准正态分布曲线（按 $\mu \approx \bar{x}, \sigma \approx s$ 计算），可以形象地看出直方图与正态分布曲线的差异，如图2-3所示。

2. 直方图绘制步骤

（1）采集数据。根据作图意图采集相关数据。为使直方图能够比较准确地反映质量分布情况，一批制作直方图用的数据个数一般应大于50。

（2）确定组数、组距及组的边界值。直方图实际上是将频数分布表转换为图形，因此，组数、组距及组的边界值的确定与频数分布表完全一致。

（3）统计每组频数（计算频率）。采用查数的方式确定每组的频数，并计算出频率。

（4）绘制直方图。若将上例绘制成直方图，就可以直接将频数分布表转换为频数直方图（图2-4）或频率直方图（图2-5）。

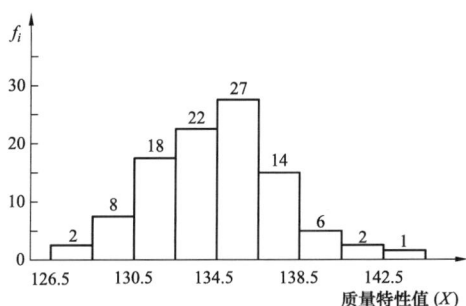

图 2-4 频数直方图

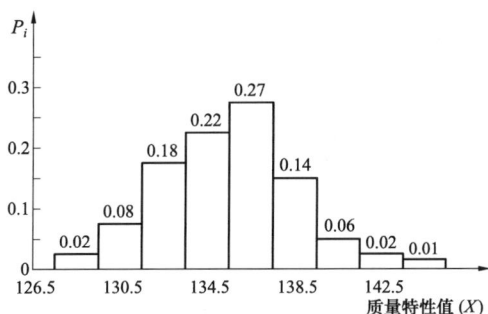

图 2-5 频率直方图

3. 直方图的观察与分析

从表面上看，直方图表现了所取数值的分布，但其实质是反映了数据所代表的项目实施过程的分布，即实施过程的状态。根据直方图的这一特点，可以通过观察和分析直方图，对项目实施过程的稳定性加以判断。

（1）观察图形的分布状态。通过观察图形的分布状态，判断其属于正常型还是异常型，若为异常型，则应进一步判别属于哪种异常，以便分析原因，采取处理措施。

1）正常型分布状态。左右对称的山峰形状，如图 2-6（a）所示。图的中部有一峰值，两侧的分布大体对称且越偏离峰值其数值越小，符合正态分布。表明这批数据所代表的实施过程中仅存在随机变异。因此，从稳定正常的生产过程中得到的数据所做出的直方图，是一种正常型直方图。

2）异常型分布状态。与正常型分布状态相比，带有某种缺陷的直方图称为异常型直方图。表明这批数据所代表的生产过程异常。常见的异常型直方图有以下几种。

① 偏向型。直方的顶峰偏向一测。计数值或计量值仅对一侧加以控制；或一侧控制严另一侧控制宽等，常出现这种图形。根据直方的顶峰偏向的位置不同，有左偏峰型［图 2-6（b）］和右偏峰型［图 2-6（c）］。仅控制下限或下限控制严上限控制宽时多呈现左偏峰型。

② 双峰型。一个直方图出现两个顶峰，如图 2-6（d）所示。这往往是由于两种不同的分布混在一起所造成的。也就是说，虽然测试统计的是同一项目的数据，但数据来源条件差距较大。

③ 平峰型。在整个分布范围内，频数（频率）的大小差距不大，形成平峰型直方图，如图 2-6（e）所示。这往往是由于生产过程中有某些缓慢变化的因

素起作用所造成的。

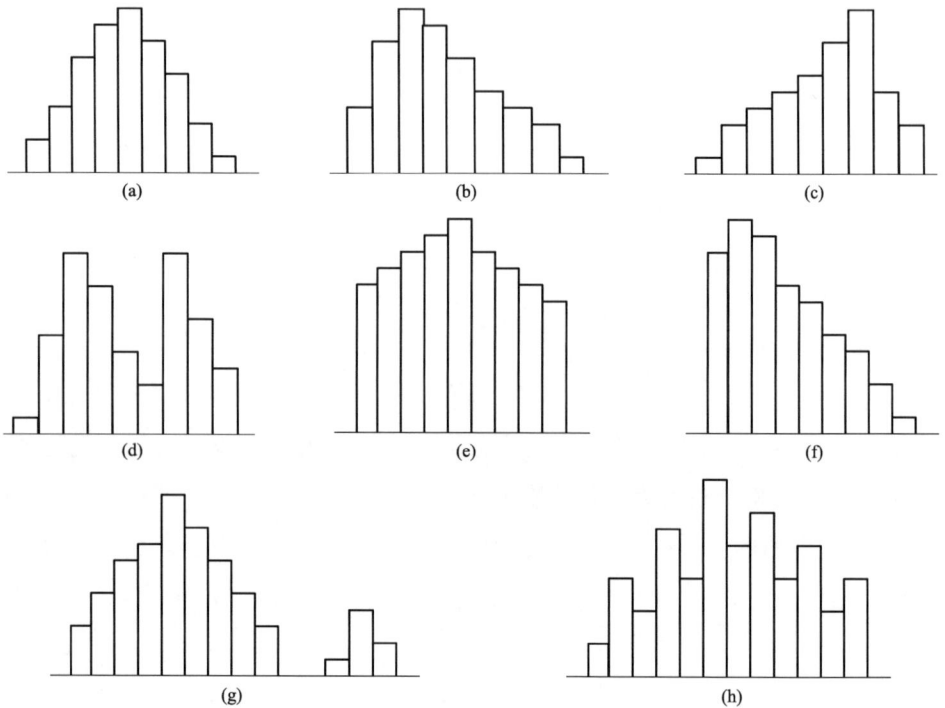

图 2-6　各种形状的直方图

(a) 正常型；(b) 左偏峰型；(c) 右偏峰型；(d) 双峰型；(e) 平峰型；(f) 高端型；(g) 孤岛型；(h) 锯齿型

④ 高端型。如图 2-6 (f) 所示。制造假数据或将超出某一界限的数据剔除后，易出现此种类型的直方图。

⑤ 孤岛型。在远离主分布中心处出现孤立的小直方，如图 2-6 (g) 所示。这说明项目实施过程在某一段时间内受到异常因素的影响，使项目条件突然发生较大变化。

⑥ 锯齿型。如图 2-6 (h) 所示。往往是由于分组不当所致。如数据少、分组多时就可能出现这种类型。

（2）直方图与公差（或标准）对比。将直方图与公差或标准对比，可以判断是否能稳定地生产出合格的产品。

对比的方法：在直方图上做出标准规格的界限或公差界限。观察直方图是否都落在规格或公差范围内，是否有相当的余地以及偏离程度如何。

几种典型的直方图与标准比较情况，如图 2-7 所示。

1）数据分布范围充分地居中，分布在规格上下界限内，且具有相当余地，如

图 2-7（a）所示。这是一种理想状态，项目处于正常状态，不会出现不合格品。

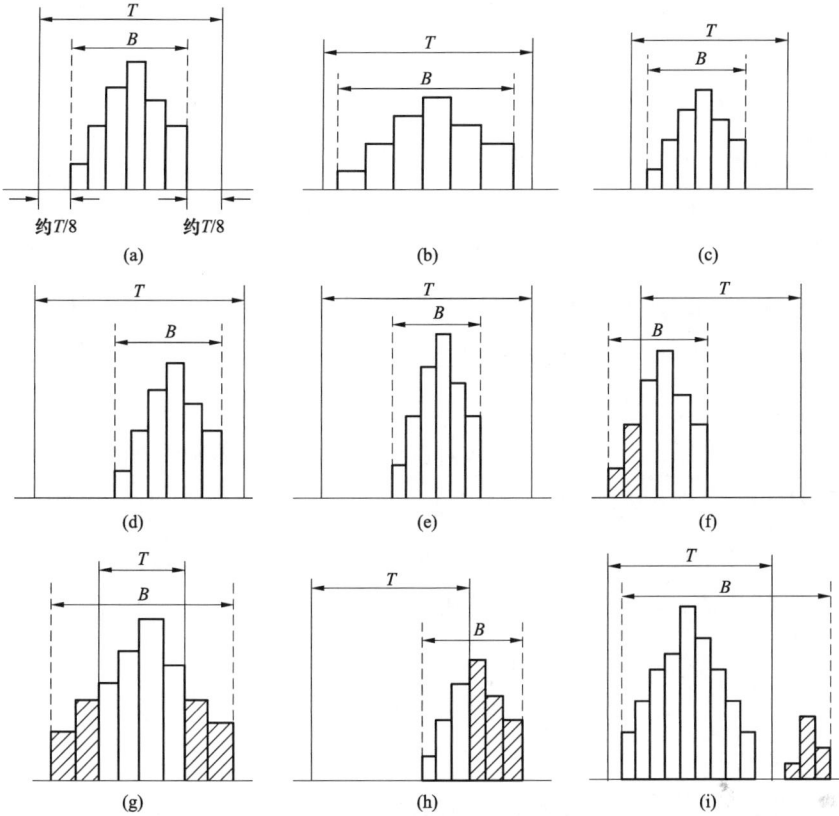

图 2-7　与标准比较的直方图

T—公差范围；B—分布范围

2）数据分布基本上填满规格上下界限内，没有多少余地，稍有波动就会超差，如图 2-7（b）所示。出现这种状况，虽未产生不合格品，但应采取措施减小分散。

3）数据分布偏向一侧，有可能超差，如图 2-7（c）、（d）所示。这表明控制存在倾向性。出现这种状况，应采取措施使直方图居于规格界限之中。

4）数据分布与标准规格相比留有太多余地，如图 2-7（e）所示。这种分布虽能保证项目质量，但在经济上是不合理的。应考虑适当放宽控制，在保证质量的同时使项目的经济性更为合理。此外，若要求进一步提高项目质量，则可缩小标准规格。

上述四种类型，直方图均位于规格界限之内，说明质量符合标准要求，未产生不合格品。

5）数据分布极为偏向一侧，部分数据已超出规格界限，产生了不合格品，如图 2-7（f）、（h）所示。这时应考虑是否有异常因素在起作用或重新研究标准规格是否合理。

6）数据分布过于分散，超出标准规格上下界限，产生了不合格品，如图 2-7（g）所示。应采取措施减小分散或研究标准规格是否合理。

7）绝大多数数据分布正常，但有少量数据超出标准规格界限成为孤岛，产生了部分不合格品，如图 2-7（i）所示。这说明有异常因素在起作用，应加以查明并消除。

综上所述，通过观察直方图的分布状态以及将其与公差（标准）相对比，可以判断项目实施过程是否有异常因素存在，是否产生了不合格品等，以便采取措施，将异常因素消除在项目实施过程之中，使之处于控制状态。

在项目质量管理中，许多质量特性值仅有下限要求。因此，在将直方图与公差（标准）对比中，主要看直方图的分布是否超出下限及分布偏离下限的程度。正常状况应当是分布超越下限并留有适当余地。一般来说，分布超越下限越远，则对质量的保证程度越高，但项目的经济性则越差。

2.3.3 直线图与折线图

1. 直线图

直线图是直方图的简化形式，即以质量特性值为横坐标，以频数（或频率）为纵坐标，以直线的长短表示频数或频率的大小，如图 2-8 所示。

直线图的制作过程与直方图一致，所不同的是，直线所对应的位置为组中值。

2. 折线图

以质量特性值为横坐标，以频数或频率为纵坐标，将各组频数（频率）所对应的点用折线连接起来形成的图形，即为折线图，如图 2-9 所示。

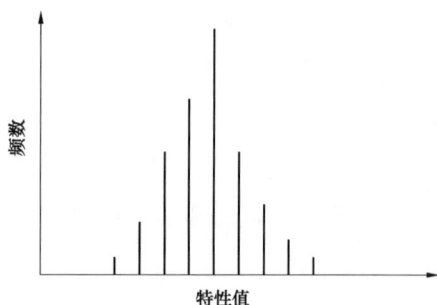

图 2-8 直线图

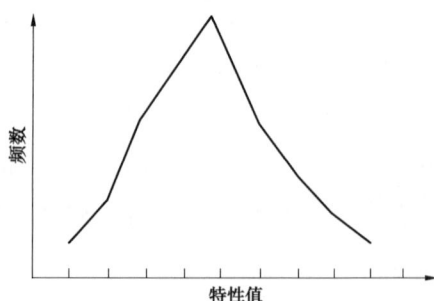

图 2-9 折线图

折线图能更为清楚地反映数据分布状态，但不便于进行观察和分析。所以，如果只需要对数据分布状态有大致了解，则可采用折线图。

2.3.4　累计频率及其分布曲线

1. 累计频数及累计频率

质量特性值等于或小于某一数值时的频数，即为累计频数。累计频数与总频数的比值称为累计频率。累计频数及累计频率的计算如表 2-6 所示。

表 2-6　累计频数及累计频率计算示例

特性值	32.5	34.5	36.5	38.5	40.5	42.5	44.5	46.5	48.5
频数	2	4	15	20	26	19	10	3	1
累计频数	2	6	21	41	67	86	96	99	100
频率（%）	2	4	15	20	26	19	10	3	1
累计频率（%）	2	6	21	41	67	86	96	99	100

2. 累计频率分布曲线

在实际工作中，常用累计频率分布曲线表示累计频率，如图 2-10 所示。

若以横坐标表示质量特性值，纵坐标表示频率，将各组（各特性值）频率所对应的点用平滑的曲线连接起来形成的图形，即为频率曲线图，如图 2-11 所示。

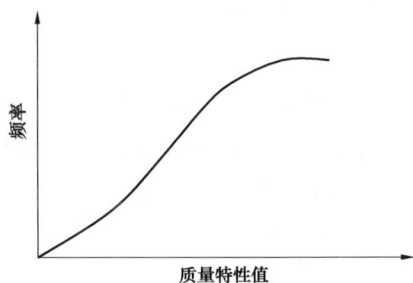

图 2-10　累计频率曲线　　　　　　图 2-11　频率曲线

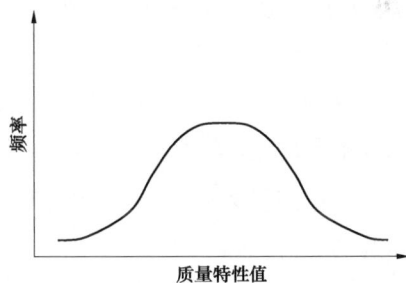

若设质量特性值为 x，频率函数为 $P(x)$，累计频率函数为 $Y(x)$，a、b 分别表示 x 的变异下限和变异上限，则 $P(x)$、$Y(x)$ 之间的关系为：

$$Y(x) = \int_a^x P(x)\, \mathrm{d}x\,, \quad P(x) = \frac{\mathrm{d}Y(x)}{\mathrm{d}x}$$

$$Y(b) = \int_a^b P(x)\mathrm{d}x = 1$$

在质量管理工作中，若已求得频率分布函数 $P(x)$，通过积分即可得到累计频率分布函数 $Y(x)$；若已知 $Y(x)$，通过微分则可得到 $P(x)$。

2.4 质量数据变异的数字特征及其度量

质量数据统计处理方法，实质上是用不同的表格或图形描述一批质量数据的变异状况，若要进一步研究和表达变异的性质，仅此是不够的，还必须用相应的指标或参数度量质量数据的变异特性，进行定量分析。

变异的数字特征，常采用集中性、离散性、偏度与峰度来度量。

2.4.1 集中性

一批数据看起来虽然大小不一，但它们似乎都围绕着某一个中心值而变化，并有一种集中的倾向。这种变异的数据所表现出的集中的趋势称为集中性。集中性是反映数据变异情况的一种典型特征。

度量集中性的主要指标有：平均数、中位数和众数。

1. 平均数

设有一批数据 x_1，x_2，$\cdots$，x_n，则：

$$\overline{x} = \frac{x_1 + x_2 + \cdots + x_n}{n} = \frac{1}{n}\sum_{i=1}^{n}x_i \quad (i=1,2,\cdots,n) \tag{2-1}$$

式中　n——数据的个数。

若 n 为总体所含个体的数，则 $\overline{x}$ 为总体平均数；若 n 为样本所含样品的数，则 $\overline{x}$ 为样本平均数。在质量管理中，一般用 μ 表示总体平均数，用 $\overline{x}$ 表示样本平均数。

在一批变异数据中，有的数值可能重复出现多次。若用 f_i 表示数值 $x_{(i)}$ 所出现的次数即频数，则：

$$\overline{x_i} = \frac{f_1 x_{(1)} + f_2 x_{(2)} + \cdots + f_k x_{(k)}}{f_1 + f_2 + \cdots + f_k} = \frac{\displaystyle\sum_{i=1}^{k} f_i x_{(i)}}{\displaystyle\sum_{i=1}^{k} f_i} \tag{2-2}$$

式中　　　　　　$\overline{x}$——加权平均数；

$x_{(1)}$，$x_{(2)}$，$\cdots$，$x_{(k)}$——将原始变异数列 x_1，x_2，$\cdots$，x_n 按数值大小重新排列后形成的新数列，且 $x_{(1)}<x_{(2)}<\cdots<x_{(k)}$。

平均数是一批数据的中心，围绕这一中心集合着众多的数据，它反映出大量现象的典型特征。从这一意义上说，平均数是一种综合指标，它表示这批数据所代表的产品或工序所能达到的平均水平。

2. 中位数 $\tilde{x}$（中值）

一批数据 x_1，x_2，$\cdots$，x_n，按大小顺序排列，$x_{(1)}$，$x_{(2)}$，$\cdots$，$x_{(k)}$，其中间的数值即为中位数。若 k 是奇数，中间的数只有一个，就是中位数 $\tilde{x}$；若 k 是偶数，中间的数有两个，则这两个数的平均数为中位数 $\tilde{x}$。

例如，有一批数据，13，15，17，13，16，19，17，14，按其大小顺序排列后为 13，14，15，16，17，19，则中位数是：

$$\tilde{x} = \frac{15+16}{2} = 15.5$$

用中位数表示数据的集中性比较粗略，但计算比较简单，当只需对数据集中性进行粗略描述时，可使用中位数。

由于中位数位于数列中间位置，因此，在频率分布图中，通过横坐标 $\tilde{x}$ 点所作的垂线，正好将频率曲线与横坐标所围成的面积分成两等份，如图 2-12 所示。

在累计频率图中，$\tilde{x}$ 正好处于累计频率为 50% 所对应的点，如图 2-13 所示。

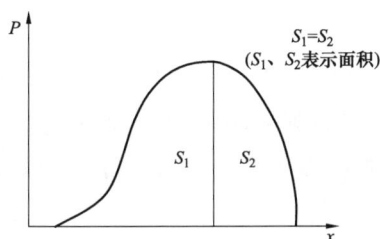

图 2-12　中位数在频率图中的几何意义　　图 2-13　中位数在累计频率图中的几何意义

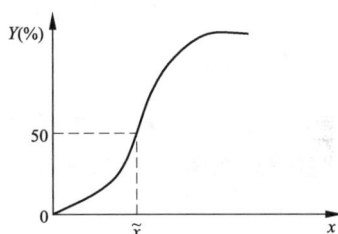

3. 众数 $\hat{x}$

一批变异数据中，与最高频数所对应的数值即为众数。在频率分布图中，就是分布曲线的顶点所对应的数值。如图 2-14 所示。

由图 2-14 可见，$\hat{x}$ 也表示了数据集中的倾向。

4. $\bar{x}, \tilde{x}, \hat{x}$ 三者关系

若一批数据的频率分布图完全对称，则 $\bar{x}, \tilde{x}, \hat{x}$

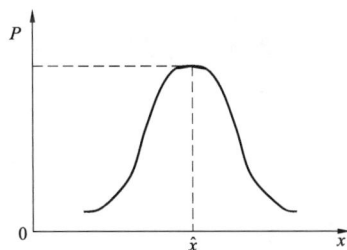

图 2-14　$\hat{x}$ 的几何意义

三点重合（即三者相等）；若频率曲线不对称，则三者不等。曲线越不对称，三者的差别就越大。

$\overline{x}, \tilde{x}, \hat{x}$ 都反映了变异数据的集中性。$\overline{x}$ 定义较严谨,能较好地反映数据的集中性,因此,在质量管理中用得较多。

2.4.2 离散性

离散性,反映了数据相对集中的程度或分散程度。

有一组数据:5,7,10,13,15,其平均数为10;最大值为15,最小值为5,则变异范围为10。

另一组数据:8,9,10,11,12,其平均值为10,变异范围是4。

从以上两组数可以看出,平均数完全相同,但其分散程度却差别很大,因此,要完全掌握一批数据的变异特征,仅用集中性是不够的,还必须建立一些指标,反映数据的离散性。主要指标有极差、标准差和变异系数。

1. 极差 R

极差,是指一批数据中最大值与最小值之差,一般用 R 表示。

$$R = x_{max} - x_{min}$$

式中　x_{max}——批数据中的最大值;

　　　x_{min}——批数据中的最小值。

极差反映了数据的波动范围,R 大,说明数据波动范围大;R 小,说明数据波动范围小。因此,极差反映数据的离散程度极其直观。但由于只考虑了 x_{max} 和 x_{min},故反映数据离散程度的能力较低。当数据个数较少(≤10)时,可用 R 表示数据的离散程度。

2. 标准差

标准差也称为均方差,用 σ 或 S 表示,是每个数据以平均值为基准相差的大小,比较全面地代表了一批数据的分散程度。

当数据个数很多即 n 很大时,标准差的计算公式为:

$$\sigma = \sqrt{\frac{(x_1-\overline{x})^2+(x_2-\overline{x})^2+\cdots+(x_n-\overline{x})^2}{n}} = \sqrt{\frac{\sum_{i=1}^{n}(x_i-\overline{x})^2}{n}} \tag{2-3}$$

$$\sigma^2 = \frac{\sum_{i=1}^{n}(x_i-\overline{x})^2}{n} \tag{2-4}$$

式中　σ——标准差;

　　　σ^2——方差;

x_i——各个数据，$i=1$，2，…，n。

当 n 较小时，则：

$$S = \sqrt{\frac{1}{n}\sum_{i=1}^{n}(x_i-\bar{x})^2} \tag{2-5}$$

$$S^2 = \frac{1}{n}\sum_{i=1}^{n}(x_i-\bar{x})^2 \tag{2-6}$$

式中 S——无偏标准差；

S^2——无偏方差。

在质量管理中，通常用式（2-5）或式（2-6）计算样本标准差 S 或方差 S^2，而后用 S 或 S^2 估计总体标准差或方差，样本容量越大，估计的效果越好。

根据标准差的性质，标准差越大，则数据的离散程度就越大。

3. 变异系数 C

标准差只表示各数据的离散程度，它是以平均数 $\bar{x}$ 为基准计算而得。若两个频率分布的标准差相同，则表明两个分布的各变数，绕其平均数的分散程度相同。标准差与变异数据本身的大小无关，而只与各变数对其平均值 $\bar{x}$ 的相对值有关，若两个频率分布的标准差相同，但变数值相差很大时，则用标准差来比较离散程度便不太恰当了。为此，就应用标准差与平均值的相对数值进行比较。该相对数值称为变异系数，通常用 C 表示：

$$C = \frac{S}{\bar{x}} \quad (C可用小数或百分数表示) \tag{2-7}$$

显然，C 值越大，离散程度也就越大；反之，则越小。

［**例 2-2**］有两组数：1，3，5，7，9 和 11，13，15，17，19。试比较其离散程度。

解：计算第一组数据的 $\bar{x}_1, S_1, C_1$，得出 $\bar{x}_1=5, S_1=3.16, C_1=63\%$

计算第二组数据的 $\bar{x}_2, S_2, C_2$，得出 $\bar{x}_2=15, S_2=3.16, C_2=21\%$

因为 $C_2 < C_1$，所以，第二组数据的离散程度比第一组小。

从上例可以看出，虽然两组数据的标准差相同，但其平均值不同，即变数的大小不同，所以两组数据的变异系数不同，即离散程度不同。

2.4.3 偏度与峰度

偏度与峰度是就频率曲线的形状而言的，偏度与峰度反映了质量数据的分布状态。

1. 偏度

正常的频率分布曲线应是对称的，无任何偏斜，表明该频率曲线所代表的项目实施过程是正常稳定的。从非正常的项目实施过程中所取得的数据，其频率曲线是不对称的，即处于偏斜状态，其偏斜程度越大，表明项目实施过程越不正常。

根据频率曲线偏斜的方向不同，可将偏斜状态分为两种：正偏状态和负偏状态。高峰偏左的状态称为正偏，如图 2–15（a）所示；高峰偏右的状态称为负偏，如图 2–15（b）所示。

频率曲线的偏斜特征，可用偏度系数 α 表示。

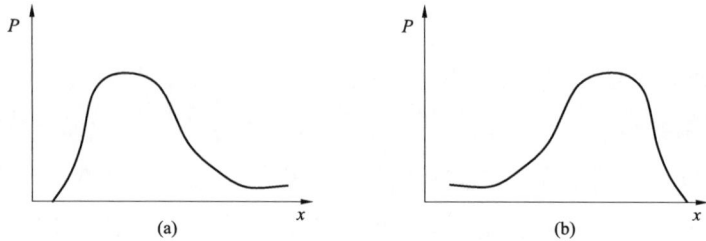

图 2–15　频率曲线的偏斜状态

（a）正偏；（b）负偏

$$\alpha = \frac{\dfrac{\sum_{i=1}^{n}(x_i - \overline{x})^3}{n}}{\left(\dfrac{\sum_{i=1}^{n}(x_i - \overline{x})^2}{n}\right)^{\frac{3}{2}}} \tag{2–8}$$

式中　x_i——质量数据；

　　　$\overline{x}$——平均数；

　　　n——数据个数。

$\alpha = 0$ 时，频率曲线对称；$\alpha > 0$ 时，频率曲线正偏，α 越大，正偏程度越大；$\alpha < 0$ 时，频率曲线负偏，α 越小，负偏程度越大。

2. 峰度

峰度反映了频率曲线顶部的形状，用峰度系数 β 表示。

$$\beta = \frac{\sum_{i=1}^{n}(x_i - \overline{x})^4}{n}\left(\frac{n}{\sum_{i=1}^{n}(x_i - \overline{x})^2}\right)^2 \tag{2–9}$$

β=3.0 时，曲线呈正态分布状态；β<3.0 时，曲线呈平缓状态，β 越小，曲线越平缓；β>3.0 时，曲线呈尖峰状态，如图 2-16 所示。

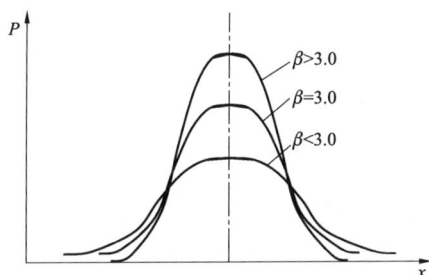

图 2-16　频率曲线顶部形状

集中性、离散性、偏度与峰度能比较全面和完整地度量变异数字特征，分析和判断数据的变异规律，这是在项目质量管理中对质量数据进行定量分析的基本方法。

2.5　质量数据的统计规律

在随机因素影响下，质量数据的分布通常符合某种统计规律，如正态分布、泊松分布等。每一种分布都可以用相应的频率函数或几何图形来表达，这些频率函数是从客观事物所表现出来的事实出发，经过归纳、整理而得出的，是为分析客观事物服务的。在项目质量管理中，就是根据不同质量数据的统计规律，采用相应的质量控制方法加以控制。本节将介绍项目质量管理中常用的几种分布规律。

2.5.1　正态分布

1. 正态分布曲线及数学表达式

例如，在某项目实施过程中，获取某质量数据 100 个，将所得数据整理并做出频率直方图，如图 2-17 所示。

若不断增加数据数量，而组距亦不断减小，分组越来越细，则直方图将趋于图 2-17 中虚线所示的圆滑曲线，该曲线即为正态分布曲线。

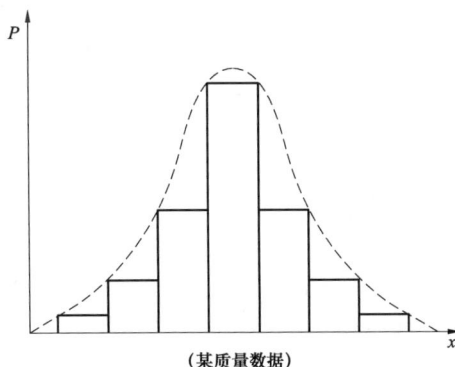

图 2-17　正态分布曲线

正态分布频率函数的一般形式为：

$$P(x) = \frac{1}{\sqrt{2\pi}\sigma} e^{\frac{-(x-\mu)^2}{2\sigma^2}}$$ （2-10）

式中　μ——总体均值；

　　　σ——总体标准偏差；

　　　e——自然对数的底，e=2.718 3。

μ、σ 可以通过从总体中随机抽取的样本求得均值 $\bar{x}$ 和标准偏差 S 来估计，即：

$$\mu \approx \bar{x} = \frac{1}{n}\sum_{i=1}^{n} x_i$$

$$\sigma \approx S = \sqrt{\frac{1}{n-1}\sum_{i=1}^{n}(x_i - \bar{x})^2}$$

确定了 μ、σ，就可将正态分布曲线确定下来。

根据概率的定义，在相同条件下进行大量试验，随着试验次数的增加，某事件发生的频率逐渐稳定于某个数值，该数值即称为该事件的概率。图 2-17 中，以频率为纵坐标，当试验次数逐渐增加，频率逐渐稳定于某个数值时，则纵坐标即为该质量特性值的概率。故该曲线又代表了概率的分布。概率分布密度函数与频率函数完全一致。

在异常因素的影响下，质量数据是不服从正态分布规律的，只有在符合下列性质的随机因素作用下，质量数据才服从正态分布。

（1）正负随机因素出现的数目（或范围）相等。

（2）大小相同的正负误差因素出现的概率相等。

（3）小误差因素出现的概率比大误差因素大。

2. 正态分布频率曲线及函数的重要性质

如图 2-18 所示，正态分布曲线及函数主要性质如下：

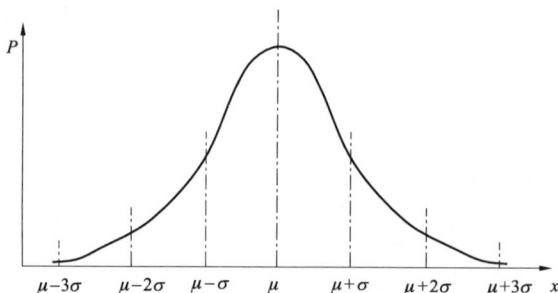

图 2-18　正态曲线与 σ 的关系

（1）无论 x 为何值，函数总有 $P(x) \geqslant 0$。

（2）曲线有一个单峰和一个对称轴，且对称轴在均值 μ 处。

（3）离对称轴越远，$P(x)$ 值越小，当 $x \rightarrow \pm\infty$ 时，$P(x)=0$，即：$\lim\limits_{x \rightarrow \pm\infty} P(x) \rightarrow 0$，横坐标为 $P(x)$，当 $x \rightarrow \pm\infty$ 时的渐近线。

（4）在对称轴两边 $x = \mu \pm \sigma$ 处各有一个拐点。

（5）$\int_{-\infty}^{+\infty} P(x)\,\mathrm{d}x = 1$，即频率曲线与横坐标所构成的面积为 1。

如图 2-18 所示，与 μ 对应的是曲线的最高点，当 $x = \mu$ 时，$P(x)$ 最大，即 $P(\mu) = \dfrac{1}{\sqrt{2\pi}\sigma}$。$\sigma$ 的大小表达了曲线胖瘦程度。σ 越大，曲线越胖，数据越分散；σ 越小，曲线越瘦，数据越集中。

数理统计学中，用 $N(\mu,\sigma)$ 或 $N(\mu,\sigma^2)$ 表示均值为 μ，标准差为 σ 的正态分布。若 $\mu = 0$，$\sigma = 1$，则：

$$P(x) = \frac{1}{\sqrt{2\pi}} \mathrm{e}^{-\frac{x^2}{2}} \qquad （2\text{-}11）$$

符合上述特征的正态分布，称为标准正态分布，记作 $N(0,1)$ 分布，这是一种最简单的正态分布。

3. 正态分布的标准化及积分计算

在质量管理中，常采用正态分布函数计算质量特性值在某一范围的概率。

例如，已知某项目的质量指标服从 $N(15,2)$ 正态分布，即：

$$P(x) = \frac{1}{\sqrt{2\pi}\sigma} \mathrm{e}^{-\frac{(x-\mu)^2}{2\sigma^2}} = \frac{1}{2\sqrt{2\pi}} \mathrm{e}^{-\frac{(x-15)^2}{8}}$$

若要计算 x 在 11～13MPa 范围内所发上的频率（概率），则实际上是计算图 2-19 中阴影部分的面积，即：

$$P(11 < x < 13) = \int_{11}^{13} \frac{1}{2\sqrt{2\pi}} \mathrm{e}^{-\frac{(x-15)^2}{8}}\,\mathrm{d}x$$

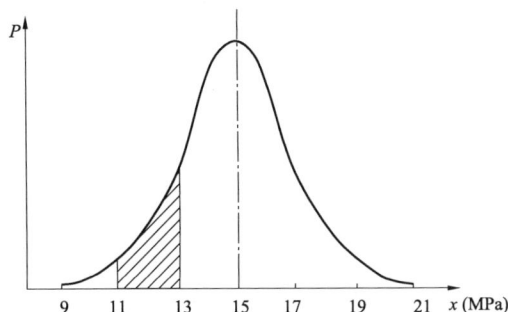

图 2-19　频率计算示意图

显然，按上式计算是比较复杂的。为简化计算工作，通常将正态分布的一般形式标准化，即变换为 N（0，1）分布，然后查标准正态分布表，见附表1。

（1）正态分布的标准化。

正态分布一般形式：$P(x) = \dfrac{1}{\sqrt{2\pi}\sigma}\mathrm{e}^{-\frac{(x-\mu)^2}{2\sigma^2}}$

令 $t = \dfrac{x-\mu}{\sigma}$，因为 μ、σ 是常数，所以当 x 服从正态分布时，t 也是随机变量，同样服从与 x 相同的分布。根据平均数和标准差的运算性质可求得 t 的均值和标准差。

由 $t = \dfrac{x-\mu}{\sigma}$ 得：$\qquad\qquad x = \mu + \sigma t$

根据平均数运算性质，即：

令 $z = x \pm a$，则 $\bar{z} = \bar{x} \pm a$；令 $z = ax$，则 $\bar{z} = a\bar{x}$；

所以，$\bar{x} = \mu + \sigma\bar{t}$。因为 $\bar{x} = \mu$，而 $\sigma > 0$，所以，$\bar{t} = 0$。

根据标准差的运算性质，即：

常数的标准差等于零；

变量和或差的方差等于各变量方差之和：令 $z = x \pm y$，则 $\sigma_z^2 = \sigma_x^2 + \sigma_y^2$；

变量与常数乘积的方差，等于常数与变量方差的积，令 $z = ax$，则 $\sigma_z = a\sigma_x$。

所以，由 $x = \mu + \sigma t$ 可得：$\sigma_x = \sigma \cdot \sigma_t$，由于 $\sigma_x = \sigma$，所以 $\sigma_t = 1$。

则原函数可化为：$P(t) = \dfrac{1}{\sqrt{2\pi}}\mathrm{e}^{-\frac{t^2}{2}}$，$t$ 服从标准正态分布，即 N（0，1）分布。

因此，用上述变换方法，可使具有任意 μ 和 σ 值的正态分布，变换为标准正态分布。

（2）正态分布的积分计算。

1）计算累计概率 $\phi(x_i)$。累计概率的计算如图2-20所示。

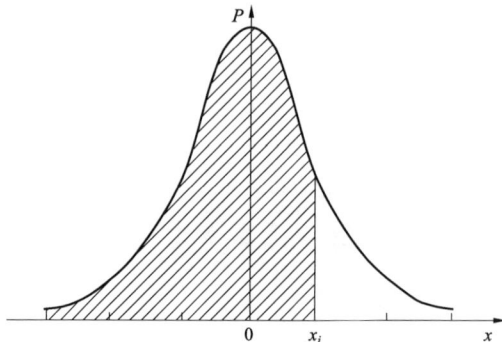

图2-20　累计概率计算示意图

$$\phi(x_i) = P(x < x_i) = \int_{-\infty}^{x_i} \frac{1}{\sqrt{2\pi}} e^{-\frac{x^2}{2}} dx \qquad (2\text{-}12)$$

其积分值可查标准正态分布表（附表 1）求得。

例如，已知 $x_i = 1.7$，则查附表 1 可得：

$$\phi(1.7) = 1 - \phi(-1.7) = 1 - 0.044\,57 = 0.955\,43$$

若为非标准正态分布，则可化为标准正态分布计算，即：

令 $t = \dfrac{x - \mu}{\sigma}$，求 $\phi(t)$。

例如，已知：$\mu = 15$，$\sigma = 2$，求 $x=13$ 的累计概率，则 $t = \dfrac{13 - 15}{2} = -1$，求 $\phi(-1)$，查附表 1，得出 $\phi(-1) = 0.158\,7$。

2）计算质量数据在某一范围内的概率。如图 2-21 所示，计算 $P(x_1 < x < x_2)$ 的概率，实际上是计算图 2-21 中的阴影面积，若为标准正态分布，则：

$$P(x_1 < x < x_2) = \phi(x_2) - \phi(x_1) \qquad (2\text{-}13)$$

例如，求 x 落在（-2，1）区间的概率，则：

$$P(-2 < x < 1) = \phi(1) - \phi(-2) = 1 - \phi(-1) - \phi(-2)$$

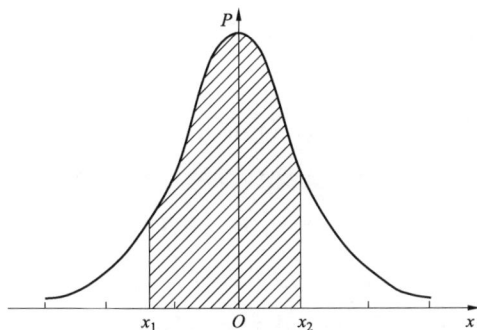

图 2-21　数据在某一范围内的概率计算示意图

查表得：$\phi(-1) = 0.158\,7$，$\phi(-2) = 0.022\,75$，所以，

$$P(-2 < x < 1) = 1 - 0.158\,7 - 0.022\,75 = 0.818\,6$$

若为非标准正态分布，则令 $t = \dfrac{x - \mu}{\sigma}$，得：

$$P(x_1 < x < x_2) = P\left(\frac{x_1 - \mu}{\sigma} < \frac{x - \mu}{\sigma} < \frac{x_2 - \mu}{\sigma}\right) = P(t_1 < t < t_2) = \phi\left(\frac{x_2 - \mu}{\sigma}\right) - \phi\left(\frac{x_1 - \mu}{\sigma}\right)$$

例如，已知 $\mu = 15$，$\sigma = 2$，求 P（11<x<12）。

$$P(11 < x < 12) = \phi\left(\frac{12 - 15}{2}\right) - \phi\left(\frac{11 - 15}{2}\right) = \phi(-1.5) - \phi(2)$$

查附表 1，得：$\phi(-1.5)=0.066\,81$，$\phi(-2)=0.022\,75$

则 $\qquad\qquad P\,(11<x<12\,)=0.066\,81-0.022\,75=0.044\,1$

在质量管理中有三个最常用的积分值：

$$P(\mu-\sigma<x<\mu+\sigma)\approx 68.3\%$$
$$P(\mu-2\sigma<x<\mu+2\sigma)\approx 95.5\%$$
$$P(\mu-3\sigma<x<\mu+3\sigma)\approx 99.7\%$$

在随机因素影响下，项目计量值质量数据通常服从正态分布规律。在项目质量管理中，许多管理与控制方法的采用，都是建立在假设总体服从正态分布的基础上。

2.5.2 二项分布

连续性随机变量（计量值），一般服从正态分布。而离散性随机变量（计数值）服从于什么分布呢？

假定有一个项目，若已知该项目某质量指标的不合格率为 0.05，即平均每 100 个单位产品中有 5 件不合格品。如果从中随机抽取 5 个单位产品组成样本，则在样本中，不合格品数 r 为 0，1，2，3，4，5 件的概率各为多少？

要计算出这些概率，就要采用排列、组合，概率定理。

1. 若研究的对象为有限总体

设总体中所含个体的数为 N，不合格品率为 P，总体中不合格品数为 E，则：

$$E=P\cdot N$$

从 N 中抽取 n，n 中不合格品数为 r 这一事件（$r=0$，1，2，$\cdots$，n），相当于 n 件样品中，有 r 件是从不合格品中抽取，而样本剩余（$n-r$）件是从总体的（$n-E$）件合格品中抽取的。从 E 件不合格品中抽取 r 件不合格品的所有可能组合数为：

$$C_E^r=\frac{E!}{r!(E-r)!}=\begin{pmatrix}E\\r\end{pmatrix}\qquad(2\text{–}14)$$

从（$N-E$）件合格品中抽取（$n-r$）件合格品所有可能组合数为：

$$C_{N-E}^{n-r}=\frac{(N-E)!}{(n-r)!(N-E-n+r)!}=\begin{pmatrix}N-E\\n-r\end{pmatrix}\qquad(2\text{–}15)$$

所以，在一个样本中，恰好有 r 件不合格品的所有可能组合数为：

$$C_E^r\cdot C_{N-E}^{n-r}=\begin{pmatrix}E\\r\end{pmatrix}\cdot\begin{pmatrix}N-E\\n-r\end{pmatrix}\qquad(2\text{–}16)$$

从 N 中抽取 n 的所有可能组合数为：

$$C_N^n = \begin{pmatrix} N \\ n \end{pmatrix} \tag{2-17}$$

在样本中恰有 r 件不合格品的概率为：

$$P_{(r)} = \frac{\begin{pmatrix} E \\ r \end{pmatrix} \cdot \begin{pmatrix} N-E \\ n-r \end{pmatrix}}{\begin{pmatrix} N \\ n \end{pmatrix}} \tag{2-18}$$

符合式（2-18）的分布称为超几何分布。因此，可以得出以下结论：当一批产品（总体）的数量为有限的 N 件时，在该总体中随机抽取大小为 n 的样本，则样本中出现 r 件不合格品的概率服从超几何分布。

[例 2-3] 当 $N=50$ 件，$P=0.06$，$n=5$ 时，求该样本中不合格品数为 $r=0$，1，2，3 件的概率。

解：由题意知，总体中含不合格品数为，

$$E = P \cdot N = 0.06 \times 50 = 3（件）$$

$r=0$ 的概率 $P_{(0)}$。

$$P_{(0)} = \frac{\begin{pmatrix} 3 \\ 0 \end{pmatrix} \cdot \begin{pmatrix} 50-3 \\ 5-0 \end{pmatrix}}{\begin{pmatrix} 50 \\ 5 \end{pmatrix}}$$

$$\begin{pmatrix} 3 \\ 0 \end{pmatrix} = \frac{3!}{0!3!} = 1 \, , \quad \begin{pmatrix} 47 \\ 5 \end{pmatrix} = \frac{47!}{5!42!} = 1\,533\,939 \, , \quad \begin{pmatrix} 50 \\ 5 \end{pmatrix} = \frac{50!}{5!45!} = 2\,118\,760$$

所以，

$$P_{(0)} = \frac{1 \times 1\,533\,939}{2\,118\,760} = 0.723\,98$$

$r=1$ 的概率 $P_{(1)}$。

$$P_{(1)} = \frac{\begin{pmatrix} 3 \\ 1 \end{pmatrix} \cdot \begin{pmatrix} 47 \\ 4 \end{pmatrix}}{\begin{pmatrix} 50 \\ 5 \end{pmatrix}} = 0.252\,55$$

$r=2$ 的概率 $P_{(2)}$。

$$P_{(2)} = \frac{\begin{pmatrix} 3 \\ 2 \end{pmatrix} \cdot \begin{pmatrix} 47 \\ 3 \end{pmatrix}}{\begin{pmatrix} 50 \\ 5 \end{pmatrix}} = 0.022\,96$$

$r=3$ 的概率 $P_{(3)}$。

$$P_{(3)} = \frac{\begin{pmatrix} 3 \\ 3 \end{pmatrix} \cdot \begin{pmatrix} 47 \\ 2 \end{pmatrix}}{\begin{pmatrix} 50 \\ 5 \end{pmatrix}} = 0.000\,51$$

可见，利用超几何分布计算概率时，若数量很大，则计算非常烦琐。

2. 研究对象为无限总体

若总体中不合格品率 P 在抽样之后无变化，可以看作常数。则从该无限总体中抽取大小为 n 的样本，样本中含不合格品数为 r 的概率 $P_{(r)}$：

$$P_{(r)} = \binom{n}{r} P^r \cdot q^{n-r} \qquad (2\text{-}19)$$

式中　P——总体不合格品率；

　　　q——总体合格品率，$q=1-P$。

$$\binom{n}{r} = \frac{n!}{r!(n-r)!}$$

符合式（2-19）的概率分布称为二项分布。

例如，若 $n=5$，$P=0.06$，则在样本中出现 0，1，2，3 件不合格品的概率分别为：

$$P_{(0)} = \binom{5}{0} \times 0.06^0 \times (1-0.06)^{5-0} = 0.733\,9$$

$$P_{(1)} = \binom{5}{1} \times 0.06^1 \times (1-0.06)^{5-1} = 0.234\,2$$

$$P_{(2)} = \binom{5}{2} \times 0.06^2 \times (1-0.06)^{5-2} = 0.029\,9$$

$$P_{(3)} = \binom{5}{3} \times 0.06^3 \times (1-0.06)^{5-3} = 0.001\,9$$

可见，$r=0$，1，2，…，n 时的概率正好是二项式 $(P+q)^n$ 展开式中的对应项，二项分布由此得名。

综上所述，就有限总体而言，若采用无放回抽样，则在样本中，随机变量 r 出现的概率服从超几何分布率；若采用有放回抽样，则随机变量 r 出现的概率服从二项分布。就无限总体而言，随机变量 r 出现的概率亦服从二项分布。

在质量管理中，当 $N \geqslant 10n$ 时，r 近似于服从二项分布，由此而引起的误差，在项目质量管理中可以忽略不计。因此可以用二项分布代替超几何分布进行计算。

由式（2-19）可见，二项分布由参数 n 与 P 确定，其分布图形可以用直线图（图 2-22）或曲线图（图 2-23）表示。

二项分布图形随着不合格品率 P 和样本容量 n 的不同而变化。

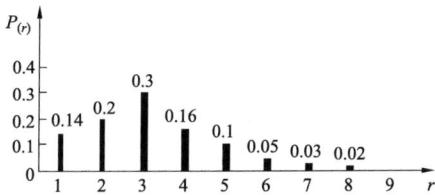

图 2-22　二项分布图形（直线图）

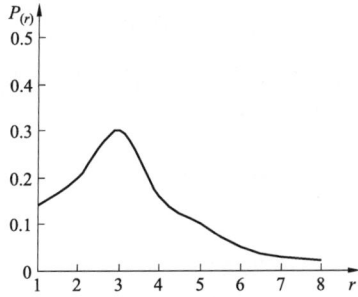

图 2-23　二项分布图形（曲线图）

若 P 一定，则 n 越小，图形偏度越大，随着 n 的增大，分布中心逐渐右移且对称性随之提高，当 n 达到一定程度时，趋于正态分布。

图 2-24 所表示的是当 $P=0.15$ 时，随着 n 的变化图形的变化情况。由图 2-24 可见，当 $n \leqslant 10$ 时，曲线偏度很大，随着 n 的逐步增加，偏度越来偏小，当 $n \geqslant 50$ 时，曲线趋近于正态分布。若 n 一定，则 P 越大，曲线偏度越小，当 P 大到一定程度时，趋近于正态分布。

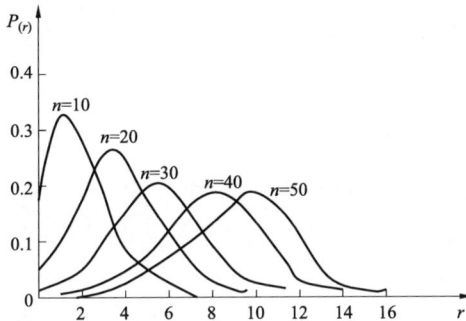

图 2-24　P 一定时，二项分布图形随 n 的变化情况

图 2-25 所示为当 $n=30$ 时，随着 P 的变化，曲线的变化情况。由图 2-25 可见，当 $P=0.5$ 时，曲线对称性最好；显然，当 $P>0.50$ 时，曲线将向右偏斜。

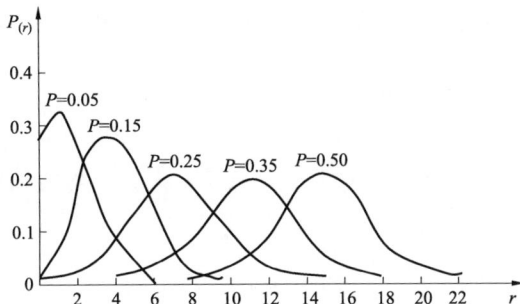

图 2-25　n 一定时，二项分布曲线随 P 的变化情况

综合 n、P 两参数的交互作用，一般当 $nP \geqslant 5$ 时，二项分布近似于正态分布，这时可以利用正态分布近似计算二项分布。此时：

二项分布的均值： $\mu = nP$ （2-20）

二项分布的标准差： $\sigma = \sqrt{nP(1-P)}$ （2-21）

2.5.3 泊松分布

当二项分布的 $nP=m$ 为一定值时，n 趋向无限大时的极限分布即可看作泊松分布。即从不合格频率为 P 的总体中抽取大小为 n 的样本，其中所包含的不合格品数 r 服从二项分布。若 P 很小，在 0.1 以下，$n \to +\infty$，$nP=m$（定值），则 r 服从泊松分布。泊松分布可以看成二项分布的一种特殊形式。泊松分布的概率函数为：

$$P_{(r)} = \frac{m^r \mathrm{e}^{-m}}{r!}$$ （2-22）

式中　m——泊松分布的母体参数，$m = nP$；

　　　e——自然对数的底，$\mathrm{e}=2.718\,28$。

[**例 2-4**]某项目需要某种构件，若从不合格品率 $P=10\%$ 的 1000 个这种构件中，抽取 50 个样品，组成样本，求样本中有 0，1，2，3 个不合格构件的概率，并求出不合格构件数小于 2 个的概率。

解：　　　　　　　　　　$m = nP = 50 \times 0.1 = 5$

由 $P_{(r)} = \dfrac{m^r \mathrm{e}^{-m}}{r!}$ 得出

$$P_{(0)} = \frac{5^0 \mathrm{e}^{-5}}{0!} = \mathrm{e}^{-5} = 0.006\,738，\quad P_{(1)} = \frac{5^1 \mathrm{e}^{-5}}{1!} = 5 \times \mathrm{e}^{-5} = 0.033\,69$$

$$P_{(2)} = \frac{5^2 \mathrm{e}^{-5}}{2!} = 0.084\,225，\quad P_{(3)} = \frac{5^3 \mathrm{e}^{-5}}{3!} = 0.140\,325$$

样本中小于等于 2 个不合格构件的概率为

$$P_{(r \leqslant 2)} = P_{(0)} + P_{(1)} + P_{(2)} = 0.067\,38 + 0.033\,69 + 0.084\,225 = 0.124\,653$$

泊松分布的概率计算亦可利用泊松分布表进行。

在实际工作中，若 $n \geqslant 10$，$P \leqslant 0.1$ 时，可用泊松分布求二项分布的近似值；当 $nP \geqslant 5$ 时，泊松分布又可近似作为正态分布来处理，其均值和标准差分别为：

$$\mu = m = nP$$ （2-23）

$$\sigma = \sqrt{m} = \sqrt{nP}$$ （2-24）

可见，m 是泊松分布所依赖的唯一参数。

2.5.4 各种分布之间的关系

一批产品共 N 件，其中有 E 件不合格品，从 N 中抽取 n 件产品，则其中出现 r 件不合格品的概率服从超几何分布。超几何分布取决于 N、E、n 三个参数。

若总体 N 很大（$N \geqslant 10n$），总体不合格品率 $P\left(P = \dfrac{E}{N}\right)$ 为一常数，则样本 n 中出现 r 件不合格品的概率服从二项分布。二项分布取决于 n，P 两个参数。

当 n 或 P 达到一定程度（一般 $nP \geqslant 5$）时，二项分布近似于正态分布。若 P 很小（$P \leqslant 0.1$），n 足够大（$n \geqslant 10$）时，则样本中出现 r 件不合格品的概率服从泊松分布，泊松分布是二项分布的一个特殊形式，它取决于一个参数 $m(m = nP)$。当 m 足够大（一般 $m \geqslant 5$）时，泊松分布近似于正态分布。

复习思考题

一、判断题（正确的打"√"，错误的打"×"）

1. 可以连续取值的数据称为计数值数据。 （ ）
2. 质量数据的波动性是质量变异性的客观反映。 （ ）
3. 项目质量数据可采用全数采集的方法。 （ ）
4. 组数 K 影响着频数分布表的形状，K 越大，频数分布越接近实际情况。（ ）
5. 通过观察直方图形状，可以判断是否能稳定地生产出合格的产品。 （ ）

二、单项选择题（请在题后的括号内填上选中项的序号）

1. 从总体中抽取的一部分个体所构成的集合称为（ ）。

 A. 样本 B. 样品 C. 样本容量 D. 系统

2. 完全随机化的抽样方法是（ ）。

 A. 单纯随机抽样 B. 分层抽样 C. 间隔定时抽样 D. 间隔定量抽样

3. 总体中数据的离散程度越小，抽样代表性误差（ ）。

 A. 越小 B. 越大 C. 不变 D. 不一定

4. 为使直方图能够比较准确地反映质量分布情况，一批制作直方图用的数据个数一般应大于（ ）。

 A. 30 B. 50 C. 80 D. 100

5. 不属于度量数据离散型的指标是（　　　）。

　A. 众数　　　　　B. 标准差　　　　　C. 变异系数　　　　D. 极差

三、多项选择题（请在题后的括号内填上选中项的序号）

1. 下列各项，（　　　）属于基量整理方法。

　A. 频数分布表　　　　　　　　　　　B. 直方图

　C. 直线图与折线图　　　　　　　　　　　　　　D. 趋势图

2. 高端型直方图，其可能的原因是（　　　）。

　A. 制造假数据　　　　　　　　　　B. 超出某一界限的数据被剔除

　C. 组数太多　　　　　　　　　　　D. 两种不同的分布混在一起

3. 变异的数字特征，常采用（　　　）来度量。

　A. 集中性　　　　B. 离散性　　　　C. 趋势性　　　　D. 偏度与峰度

4. 度量数据集中性的主要指标有（　　　）。

　A. 平均数　　　　B. 标准差　　　　C. 众数　　　　C. 中位数

5. 如果两组数据的标准差相同，但其平均值不同，则两组数据的离散程度（　　　）。

　A. 相同　　　　　　　　　　　　　B. 不同

　C. 无法判断　　　　　　　　　　　D. 有可能相同，也有可能不同

四、简答题

1. 如何进行直方图的观察与分析？

2. 什么是标准差？

3. 什么是变异系数？

4. 什么是正态分布？

5. 在符合哪些性质的随机因素作用下，质量数据才服从正态分布？

五、绘图与判断

　　某项目的质量数据如表所示，试绘制直方图，并加以判断。

质量数据表

4.8	4.3	5.2	4.5	4.9	3.5	3.5	2.9	4.5	3
4	2.4	4.3	4.9	5.2	5	3	3.5	5	2.7
4.9	2.7	4	4.2	4.7	7	5.6	3.6	3.6	3.6

续表

7.1	2.6	4	2.4	4.6	3.2	5.8	4.6	4.8	4.5
3.6	7.1	5.6	3.6	3.6	5.2	3	4	4	5
4.7	3.5	4	5	3.1	3.4	5.5	3.3	2.6	6.1
4.7	4.8	5.5	4.3	2.9	5	3.5	4.9	2.5	5.8
4.3	3.5	6.2	4.3	3.9	2.5	4.3	4.8	3.4	5
4.8	4.3	4.3	3.7	4.4	5	4.3	3.6	2.8	4.5
4.8	3.8	5.5	3.4	7.3	3.4	5	2.8	6.2	6.5

第 3 章

| 项目质量管理方法

引导性案例

　　D 公司非常重视项目质量管理，经常教育员工要提高质量意识，并建立了项目质量管理体系，但公司项目的质量却不令人满意。于是公司组织相关专家对公司项目质量管理存在的问题进行剖析，其结论是：公司员工的质量意识较强，但缺乏质量管理能力。公司随即采取措施，对相关人员进行项目管理方法、工具的培训，并要求在项目质量管理实践中加以应用。其结果是：公司项目质量管理水平逐步提升，质量保证程度逐步提高。本案例说明，项目管理质量管理方法、工具的使用对提高项目质量有很高的重要性。

本章学习目标

　　重点掌握：直方图分析法；工序能力分析方法；因果分析图法与排列图法；计量值控制图及其观察与分析。

　　一般掌握：数值分析法；计数值控制图；合格控制方法。

　　了解：相关分析法；质量决策方法。

本章学习导航

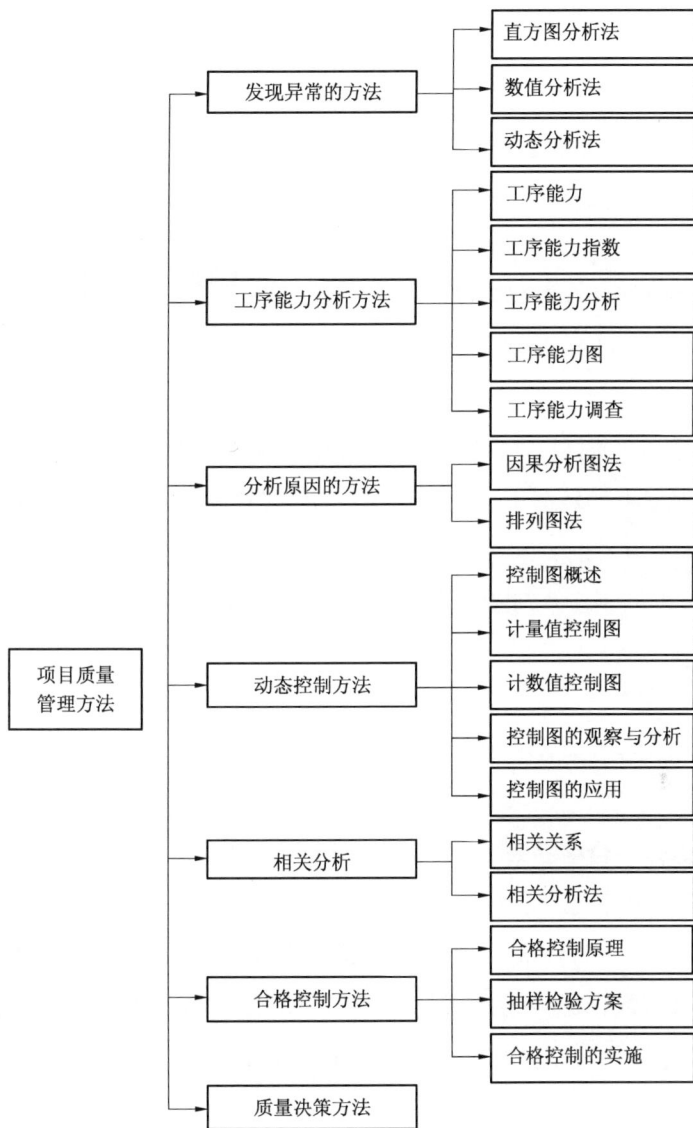

```
                                    ┌─────────────┐
                              ┌────→│ 直方图分析法 │
                ┌──────────┐  │     ├─────────────┤
          ┌────→│发现异常的方法│──┼────→│ 数值分析法  │
          │     └──────────┘  │     ├─────────────┤
          │                   └────→│ 动态分析法  │
          │                         ├─────────────┤
          │                   ┌────→│ 工序能力   │
          │                   │     ├─────────────┤
          │                   ├────→│ 工序能力指数 │
          │     ┌──────────┐  │     ├─────────────┤
          ├────→│工序能力分析方法│─┼────→│ 工序能力分析 │
          │     └──────────┘  │     ├─────────────┤
          │                   ├────→│ 工序能力图  │
          │                   │     ├─────────────┤
          │                   └────→│ 工序能力调查 │
          │                         ├─────────────┤
          │     ┌──────────┐  ┌────→│ 因果分析图法 │
          ├────→│分析原因的方法│──┤     ├─────────────┤
          │     └──────────┘  └────→│ 排列图法   │
          │                         ├─────────────┤
┌──────┐  │                   ┌────→│ 控制图概述  │
│项目质量│  │                   │     ├─────────────┤
│管理方法│──┤                   ├────→│ 计量值控制图 │
└──────┘  │     ┌──────────┐  │     ├─────────────┤
          ├────→│动态控制方法 │──┼────→│ 计数值控制图 │
          │     └──────────┘  │     ├─────────────┤
          │                   ├────→│控制图的观察与分析│
          │                   │     ├─────────────┤
          │                   └────→│ 控制图的应用 │
          │                         ├─────────────┤
          │     ┌──────────┐  ┌────→│ 相关关系   │
          ├────→│  相关分析  │──┤     ├─────────────┤
          │     └──────────┘  └────→│ 相关分析法  │
          │                         ├─────────────┤
          │                   ┌────→│ 合格控制原理 │
          │     ┌──────────┐  │     ├─────────────┤
          ├────→│ 合格控制方法 │─┼────→│ 抽样检验方案 │
          │     └──────────┘  │     ├─────────────┤
          │                   └────→│合格控制的实施│
          │     ┌──────────┐        └─────────────┘
          └────→│ 质量决策方法 │
                └──────────┘
```

3.1　发现异常的方法

项目质量控制的一个重要任务，就是及时发现项目实施过程、项目系统等是否存在异常，以便即时采用对策加以纠正。发现异常的主要方法有：直方图分析法，数值分析法，动态分析法。

3.1.1 直方图分析法

定期（每周、旬、月、季、年等）采集一批质量数据，做出直方图，分析其图形及其与标准界限的关系，作出判断。

例如，某项目实施过程中，采集了反映该项目主要质量指标的 100 个质量数据并做出直方图（图 3-1），该指标设计标准值为 30。试分析说明该项目实施过程是否存在异常。

图 3-1　某质量指标频数直方图

通过对图 3-1 的观察可见，直方图左偏，属于异常型直方图。与设计标准值 30 相比，50%以上的数据小于这一标准，即已经产生了 50%以上的不合格品。以上分析说明该项目目前实施状态异常。

关于直方图的制作及判断方法已在第 2 章中讲述，在此不再重复。

3.1.2 数值分析法

对定期采集的质量数据加以统计分析，根据统计分析的结果判断项目是否有异常。

1. 估计总体不合格品率

总体不合格品率是指质量数据超出允许偏差范围的百分率，其估计方法视质量数据特性（计量值、计数值）、规格界限特点（双测、单测）不同而不同。

（1）计量值数据总体不合格品率的估计。计算出一批数据的均值 $\bar{x}$ 和标准差 s，用以估计总体均值 μ 和标准差 σ，根据正态分布规律估计总体不合格品率如下。

若为双侧公差，即规定了下限 T_l 和上限 T_u，则总体不合格品率的估计值为：

$$P = \int_{-\infty}^{T_l} \frac{1}{s\sqrt{2\pi}} e^{\frac{-(x-\bar{x})^2}{2s^2}} dx + \int_{T_u}^{+\infty} \frac{1}{s\sqrt{2\pi}} e^{\frac{-(x-\bar{x})^2}{2s^2}} dx$$

$$= \int_{-\infty}^{\frac{T_l-\bar{x}}{s}} \frac{1}{\sqrt{2\pi}} e^{-\frac{t^2}{2}} dt + \int_{\frac{T_u-\bar{x}}{s}}^{+\infty} \frac{1}{\sqrt{2\pi}} e^{-\frac{t^2}{2}} dt \tag{3-1}$$

［**例 3-1**］测得某项目质量数据 $\bar{x}$=105mm，s=15.2mm，规定下限为 95mm，上限为 120mm，估计总体不合格品率。

解: $P = \int_{-\infty}^{\frac{95-105}{15.2}} \frac{1}{\sqrt{2\pi}} e^{-\frac{t^2}{2}} dt + \int_{\frac{120-105}{15.2}}^{+\infty} \frac{1}{\sqrt{2\pi}} e^{-\frac{t^2}{2}} d = \int_{-\infty}^{-0.66} \frac{1}{\sqrt{2\pi}} e^{-\frac{t^2}{2}} dt + \int_{0.99}^{+\infty} \frac{1}{\sqrt{2\pi}} e^{-\frac{t^2}{2}} d$

$= \phi(-0.66) + 1 - \phi(0.99) = \phi(-0.66) + 1 - [1 - \phi(0.99)] = \phi(-0.66) + \phi(0.99)$

查正态分布表可得: $\phi(-0.66) = 0.25$, $\phi(0.99) = 0.16$。

所以, $P = 0.25 + 0.16 = 0.41 = 41\%$, 即估计总体不合格品率为 41%。显然, 总体不合格品率太高, 说明存在异常。

若为单侧公差, 即规定了下限 T_l 或上限 T_u, 则总体不合格品率的估计值为:

$$P = \int_{-\infty}^{T_l} \frac{1}{s\sqrt{2\pi}} e^{\frac{-(x-\bar{x})^2}{2s^2}} dx = \int_{-\infty}^{\frac{T_l-\bar{x}}{s}} \frac{1}{\sqrt{2\pi}} e^{-\frac{t^2}{2}} dt \qquad (3-2)$$

或

$$P = \int_{T_u}^{+\infty} \frac{1}{s\sqrt{2\pi}} e^{\frac{-(x-\bar{x})^2}{2s^2}} dx = \int_{\frac{T_u-\bar{x}}{s}}^{+\infty} \frac{1}{\sqrt{2\pi}} e^{-\frac{t^2}{2}} dt \qquad (3-3)$$

[**例 3-2**] 测得某项目质量数据 $\bar{x} = 33$MPa, $s = 4$MPa, 规定下限为 30MPa, 试估计总体不合格品率。

解: $P = \int_{-\infty}^{\frac{30-33}{4}} \frac{1}{\sqrt{2\pi}} e^{-\frac{t^2}{2}} dt = \int_{-\infty}^{-0.75} \frac{1}{\sqrt{2\pi}} e^{-\frac{t^2}{2}} dt$

$\qquad = \phi(-0.75)$

查正态分布表得: $\qquad\qquad \phi(-0.75) = 0.23$

所以, $P = 0.23 = 23\%$ 即估计总体不合格品率为 23%。

（2）计数值数据总体不合格品率的估计。根据在大小为 n 的样本中所含不合格品数 r, 计算出样本不合格率 P_i, 用若干样本不合格率的平均值 $\bar{P}$ 估计总体不合格率。即

$$P \approx \bar{P} = \frac{P_1 + P_2 + \cdots + P_i}{K} = \frac{1}{K} \sum_{i=1}^{k} P_i \qquad (3-4)$$

式中　P_i——第 i 个样本不合格品率;

　　　K——样本个数;

　　　P——总体不合格品率。

通过对总体不合格品率的估计, 可以对总体的质量状况及是否存在异常加以判断。一般来说, 规定一个质量水平 P_t, 若总体不合格品率的估计值 P 超过 P_t, 则可判断存在异常; 若 P 小于或等于 P_t, 则可判断为正常。

2. 计算分析频率曲线偏度系数

正常状况下, 频率曲线两侧对称, 无偏斜, 但若出现异常, 则频率曲线就会发生变化, 有可能出现偏斜。反过来说, 若频率曲线发生偏斜, 则可判断曲线所代表

的项目实施过程出现了异常。

正如第 2 章所述，频率曲线的偏斜状况可用偏度系数 α 表示。因此，通过计算分析 α，可对质量数据的分布情况加以判断。若 $\alpha > 0$，则曲线正偏，即偏向下限；α 值越大，偏向程度越大；若 $\alpha < 0$，则曲线负偏，即偏向上限；若 $\alpha = 0$，则曲线对称。显然，$\alpha > 0$ 或 $\alpha < 0$ 表明了质量数据偏向一侧，说明存在异常。

除了计算分析总体不合格品率、偏度系数外，还可以通过分析质量数据的集中性、离散性等判断是否存在异常，这在第 2 章中已作叙述。

3.1.3 动态分析法

采用控制图法，分析质量随时间而变化的情况，以判断是否有异常。

3.2 工序能力分析方法

工序是构成项目实施过程的基本单元，每一道工序质量的优劣，最终都将会影响项目质量，因此，工序质量是形成项目质量的最基本环节。如果项目实施过程中每一道工序的质量都能符合要求，则项目质量就能得到保证，工序质量越好，项目质量所得到的保证程度就越高。这种工序对项目质量的保证程度称为工序能力。分析工序能力的目的，就是要了解该工序过程保证项目质量的功能，这是项目质量控制所不可缺少的环节。

3.2.1 工序能力

工序能力，是工序处于稳定状态下的实际加工能力。所谓稳定状态是指：按照有关标准要求提供原材料或上一道工序的加工成果，本工序按作业规程规定实施并在形成工序质量的各主要因素无异常的条件下进行。在此状态下，代表工序质量的质量特性值近似服从于正态分布，在 $(\mu \pm 3\sigma)$ 范围内可包括全部质量特性值的 99.7%，即 6σ 几乎包括了质量特性值的整个变异范围，代表了该工序能够达到的质量水平。如果取 $(\mu \pm 4\sigma)$，则在此范围内可包括全部质量特性值的 99.994%；若取 $(\mu \pm 5\sigma)$，则可包括 99.999 4%。这当然比 $(\mu \pm 3\sigma)$ 包括得更全面些。但从 6σ 到 8σ（或 10σ），变异范围虽增加 2σ 但所包括质量特性值的变异范围的比例却增加不多，从经济的角度考虑是不合算的。因此，为便于工序能力的量化，以 6σ 为标准衡量工序能力，具有足够的精确度和良好的经济性。所以，计算工序能力的公式一般为：

$$A=6\sigma \tag{3-5}$$

式中　A——工序能力；

　　σ——处于统计控制状态下的工序质量特性的标准偏差。

显见，6σ 值越大，工序能力越小；6σ 值越小，工序能力越大。因此，提高工序能力，关键在于减小 σ 的数值。

在项目实施过程中，工序使用的设备的适应性和可靠性、原材料或上一道工序的合理性和适应性，项目操作人员的思想状况和技术水平等，都是影响工序能力的重要因素。所以，可以说工序能力是上述因素的综合反映。控制工序能力、提高工序能力均应从改善这些因素入手。对工序能力的分析，就是要在项目实施过程中的各道工序上，考察为使项目质量达到质量要求而提出的设备、原材料、方法、人员等对每道工序质量的适应程度。

工序能力具有以下主要用途。

（1）作为判定和控制工序质量的重要指标。工序能力是否充分，直接反映了工序能否保证项目交付物满足质量要求。通过计算工序能力，了解各工序的质量水平，来判断工序对项目质量的保证程度；分析影响因素，以达到控制工序质量乃至整个项目质量的目的。

（2）作为项目质量设计，工艺方案的制订，检验标准的确立，设备的选择等各项技术准备工作的重要依据。在满足使用要求的前提下，项目质量设计应考虑与工序能力相适应，不能盲目提高质量要求。工艺方案确定、检验标准制定、设备调整等都应与要求达到的工序能力相一致。

3.2.2　工序能力指数

以 "6σ" 定义的工序能力，只能表明工序能够达到的质量水平，但并不能说明工序所达到的质量水平是否满足了对该工序的质量要求。

为了定量表示工序能力满足项目质量要求的程度而引入工序能力指数的概念。所谓工序能力指数，是指某工序的工序能力满足公差要求的程度，用 C_p 或 C_{pk} 表示。C_p 表示设计公差的中心值与测定数据的分布中心一致时，即无偏情况下的工序能力指数；C_{pk} 表示设计公差的中心值与测定数据分布中心不一致，即有偏情况下的工序能力指数。所谓公差中心值与测定数据分布中心一致，是指数据均值 $\bar{x}$ 与公差中心 M 相重合，如图 3-2 所示。

当数据均值 $\bar{x}$ 与公差中心 M 不相重合时，即称为公差中心与分布中心不一致，此时存在一个中心偏离值 ε，如图 3–3 所示。

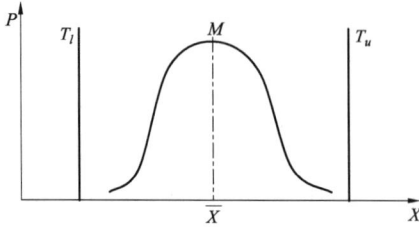

图 3–2 双侧公差，$\overline{x}$ 与 M 重合

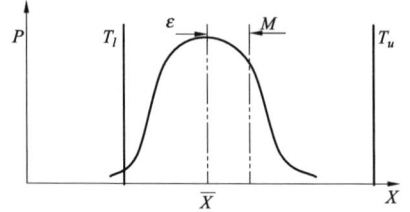

图 3–3 双侧公差，$\overline{x}$ 与 M 不重合

1. C_p 值的计算

（1）计量数据情况下的 C_p 值。

1）双侧公差情况下。当同时给出某质量指标的上、下界限时，工序能力指数按式（3–6）计算。

$$C_p = \frac{T}{6\sigma} = \frac{T_u - T_l}{6\sigma} \tag{3-6}$$

式中　T——公差范围；

　　　σ——工序质量标准差，可以用样本标准差 s 估计，即 $\sigma = s$；

　　　T_u——公差上限；

　　　T_l——公差下限。

［例 3-3］某项目的质量指标要求为：下限为 3940mm，上限为 4100mm。从 50 个测点中测得样本标准差为 32mm，均值为 4020mm，求工序能力指数。

　　解：T_l=3940mm，T_u=4100mm

$$M = \frac{T_u + T_l}{2} = \frac{4100 + 3940}{2} = 4020$$

M 与 $\overline{x}$ 重合。所以，$C_p = \dfrac{T}{6\sigma} = \dfrac{T_u - T_l}{6\sigma} = \dfrac{4100 - 3940}{6 \times 32} = 0.83$

2）单侧公差情况下。某些质量指标只给出上限或下限。这时工序能力指数可分别用式（3–7）、式（3–8）计算。

$$C_p^u = \frac{T_u - \mu}{3\sigma} \approx \frac{T_u - \overline{x}}{3s} \tag{3-7}$$

$$C_p^l = \frac{\mu - T_l}{3\sigma} \approx \frac{\overline{x} - T_l}{3s} \tag{3-8}$$

式中　C_p^u——规定上限时的工序能力指数（图 3–4）；

　　　C_p^l——规定下限时的工序能力指数（图 3–5）。

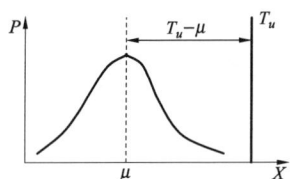

图 3-4　规定上限时 C_p^u 计算示意图　　　　图 3-5　规定下限时 C_p^l 计算示意图

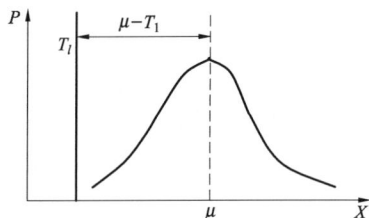

若 $T_u \leqslant \overline{x}$ 或 $T_l \geqslant \overline{x}$，$C_p$ 值无意义，规定 $C_p = 0$。

[例 3-4] 某项目质量指标下限为 30，样本标准差为 0.65，样本的均值为 32，求工序能力指数。

解：
$$C_p^l = \frac{\overline{x} - T_l}{3s} = \frac{32 - 30}{3 \times 0.65} = 1.03$$

（2）计数值情况下的 C_p 值。计数值情况下的 C_p 值计算，相当于单侧公差的情况。若以不合格品数 r 作为衡量工序质量的指标，以 r_u 作为标准要求，则：

$$C_p = \frac{r_u - \overline{r}}{3\sigma} = \frac{r_u - n\overline{p}}{3\sqrt{n\overline{p}(1 - \overline{p})}} \qquad （3-9）$$

式中　n——样本容量；

　　　r_u——样本中允许最多不合格品数；

　　　$\overline{r}$——样本不合格品数的平均值，$\overline{r} = n\overline{p}$；

　　　σ——样本不合格品数的标准差，$\sigma = \sqrt{n\overline{p}(1 - \overline{p})}$；

　　　$\overline{p}$——平均不合格品率。

取 k 个样本，每个样本大小为 n，其中不合格品数分别为 r_1，r_2，r_3，…，r_k，则

$$\overline{p} = \frac{r_1 + r_2 + \cdots + r_k}{kn} = \frac{\sum\limits_{i=1}^{k} r_i}{kn} \qquad （3-10）$$

[例 3-5] 某项目需要加工一批零件。在加工过程中，为了掌握零件加工工序的质量保证能力，每隔 2 天抽取容量为 10 的样本，共抽取了 10 个样本，检查零件质量是否合格，其中不合格品数分别为 3，0，1，2，2，0，2，1，2，0，允许不合格品数为 2，求工序能力指数。

解：$\overline{p} = \dfrac{\sum\limits_{i=1}^{k} r_i}{kn} = \dfrac{3 + 0 + 1 + 2 + 2 + 0 + 2 + 1 + 2 + 0}{10 \times 10} = 0.13$

　　　$\overline{r} = n\overline{p} = 10 \times 0.13 = 1.3 = \sqrt{n\overline{p}(1 - \overline{p})} = \sqrt{10 \times 0.13(1 - 0.13)} = 1.06$

$$C_p = \frac{r_u - \overline{r}}{3\sigma} = \frac{2 - 1.3}{3 \times 1.06} = 0.22$$

若以不合格品率作为衡量工序质量的指标，以 p_u 作为标准要求，则：

$$C_p = \frac{p_u - \overline{p}}{3\sigma} = \frac{p_u - \overline{p}}{3\sqrt{\dfrac{1}{n}\overline{p}(1-\overline{p})}} \qquad （3-11）$$

式中　n——样本容量，若样本容量不等，则取平均值 $\overline{n}$；

　　　p_u——最大允许不合格品率；

　　　σ——不合格品率 p 分布标准差；$\sigma = \sqrt{\dfrac{1}{n}\overline{p}(1-\overline{p})}$。

其他符号含义同前。

2. C_{pk} 值的计算

给定双侧公差，工序质量数据分布中心 $\overline{x}$ 与公差中心 M 不重合，其偏离值为 ε，如图 3-3 所示。此时，工序能力指数的计算方法如下：

$$C_{pk} = \frac{T_u - T_l - 2\varepsilon}{6\sigma} \qquad （3-12）$$

式中

$$\varepsilon = \left| M - \overline{x} \right| = \left| \frac{T_u + T_l}{2} - \overline{x} \right| \qquad （3-13）$$

所以

$$C_{pk} = \frac{T_u - T_l - \left| T_u + T_l - 2\overline{x} \right|}{6\sigma}$$

$$= \frac{T_u - T_l}{6\sigma} - \frac{\left| T_u + T_l - 2\overline{x} \right|}{6\sigma}$$

$$= \frac{T_u - T_l}{6\sigma}\left(1 - \frac{\left| T_u + T_l - 2\overline{x} \right|}{T_u - T_l}\right)$$

令

$$k = \frac{\left| T_u + T_l - 2\overline{x} \right|}{T_u - T_l} = \frac{\left| \frac{1}{2}(T_u + T_l) - \overline{x} \right|}{\frac{1}{2}(T_u - T_l)} = \frac{\left| M - \overline{x} \right|}{\frac{1}{2}T} = \frac{\varepsilon}{\frac{1}{2}T} \qquad （3-14）$$

式中　k——平均值的偏离度。

则

$$C_{pk} = (1-k)\frac{T_u - T_l}{6\sigma} = (1-k)C_p \qquad （3-15）$$

[**例 3-6**] 某项目，其规格要求为 T_u=2550mm，T_l=2450mm，测得样本标准差为 14mm，样本均值为 2510mm，求工序能力指数。

解： $k = \dfrac{\left| \frac{1}{2}(T_u + T_l) - \overline{x} \right|}{\frac{1}{2}(T_u - T_l)} = \dfrac{\left| \frac{1}{2}(2550 + 2450) - 2510 \right|}{\frac{1}{2}(2550 - 2450)} = 0.2$

所以 $\quad C_{pk} = (1-k)\dfrac{T_u - T_l}{6\sigma} = (1-0.2) \times \dfrac{2550 - 2450}{6 \times 14} = 0.95$

从上例中可以看出，由于质量数据分布中心偏离了公差中心，所以工序能力指数下降了，偏离的程度越大，工序能力指数下降得就越多。

3.2.3 工序能力分析

1. 工序能力指数与不合格品率之间的关系

工序能力指数与不合格品率之间有着密切的关系，因此，只要知道了工序能力指数，即可估计出不合格品率。

（1）双侧公差，分布中心与公差中心一致。设 p_u 为质量特征值超出公差上限 T_u 而造成的不合格品率；$p(x>T_u)$ 为质量特征值超出公差上限的概率，则

$$p_u = p(x>T_u) = p\left(\frac{x-u}{\sigma} > \frac{T_u - u}{\sigma}\right) = p\left(t > \frac{T/2}{\sigma}\right) = p\left(t > \frac{3\sigma C_p}{\sigma}\right)$$
$$= 1 - p(t < 3C_p) = 1 - \Phi(3C_p) \tag{3-16}$$

式中　t——标准正态分布值。

若设 p_l 为质量特征超出公差下限 T_l 而造成的不合格品率，则

$$p_l = p(x<T_l) = p\left(\frac{x-u}{\sigma} < \frac{T_l - u}{\sigma}\right) = p\left(t < \frac{-V_2}{\sigma}\right) = p\left(t < \frac{-3aC_p}{\sigma}\right)$$
$$= p(t < -3C_p) = \Phi(3C_p) = 1 - \Phi(3C_p) \tag{3-17}$$

总的不合格品率：

$$p = p_u + p_l = 2[1 - \Phi(3C_p)] \tag{3-18}$$

[**例 3-7**] 某项目，其规格要求不得超过设计值 150mm，不得小于设计值 50mm，如果从 100 个测点中测得样本标准差为 30mm，均值为 50mm，求可能出现的不合格品率。

解： $\quad C_p = \dfrac{T_u - T_l}{6s} = \dfrac{150 - (-50)}{6 \times 30} = 1.11$

$$p = 2[1 - \Phi(3C_p)] = 2[1 - \Phi(3.33)] = 2\Phi(-3.33)$$

查正态分布表可得：$\Phi(-3.33) = 0.034$，所以

$$p = 2 \times 0.034 = 0.068$$

即不合格品率为 6.8%。

（2）双侧公差，分布中心偏离公差中心。当均值 μ 大于公差中心 M，即分布中心偏向公差上限时，则

$$p_u = p(x > T_u) = p\left(\frac{x-u}{\sigma} > \frac{T_u - u}{\sigma}\right) = p\left(t > \frac{\frac{T}{2} - \varepsilon}{\sigma}\right) = p(t > 3C_{pk})$$

$$= p[t > 3 \times (1-k)C_p] = 1 - p[t < 3(1-k)C_p] = 1 - \phi[3(1-k)C_p]$$

（3—19）

同理可得：
$$p_l = 1 - \phi[3(1+k)C_p] \qquad （3—20）$$

总的不合格品率：
$$p = p_u + p_l = 2 - \phi[3(1+k)C_p] - \phi[3(1-k)C_p] \qquad （3—21）$$

式中　k——偏离度，$k = \varepsilon / T / 2$ ；

　　　ε——偏离值，$\varepsilon = |M - \mu| = |M - \bar{x}|$ 。

当均值 μ 小于公差中心 M，即分布中心偏向公差下限时，则

$$p_l = p(x < T_l) = p\left(\frac{x-u}{\sigma} < \frac{T_l - u}{\sigma}\right) = p\left(t < -\frac{M - T_l}{\sigma}\right) = 1 - p\left(t < \frac{T/2 - \varepsilon}{\sigma}\right)$$

$$= 1 - p[t < 3(1-k)C_p] = 1 - \phi[3(1-k)C_p] \qquad （3—22）$$

同理可得：

$$p_u = 1 - \phi[3(1+k)C_p] \qquad （3—23）$$

总的不合格品率：
$$p = p_l + p_u = 2 - \phi[3(1+k)C_p] - \phi[3(1-k)C_p] \qquad （3—24）$$

[例 3-8] 某构件，其厚度要求不低于 100mm，不超过 150mm。根据检测结果，厚度数值的标准差为 10mm，均值为 115mm，求可能出现的不合格品率。

解：公差中心　　　　　$M = \dfrac{100 + 150}{2} = 125\text{mm}$

均值 $\mu = 115\text{mm} < M$，即分布中心偏向公差下限，其偏离值

$$\varepsilon = |M - \mu| = |125 - 115| = 10\text{mm}$$

偏离度　　　　　　$k = \dfrac{\varepsilon}{T/2} = \dfrac{10}{50/2} = 0.4$

可能出现的不合格品率：

$$p = 2 - \phi[3(1+k)C_p] - \phi[3(1-k)C_p] = 2 - \phi\left[3(1+0.4) \times \frac{50}{6 \times 10}\right] -$$

$$\phi\left[3(1-0.4) \times \frac{50}{6 \times 10}\right]$$

$$= 2 - \phi(1.5) - \phi(3.5) = \phi(-1.5) + \phi(-3.5)$$

查正态分布表得：$\phi(-1.5) = 0.067$，$\phi(-3.5) = 0.032$

所以 $\qquad p=0.067+0.032=0.099$

2. 工序能力分析

根据工序能力指数,可对一项工序满足质量要求的程度加以分析判断,并确定对策。

由工序能力指数定义可知,当公差范围一定时,标准差 $\sigma(s)$ 越小,工序能力指数 C_p 就越大。工序能力是否越大越好?并非如此。尽管工序能力指数越大,对项目质量的保证程度越高,但在经济上并非合理。因此,这就需要有一个标准。较为理想的工序能力指数是:$C_p=1.33$。此时,若分布中心未偏离公差中心,则 $T=1.33\times 6\sigma=8\sigma$,根据正态分布可知,质量特征值落在公差界限之外的概率仅为 0.006%,即不合格品率为十万分之六。这是一种比较理想的状态,可以此为标准进行工序能力分析。

(1) $C_p>1.33$ 时,工序能力充分满足,但应考虑其经济性,对策如下。

1) 采用控制图控制工序状态,使项目实施过程保持稳定。

2) 若 C_p 足够大,一般 C_p 大于 1.67 时,可考虑适当放宽控制和检验,降低对原材料、设备等生产要素的要求,以达到降低成本、提高效率的目的。

(2) $C_p=1.33$ 时,工序能力较为理想,允许一定程度的外来波动。对策是:适当减少或省略质量检查工作。但必须注意控制,以使工序状态稳定。

(3) $1\leqslant C_p<1.33$ 时,不合格品率在 0.3%以下,是在项目实施过程中所希望控制的范围。但 C_p 接近 1 时($C_p=1$,$T=6\sigma$),则应注意超差的发生。对策是:随时掌握项目质量状况,加强监控,以便及时分析并采取措施。

(4) $0.67<C_p<1$ 时,不合格品率上升,可达到 4.56%,说明工序能力不足。应采取以下对策。

1) 改善作业方法,工艺设备;提高原材料质量;加强对操作人员的教育,提高操作水平;修订工序管理标准;提高管理效果等。以提高工序能力。

2) 加强质量检查,掌握质量状况。

(5) $C_p<0.67$ 时,不合格品率达 5%,工序能力已不能保证项目质量的稳定性。这时应分析查找原因,采取果断措施,提高工序能力。

根据工序能力指数的大小,可将工序能力分为五级,如表 3–1 所示。

表 3–1 工序能力指数分级表

项目 等级	工序能力指数	T、σ 对应关系	不合格品率 p(%)	评定
特级	$C_p>1.67$	$T>10\sigma$	$p<0.000\,06$	过于充分

续表

等级 \ 项目	工序能力指数	T、σ 对应关系	不合格品率 p（%）	评定
一级	$1.67 \geqslant C_p > 1.33$	$10\sigma \geqslant T > 8\sigma$	$0.000\,06 \leqslant p < 0.006$	充分
二级	$1.33 \geqslant C_p > 1$	$8\sigma \geqslant T > 6\sigma$	$0.006 \leqslant p < 0.27$	尚可
三级	$1 \geqslant C_p > 0.67$	$6\sigma \geqslant T > 4\sigma$	$0.27 \leqslant p < 4.45$	不足
四级	$C_p < 0.67$	$T \leqslant 4\sigma$	$p \geqslant 4.45$	严重不足

3.2.4　工序能力图

按时间顺序采集反映工序质量状况的数据，在如图 3-6 所示的坐标图中打点。为便于比较，在图中画出标准规格界限。这就是工序能力图。

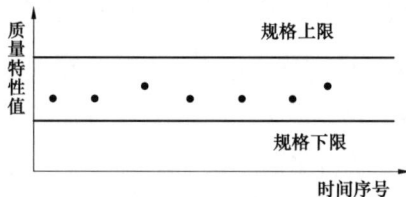

图 3-6　工序能力图

工序能力图，是分析工序能力的简明图形。由于工序能力都综合地反映在项目质量主要特征的测定值上，所以，只要将这些测定值按项目实施的时间序列作在图上，同时画出规格界限线，即可看出工序能力的高低。根据工序能力图可以作出如下判断。

（1）检查在规格界限以外的点子数，了解不合格品率，从而判断工序能力状况。一般来说，不合格品率小，工序能力大；反之，工序能力小。

（2）分析图中点子的分布情况，了解项目质量随时间变化的情况。

3.2.5　工序能力调查

由于项目实施过程受到了众多复杂因素的影响，所以工序能力也就处于不断变化之中。因此，应根据具体情况，每隔一定时间进行一次工序能力调查，其步骤可归纳为图 3-7。

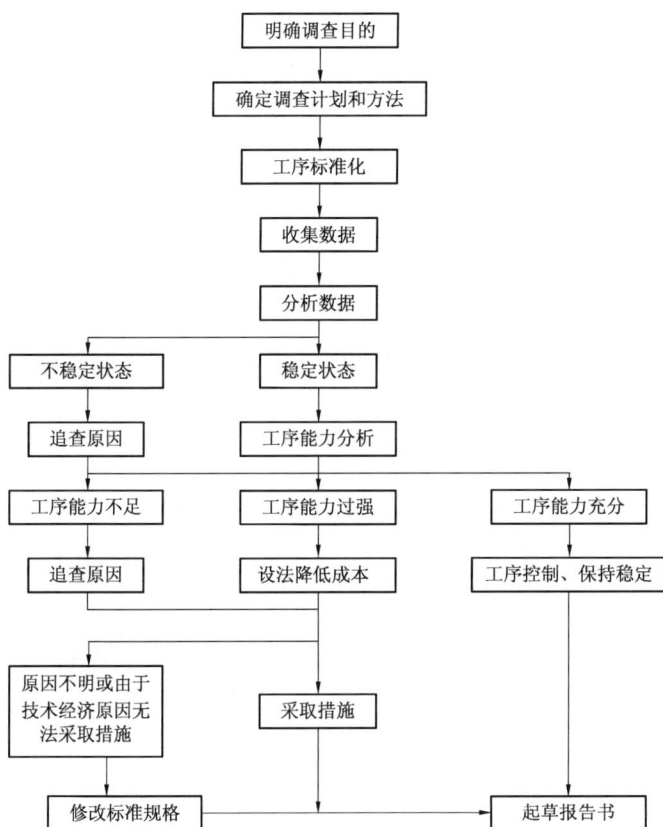

图 3-7　工序能力调查步骤

3.3　分析原因的方法

影响项目质量的因素很多，而且通常错综复杂地交织在一起。为清晰而有效地加以整理和分析，通常采用因果分析图、排列图等方法。

3.3.1　因果分析图法

因果分析图，也称特性要因图，因其形状又称为树枝图或鱼刺图。为寻找产生某种质量问题的原因，采用"头脑风暴法"、"专家判断法"等方法。集思广益，同时将有关意见在图上反映出来，这种图就是因果分析图，其基本格式如图 3-8 所示。

1. 因果分析图绘制原理

影响项目质量的原因尽管很多，且关系复杂，但归纳起来，存在两种互为依存的关系，即平行关系和因果关系，因果分析图能同时整理出这两种关系。利用因果

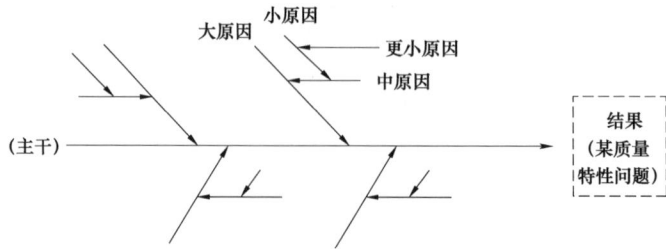

图 3-8　因果分析图

分析图可以顺藤摸瓜，逐级分层，从大到小，由粗到细，寻根究底，直至找出能直接采取有效措施的原因为止。

2. 因果分析图的基本类型

按所述问题的体系不同，一般可分为下述三种类型。

（1）结果分解型。这种类型的特点是：沿着一个为什么会发生这种结果的原因进行层层解析。

利用结果分解型因果分析图，可以系统地掌握纵的关系，但也容易遗漏或忽视某些平行关系或横的关系。

图 3-9 是针对计算机系统未按时交付问题所作出的结果分解型因果分析图。

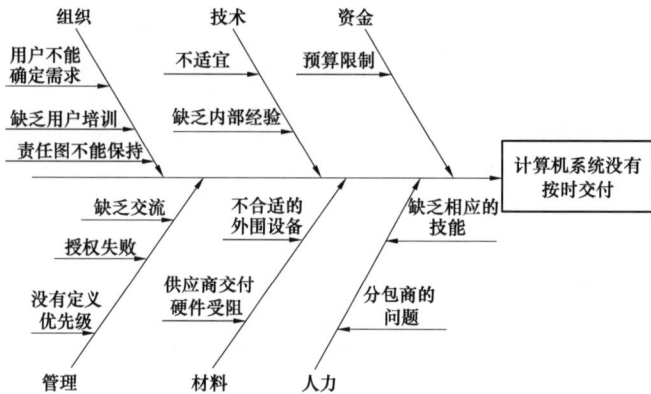

图 3-9　结果分解型因果分析图

（2）工序分类型。首先按工序的流程，将各工序作为影响项目质量的平行的主干原因，然后将各工序中影响质量的原因填写在相应的工序中。

这种类型的因果分析图简单易行，但有可能造成相同的因素出现在不同的工序中，难以表现数个原因交结在一起的情况，即反映不了因素间的交互作用。

（3）原因罗列型。采用"头脑风暴法"，让参与分析人员无限制地自由发表意见，并把所有观点和意见都一一罗列起来，然后系统地整理它们之间的关系，最后绘制出一致同意的因果分析图。

经多方面思考和讨论绘制成的这种因果分析图，反映出的因素比较全面，在整理因素间的关系时，客观地促使参与分析人员对各因素的深入分析，有利于问题的深化。但工作量较大。

3. 因果分析图的绘制步骤

因果分析图的绘制主要进行以下几个步骤。

（1）确认：即确认和指定问题的范围。

（2）目标确定：指定在这个阶段需要设置的目标和目的。构建因果图所涉及的每个人都要清楚将要达到什么目标，比如项目所需达到的质量目标。

（3）构建因果图：因果图的构建对涉及的项目组织成员来说是个良好的机会，能够激励他们参与问题解决的实践。

（4）思考：对所出现的想法进行深思熟虑是很有必要的。这是一种思考期，项目管理组织中的每个人都应该能够对目前状态作出正确估计，并能够设计和开发出相应的行动方案。

4. 绘制因果分析图时应注意的事项

（1）目的要明确，要有针对性，并尽可能数据化。

（2）因果分析要集思广益，一般可以召开各种质量分析会形式，让项目操作人员、项目管理人员等参加，共同进行分析并整理出因果分析图。

（3）分析的过程，实质上是具体绘制因果分析图的过程，对一些无把握确认的因素要进行现场核实。

（4）绘制因果分析图的直接目的是找出主要因素。为找出关键因素，可以应用各种定量化统计分析方法。如果难以进行定量分析，可以辅以主观方法进行判断，例如：采用"01"顺序法。具体内容如下。

将评价对象的全部原因，分别进行成对比较，两者之中必有其一是较重要者，另一即为次要者，重要的原因评价为"1"，次要的评价为"0"。将如此评价的各原因的"1"加起来并根据所得和的大小排列各原因的主次顺序。

例如，经因果分析，影响某质量指标的因素是：A、B、C、D、E、F，为找出关键因素，辅以"01"分析法，如表3–2所示。

根据"01"评价表可知，影响该质量指标的关键因素是 C，其次是 D。

（5）找出关键原因并非因果分析图的最终目标，重要的是采取对策并充分考虑对策的有效性。

表 3-2　影响混凝土强度原因 "01" 评价表

编号	评价原因	评价结果															合计	主次顺序
		1	2	3	4	5	6	7	8	9	10	11	12	13	14	15		
1	A	1	1	1	1	1											5	1
2	B	0					1	1	0	0							2	4
3	C		0				0				0	0	0				0	6
4	D			0				0			1			0	0		1	5
5	E				0				1			1		1		1	4	2
6	F					0				1			1		1		3	3

3.3.2　排列图法

排列图又称主次因素排列图，是用来找出影响项目质量主要因素的一种常用的统计分析工具。这种方法最初由意大利学者帕累托（Pareto）用于分析社会财富分布情况而提出的，他发现少数人占有社会上的大量财富，而绝大多数人却处于贫困状态，即发现了"关键的少数和次要的多数"的关系。他用排列图揭示了这种现象，因此，排列图也称帕累托图。就项目质量而言，影响因素虽然很多，但起主要作用的仅是其中少数几项，完全符合"关键的少数和次要的多数"的关系，从而可将排列图作为寻找关键因素的有效工具。

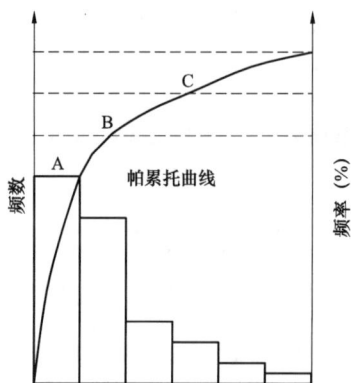

图 3-10　排列图

排列图是由两个纵坐标（即频数纵坐标和频率纵坐标），一个横坐标（项目排列）。由若干个根据频数大小依次排列的直方柱和一条累计频率曲线所组成。基本格式如图 3-10 所示。

1. 绘制原理

（1）横坐标表示影响质量的各个因素或项目，按影响程度的大小从左至右排列，一般以直方柱的高度表示各因素出现的频数。

（2）将各因素所占的百分比依次累加起来，即可求得各因素的累计百分比（累计频率），然后，将所得的各因素的顺次累计百分率逐一标注在图中相应位置上，并将其以折线连接，即得累计频率曲线（亦称帕累托曲线）。

2. 绘图的目的

主要是要找出影响项目质量的主要因素。因此，习惯上通常将影响因素分为三类。

（1）将约包括在累计频率 0～80% 的有关因素视为 A 类，这是影响质量的主要因素。

（2）将累计频率在 80%～90% 的因素视为 B 类，是次要因素。

（3）将累计频率在 90%～100% 的因素视为 C 类，是一般因素。

例如，针对计算机系统未能按时交付的问题进行因果分析，得到因果分析排列图（图 3-11）。为了进一步将影响因素进行分类，则可采用排列图的方法。如果对各因素影响交付的程度进行分析（按影响的百分比考虑），并按影响程度的大小进行排列，则可得到反映对交付影响程度不同的排列图，如图 3-11 所示。

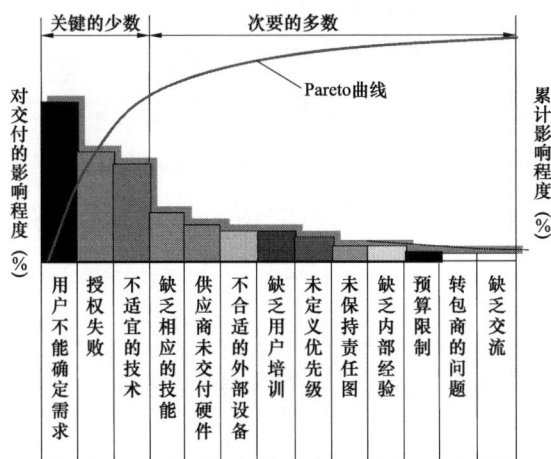

图 3-11　计算机系统未按时交付因果分析排列图

3. 绘图步骤

（1）画出频数纵坐标，再画横坐标，在横坐标上均匀标出项目刻度，有几项就分几个刻度。再在最右边的刻度处画出右侧纵坐标。

（2）填写项目。在横坐标下，根据频数大小从左至右填写项目（因素）名称。"其他"项一律填在最后。

（3）标出频数纵坐标刻度。原点定为 0，将适当的高度定为总频数，然后均匀地标出一定整数点的数值。

（4）标出频率纵坐标的刻度。频率纵坐标的刻度必须与频数纵坐标相对应，即累计频率为 100% 的点与频数纵坐标上总频数的点等高。坐标原点为 0，在原点至 100%点间均匀标出 10%，20%，…，90%的数值。

（5）根据各项目（因素）所发生的频数，从大至小绘出直方柱。

（6）绘制累计频率曲线。以各项目直方柱右侧边线（或中线）延长线为纵线，根据各项目累计频率引平行于横坐标轴的线为横线，在两线相交处打点。将各点用折线（或曲线）连接起来，即成为累计频率曲线。

（7）划分 A、B、C 类区。自频率纵坐标引累计频率为 80%、90%、100%的三条平行于横坐标的虚线。横坐标及三条虚线由下向上将累计频率分为 A、B、C 三个类区。

4. 注意事项

（1）按不同的项目（因素）进行分类，分类项目要具体明确，尽量使各个影响质量的因素之间的数据有明显差别，以便突出主要因素。

（2）数据要取足，代表性要强，以确保分析判断的可靠性。

（3）适当合并一般因素。通常情况下，不太重要的因素可以列出很多项，以简化作图，常将这些因素合并为其他项，放在横坐标的末端。

（4）对影响因素进行层层分析。在合理分层的基础上，分别找出各层的主要矛盾及其相互关系。分层绘制排列图可以步步深入，具体找出影响质量的根本原因。

3.4　动态控制方法

全面质量管理强调以预防为主，要求在质量形成过程中，在整个项目实施过程中，尽量少产生或不产生不合格品。这就需要研究两个问题：一是怎样使项目实施过程具有避免产生不合格品的保证能力；二是如何使这种保证质量的能力保持下去，一旦这种保证质量的能力不能维持下去，则应能尽早发现，查明原因，采取措施，使之继续稳定下来，保持下去，真正做到防患于未然。前一个问题即为工序能力或过程能力分析；后一个问题称为工序控制或过程控制。这两个问题都涉及一种动态控制方法——控制图法。

3.4.1　控制图概述

引例：对某正在实施的项目，每天测得 10 个相关质量数据，共量测 10 天，得到 100 个质量数据，对这些数据进行整理并制作成直方图，如图 3-12 所示。

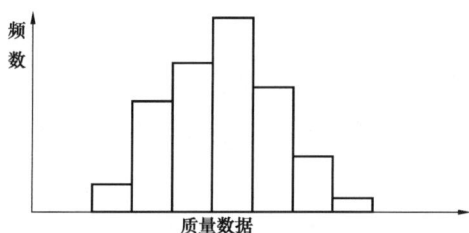

图 3-12 某质量数据直方图

从图 3-12 中，可以直观看出该批质量数据的分布状态，但不能反映出质量数据随时间变化的状态。计算出每天数据的平均值 $\bar{x}$ 和极差 R，并做出曲线，如图 3-13 所示。

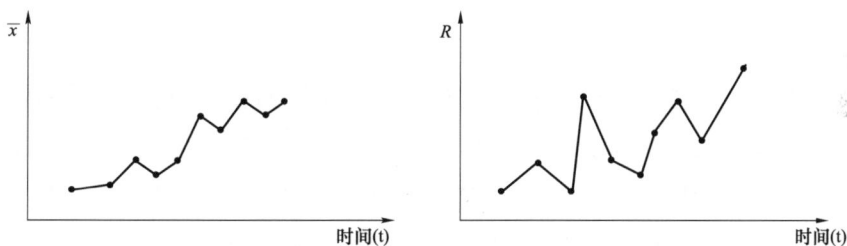

图 3-13 $\bar{x}$、R 随时间变化状况

由图 3-13 可以看出，最初几天 $\bar{x}$ 值偏低，而后有逐渐上升的趋势；10 天中有 2 天 R 值较大。这些都是直方图所看不到的。为了判断曲线上的点子有无异常现象，必须引入判定线。判定线可根据数理统计方法计算得到。这种带有判定线的图型就是控制图，判定线称为控制界限。

控制图是用于区分质量波动究竟由于偶然因素引起还是由于异常因素引起，从而判明项目实施过程是否处于控制状态的一种有效工具，是监督控制项目质量变化的一双眼睛。控制图的基本格式如图 3-14 所示。

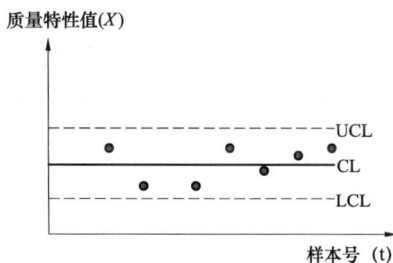

图 3-14 控制图的基本格式

控制图上一般有三条控制界限。上面的一条线称为控制上限，可用 UCL（Upper Control Limit）表示；下面的一条线称为控制下限，用 LCL（Lower Control Limit）表示；中间的一条线称为中心线，用 CL（Central Line）表示。将所控制的质量特性值在控制图上打点，若点子全部落在上下控制界限内，且点子的排列无缺陷（如链、倾向、接近、周期等），则可判断项目实施过程处于控制状态，否则就认为

项目实施过程中存在异常因素，必须查明，予以消除。可见，控制界限是判断项目实施过程是否发生异常变化、是否存在异常因素的尺度。因此，确定控制界限是制作控制图的关键。控制界限可根据数理统计原理计算得到。世界上较多国家都是采用"三倍标准差法"，即"3σ"方式确定控制界线，以质量特性值（统计数据）的平均值作为中心线，以中心线为基准往上 3 倍的标准差确定为控制上限，向下 3 倍的标准差确定为控制下限。若设质量特征值均值为 μ，标准差为 σ，则：

$$\begin{cases} UCL = \mu + 3\sigma \\ CL = \mu \\ LCL = \mu - 3\sigma \end{cases} \quad\quad （3\text{–}25）$$

正态分布中，数据落在 $\mu \pm 3\sigma$ 之间的概率为 99.73%，在 $\mu \pm 3\sigma$ 范围之外的数据发生的概率仅 0.27%，属小概率事件。根据小概率事件不可能发生的原理，若只做了几次或几十次试验或观测，数据应在 $\mu \pm 3\sigma$ 之间波动，这是一种正常波动，可判断项目处于正常状态。反之，则可判断项目实施过程出现了异常。统计判断可能会产生两类错误，即弃真错误和取伪错误，这是矛盾的两个方面，要想同时避免两种错误是不可能的，只能使两种错误的综合损失最小。若将控制上下限定为 $\mu \pm 3\sigma$，根据数理统计原理可知，出现弃真错误的概率为 0.3%，出现取伪错误的概率为 5%，这两种错误所造成的综合损失最小。以上就是将控制界限定在 $\mu \pm 3\sigma$ 处的理由。故称其为 3σ 原理。这是确定控制界限的原则，在质量管理实践中被广为应用。

控制图的基本思路是，为了使项目实施过程处于正常状态，项目作业活动就必须标准化。只要操作按标准作业，控制图上的点子越出控制界限或排列有缺陷的可能性就会很小。一旦点子超出控制界限或排列有缺陷，则可认为维持项目正常进行的良好状态和标准作业条件极有可能已被破坏。因此，就应对工序或项目活动作仔细观察、调查研究，查清产生异常的原因，采取措施，消除异常因素，使工序恢复和保持良好的状态，避免产生不合格品，真正起到"预防为主"和"控制"的作用。

根据控制对象（不同的统计量）的不同，控制图可分为计量值控制图和计数值控制图两大类。

（1）计量值控制图。计量值控制图包括以下几种。

1）平均值 $\bar{x}$ 控制图（$\bar{x}$ 图）。

2）中位数 $\tilde{x}$ 控制图（$\tilde{x}$ 图）。

3）单值控制图（x 图）。

4）移动平均值控制图（$\tilde{x}_k$ 图）。

5）标准差 S 控制图（S 图）。

6）移动标准差 S_k 控制图（S_k 图）。

7）极差 R 控制图（R 图）。

8）移动极差 R_a 控制图（R_a 图）。

以上 8 种为单统计量控制图，根据需要，上述控制图可以结合起来使用，常见的有以下几种。

① 平均值与极差控制图（$\bar{x}$—R 图）。

② 平均值与标准差控制图（$\bar{x}$—S 图）。

③ 中位数与极差控制图（$\tilde{x}$—R 图）。

④ 单值与移动极差控制图（x—R_a 图）。

⑤ 移动均值与移动标准差控制图（$\tilde{x}_k$—S_k 图）。

（2）计数值控制图。计数值控制图主要有以下几种类型。

1）不合格品数控制图（P_n 图）。

2）不合格品率控制图（P 图）。

3）缺陷数控制图（C 图）。

4）缺陷率控制图（u 图）。

无论是计量值控制图还是计数值控制图，按用途不同都可分为管理用控制图和分析用控制图。工序质量控制中，可根据工序特征、项目实施需要、数据特征等不同情况，选用不同的控制图。

3.4.2　计量值控制图

1. 单值控制图（x 图）

数据不需分组，直接使用，即将所测得的计量值直接在图上打点。x 图具有判断迅速及处理迅速的特点。为了判定工序质量是否合格，在控制图上加设允许偏差界限，如图 3–15 所示。

图 3–15 中，T_u 是规格上限，T_l 是规格下限，T 为公差范围。T_u、T_l 统称为允许

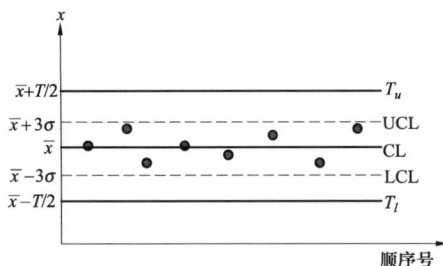

图 3–15　单值控制图

偏差界限。允许偏差界限与控制界限是两个不同的概念，其区别就在于以下两点。

制定的依据不同：允许偏差界线是衡量工序或活动质量是否合格的标准，它是根据项目的质量要求确定的；控制界限是根据数理统计原理，按照统计量的不同而确定的。

作用不同：允许偏差界限用于判定工序质量合格与否；控制界限则用于判断项目实施过程是否处于控制状态。

在单值控制图中，允许偏差界限与控制界限的有机结合，既能控制项目实施过程的稳定状态，又能控制工序质量水平。

控制界限的确定方法如下。

（1）若项目实施条件与过去基本相同，项目实施过程又相当稳定，则可根据以往经验数据（具有合适的平均值 μ 和标准差 σ），按照 3σ 方式建立控制界限：

$$\begin{cases} CL = \mu \\ UCL = \mu + 3\sigma \\ LCL = \mu - 3\sigma \end{cases} \qquad (3-26)$$

（2）若无经验数据可用或实施条件发生了变化，则应进行随机抽样（一般要求样本容量 $n \geq 50$），计算样本均值 $\bar{x}$ 和样本标准差 S，以代替 μ、σ，则：

$$\begin{cases} CL = \bar{x} \\ UCL = \bar{x} + 3S \\ LCL = \bar{x} - 3S \end{cases} \qquad (3-27)$$

确定了 UCL、CL、LCL 后，即可做出相应的单值控制图，并用于控制。这种控制图，由于所用数据少，所以比较简单，但代表性差、判断精度低。一般适用于以下情况。

1）因费用、时间等原因，只能得到一个测试值。

2）希望尽快发现并消除异常因素。

3）工序状态稳定，工序质量较均匀，不需要多个测定值。

2. 平均值与极差控制图（ $\bar{x}$—R 图）

$\bar{x}$—R 图是将 $\bar{x}$ 图与 R 图联用的一种形式。一般将 $\bar{x}$ 图置于 R 图之上，主要用来观察分析平均值的变化情况；R 图则用于观察分析数据的离散波动状况。

（1） $\bar{x}$—R 图原理。

1） $\bar{x}$ 的分布。若总体服从正态分布 $N(\mu, \sigma)$，则 $\bar{x}$ 仍趋于正态分布，由数学期望和方差的性质可证，该正态分布有：

$$\begin{cases} \overline{\overline{x}} = \mu \\ \sigma_{\overline{x}} = \dfrac{\sigma}{\sqrt{n}} \end{cases} \qquad (3\text{--}28)$$

式中　$\overline{\overline{x}}$ ——$\overline{x}$ 的平均值；

　　$\sigma_{\overline{x}}$ ——$\overline{x}$ 分布的标准偏差。

因此，$\overline{x}$ 的分布为：$N(\overline{\overline{x}}, \sigma_{\overline{x}}) = N(\mu、\sigma/\sqrt{n})$，即 $\overline{x}$ 服从于以 μ 为均值，以 $\sigma/\sqrt{n}$ 为标准差的正态分布，如图 3–16（a）所示。

2）R 的分布。若总体服从 $N(\mu、\sigma)$ 分布，R 代表总体中抽取大小为 n 的样本的极差，根据极差分布理论：当 n 足够大时（实用中取 $n > 2 \sim 3$），R 的分布也趋于正态分布，并有以下结论。

R 的正态分布与总体正态分布中的 μ 值无关；

R 的正态分布与总体正态分布中的 σ 有关，且：

$$\begin{cases} \overline{R} = \mathrm{d}_2 \sigma \\ \sigma_R = \mathrm{d}_3 \sigma \end{cases} \qquad (3\text{--}29)$$

式中　　　$\overline{R}$ ——R 的均值；

　　　σ_R ——R 分布的标准偏差；

d_2、d_3 ——随 n 而确定的系数。

故 R 的分布为：$N(\mathrm{d}_2\sigma、\mathrm{d}_3\sigma)$，即 R 服从于以 $\mathrm{d}_2\sigma$ 为均值，以 $\mathrm{d}_3\sigma$ 为标准差的正态分布，如图 3–16（b）所示。

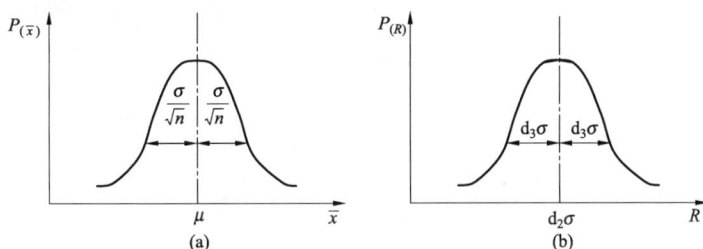

图 3–16　$\overline{x}$、R 分布曲线图

（a）$\overline{x}$ 分布；（b）R 分布

$\overline{x}$ 图的中心线和上下控制界限的确定，按照 "3σ" 方式：

$$\begin{cases} \mathrm{CL} = \mu \\ \mathrm{UCL} = \mu + 3\dfrac{\sigma}{\sqrt{n}} \\ \mathrm{LCL} = \mu - 3\dfrac{\sigma}{\sqrt{n}} \end{cases}$$

由 $\begin{cases} \mu = \bar{\bar{x}} \\ \bar{R} = d_2\sigma \end{cases}$ 得：$\sigma = \dfrac{\bar{R}}{d_2}$ 。

则：
$$\begin{cases} CL = \bar{\bar{x}} \\ UCL = \bar{\bar{x}} + 3\dfrac{\bar{R}}{d_2\sqrt{n}} \\ LCL = \bar{\bar{x}} - 3\dfrac{\bar{R}}{d_2\sqrt{n}} \end{cases} \qquad (3-30)$$

取
$$A_2 = \frac{3}{d_2\sqrt{n}}$$

则：
$$\begin{cases} CL = \bar{\bar{x}} \\ UCL = \bar{\bar{x}} + A_2\bar{R} \\ LCL = \bar{\bar{x}} - A_2\bar{R} \end{cases} \qquad (3-31)$$

A_2 数值可由表 3–3 查得。

表 3–3 A_2 数值表

n	2	3	4	5	6	7	8	9	10
A_2	1.88	1.02	0.73	0.58	0.48	0.42	0.37	0.34	0.31

R 图的中心线和上下控制界限。

依据 "3σ" 方式：
$$\begin{cases} CL = \bar{R} \\ UCL = \bar{R} + 3d_3\sigma \\ LCL = \bar{R} - 3d_3\sigma \end{cases}$$

由 $\sigma = \dfrac{\bar{R}}{d_2}$ 得：
$$\begin{cases} CL = \bar{R} \\ UCL = \bar{R} + 3d_3\dfrac{\bar{R}}{d_2} = \left(1 + 3\dfrac{d_3}{d_2}\right)\bar{R} \\ LCL = \bar{R} - 3d_3\dfrac{\bar{R}}{d_2} = \left(1 - 3\dfrac{d_3}{d_2}\right)\bar{R} \end{cases} \qquad (3-32)$$

取 $1 + 3\dfrac{d_3}{d_2} = D_4$，$1 - 3\dfrac{d_3}{d_2} = D_3$

则
$$\begin{cases} CL = \bar{R} \\ UCL = D_4\bar{R} \\ LCL = D_3\bar{R} \end{cases} \qquad (3-33)$$

D_3、D_4 是根据样本大小 n 确定的系数，如表 3–4 所示。

表 3-4　D₃、D₄ 数值表

n	2	3	4	5	6	7	8	9	10
D_4	3.27	2.57	2.28	2.12	2.00	1.92	1.86	1.82	1.78
D_3	—	—	—	—	—	0.08	0.14	0.18	0.22
d_2	1.13	1.69	2.06	2.33	2.53	2.70	2.25	2.97	3.08
d_3	0.85	0.89	0.88	0.86	0.85	0.83	0.82	0.81	0.80

$n \leq 6$ 时，D_3 为负值，但 $R \geq 0$，所以，这时 LCL 不存在。

（2）$\bar{x}$—R 图的制作。若项目实施条件基本相同，且实施过程相当稳定，则可依据以往的经验数据，确定控制图的中心线和控制界限。

若没有可靠的经验数据可供参照时，则应按以下步骤作控制图。

1）收集数据。一般要求收集 50～100 个近期数据，并能与今后的工序状态（如原材料、实施方法、工艺等）相一致，以确保控制界限有效。

2）数据分组。从技术上可以认为在大致相同的条件下所收集的数据应分在同一组内，组中不应包括不同性质的数据。一般，应按时间顺序分组（如按小时、日、班次等），这时每组作为一个样本。每组 2～6 个数据，一般分为 20～25 组。

3）建立 $\bar{x}$—R 图数据表。$\bar{x}$—R 图数据表的基本格式如表 3-5 所示。

表 3-5　$\bar{x}$—R 图数据表

项目名称		标准界限	T_u	期间		起	
工序名称			T_l			止	
完成单位		样本	n	操作者			
质量特征			间隔	检验者			
测量单位		量测方法		制表者			
时间	组号	测定值			总计 $\sum x$	均值 $\bar{x}$	极差 R	备注

$\bar{X}$ 图	R 图	$\sum \bar{X} =$　$\sum R$
CL= $\bar{\bar{X}}$ =	CL= $\bar{R}$ =	$\bar{\bar{X}}$ =
UCL= $\bar{\bar{X}}$ +A₂ $\bar{R}$ =	UCL=D₄ $\bar{R}$ =	$\bar{R}$ =
LCL= $\bar{\bar{X}}$ −A₂ $\bar{R}$ =	LCL= D₃ $\bar{R}$ =	n、A₂、D₄、D₃

由表 3-5 可见，$\bar{x}$—R 图数据表中记录有控制对象名称、标准规格要求、量测方法、测定数值等内容。总之，应把数据的来历、计算方法等交代清楚，以利于控

制图的绘制。

4）计算各组平均值 $\bar{x}$，并列入表中。

$$\bar{x} = \frac{1}{n}\sum_{i=1}^{n} x_i$$

计算应精确到比原始数据多 1 位小数。

5）计算每组的极差 R，并列入表中。

$$R = x_{\max} - x_{\min}$$

式中　$x_{\max}$ ——组内最大值；

　　　$x_{\min}$ ——组内最小值。

6）计算总体平均值 $\bar{\bar{x}}$ 并列入表中。

$$\bar{\bar{x}} = \frac{1}{K}\sum_{i=1}^{k} \bar{x}_i$$

式中　K——分组数；

　　　$\bar{x}_i$ ——第 i 组平均值。

计算应精确到比原始数据多 2 位小数。

7）计算各组极差值的平均值 $\bar{R}$，并列入表中。

$$\bar{R} = \frac{1}{K}\sum_{i=1}^{K} R_i$$

式中　R_i——第 i 组数据极差。计算结果应比原始数据多 1 位小数。

8）按表 3-5 所列计算公式计算控制界限。

9）制作控制图。在普通的方格坐标纸或控制图专用纸上，作出中心线和控制界限。图的上方为 $\bar{x}$ 图，下方为 R 图，横坐标表示组号（或子样号），纵坐标表示 $\bar{x}$ 值和 R 值。中心线用实线表示，分析用控制图的控制界限用虚线表示，管理用控制图的控制界限用点画线表示。随着时间的延长，控制图还可延长。

在各控制界限的右方记入相应的 UCL、CL、LCL 符号及其数值。在 UCL 外的左上侧记入 n 的数值。

10）在控制图上打点。采用一定的符号将各组的 $\bar{x}$ 值和 R 记入相应的控制图中。一般 $\bar{x}$ 图上用"·"表示，R 图上用"×"表示。出界的点，$\bar{x}$ 图上用"⊙"表示，R 图上用"⊗"表示，以便于观察异常。

11）标注有关事项。在 $\bar{x}$ 图，R 图的左侧分别写上"$\bar{x}$ 图"，"R 图"。在控制图的上方写上工序名称、质量特征等内容。在控制图的下方写上操作者、制图者等内容。

例如，某项目质量指标，其规格界限要求是设计值 ± 100mm。制作 $\bar{x}$ —R 控制图，以实施对该质量指标的动态控制。

采集数据：共采集 10 组，每组 5 个数据，超过设计值取为正，小于设计值取为负。将采集的数据填入 $\bar{x}$ —R 图数据表，见表 3–6。

计算各组的平均值 $\bar{x}$ 。

由 $\bar{x} = \dfrac{x_1 + x_2 + x_3 + x_4 + x_5}{n}$ ，得：

$$\bar{x}_1 = \frac{93 + (-20) + 76 + 24 + (-30)}{5} = 28.6$$

$$\bar{x}_2 = \frac{39 + 70 + 52 + 43 + 57}{5} = 60.2$$

同理可得各组平均值，并填入表 3–6 中。

表 3–6　某质量数据 $\bar{x}$ —R 控制图数据表

控制变量	规格要求		技术条件		± 100	工序		A	实施单位	01 项目部
组号	量测数据						合计 $\sum x$		平均值 $\bar{x}$	极差值 R
	x_1	x_2	x_3	x_4	x_5					
1	93	−20	76	24	−30		143		28.6	123
2	39	70	52	43	97		301		60.2	58
3	−15	66	82	−37	27		123		24.6	119
4	−50	−35	23	77	−60		−45		−9	137
5	53	67	32	−70	39		121		24.2	137
6	99	83	−51	68	−13		186		37.2	150
7	51	48	92	63	45		299		59.8	47
8	38	29	−41	93	26		145		29	134
9	32	47	85	−61	−40		63		12.6	146
10	70	84	−25	39	77		245		49	109

计算各组的极差值 R。

根据极差值 $R = x_{max} - x_{min}$ 得：

第一组数据极差值　　　　$R_1 = 93 - (-30) = 123$
第二组数据极差值　　　　$R_2 = 97 - 39 = 58$
同理可得各组极差值，并填入表 3–6 中。

计算总体平均值 $\bar{\bar{x}}$：

$$\overline{\overline{x}} = \frac{\overline{x}_1 + \overline{x}_2 + \cdots + \overline{x}_{10}}{10} = \frac{28.6 + 60.2 + \cdots + 49}{10} = 31.62$$

计算各组极差的平均值 $\overline{R}$：

$$\overline{R} = \frac{R_1 + R_2 + \cdots + R_{10}}{10} = \frac{123 + 58 + \cdots + 109}{10} = 115$$

计算 $\overline{x}$ 图的中心线和控制界限。

由表 3-3 得：n=5 时，A_2=0.58

则
$$CL = \overline{\overline{x}} = 31.62$$

$$UCL = \overline{\overline{x}} + A_2\overline{R} = 31.62 + 0.58 \times 115 = 98.32$$

$$LCL = \overline{\overline{x}} - A_2\overline{R} = 31.62 - 0.58 \times 115 = -35.08$$

计算 R 图中心线和控制界限，由表 3-4 得：n=5 时，D_4=2.12

则
$$CL = \overline{R} = 115$$

$$UCL = D_4\overline{R} = 2.12 \times 115 = 243.8$$

$$LCL = D_3\overline{R}（因 n=5 < 6，故不考虑）$$

作出控制图，如图 3-17 所示。

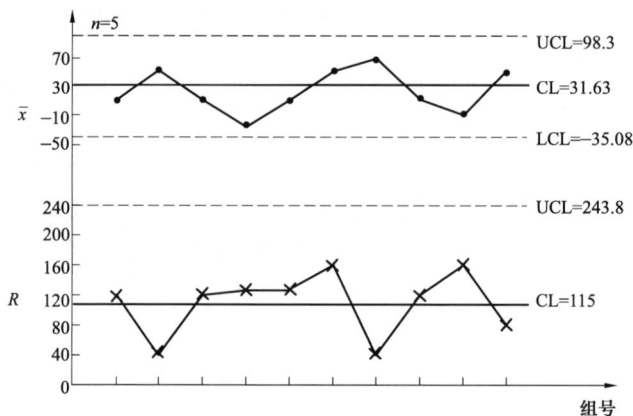

图 3-17　某质量数据控制图

$\overline{x}$—R 图同时观察了数据平均值的变化和数据的分散程度，即观察了工序质量总的变化情况。这种控制图提供的信息量大、检出力强、精度较高，是研究工序、控制生产的有效方法，在项目质量控制中应用十分广泛。

3. 平均值与标准差控制图 $\overline{x}$—S 图

正如 $\overline{x}$—R 图一样，$\overline{x}$—S 图也属于计量值综合性指标质量控制图。在数理统计学中，$\overline{x}$ 表示数据的集中性，而标准差 S 则表示数据的离散性。$\overline{x}$—S 图是 $\overline{x}$ 图和 S 图的结合。除了用标准差 S 代替极差 R 以外，$\overline{x}$—S 图与 $\overline{x}$—R 图是一样的。

在 $\bar{x}$ —S 图中，S 图的中心线和控制界限确定仍然依据"3σ"原理。

中心线：

$$CL = \bar{S} = \frac{S_1 + S_2 + \cdots + S_K}{K} \qquad (3\text{-}34)$$

式中　　　　$\bar{S}$ ——各组标准差平均值；

$S_1, S_2, \cdots, S_K$ ——各组标准差；

K ——分组数。

根据数理统计原理和"3σ"方式可得：

$$\begin{cases} UCL = \bar{S} + 3\dfrac{C_5}{C_4}\bar{S} = \left(1 + 3\dfrac{C_5}{C_4}\right)\bar{S} \\[2mm] LCL = \bar{S} - 3\dfrac{C_5}{C_4}\bar{S} = \left(1 - 3\dfrac{C_5}{C_4}\right)\bar{S} \end{cases} \qquad (3\text{-}35)$$

式中　C_4、C_5——与样本容量 n 有关的系数，见表 3-7。

表 3-7　$\bar{x}$ —S 图系数表

n	2	3	4	5	6	7	8	9	10
C_4	0.798	0.886	0.921	0.940	0.952	0.959	0.965	0.969	0.973
C_5	0.603	0.463	0.389	0.341	0.308	0.282	0.262	0.246	0.232
B_3	0	0	0	0	0.03	0.118	0.185	0.239	0.284
B_4	3.287	2.568	2.266	2.089	1.970	1.882	0.815	1.761	1.761
C_2	0.564	0.724	0.798	0.841	0.869	0.888	0.903	0.914	0.923
B_1	1.843	1.858	1.808	1.756	1.711	1.672	1.638	1.609	1.584
B_2	0	0	0	0	0.026	0.105	0.167	0.219	0.262

若令　$B_4 = 1 + 3\dfrac{C_5}{C_4}$；　$B_3 = 1 - 3\dfrac{C_5}{C_4}$

则　　　　　　　　$\begin{cases} UCL = B_4\bar{S} \\ LCL = B_3\bar{S} \end{cases}$

式中　B_3，B_4——与样本容量 n 有关的系数，见表 3-7。

上述确定中心线和控制界限的方法，适用于总体标准差未知的情况。若总体标准差 σ 为已知，则 S 图的中心线和控制界限为：

$$\begin{cases} CL = C_2\sigma \\ UCL = B_2\sigma \\ LCL = B_1\sigma \end{cases} \qquad (3\text{-}36)$$

式中　C_2，B_2，B_1——与样本容量 n 有关的系数，见表 3-7。

在 $\bar{x}$ —R 图中，$\bar{x}$ 的中心线和控制界限，根据数理统计原理和"3σ"方式可得：

$$\begin{cases} CL = \bar{\bar{x}} \\ UCL = \bar{\bar{x}} + 3\dfrac{\bar{S}}{C_4\sqrt{n}} \\ LCL = \bar{\bar{x}} - 3\dfrac{\bar{S}}{C_4\sqrt{n}} \end{cases} \qquad (3\text{-}37)$$

C_4 由表 3-7 可查得。

若令 $A_3 = \dfrac{3}{C_4\sqrt{n}}$，则式（3-37）可写成：

$$\begin{cases} CL = \bar{\bar{x}} \\ UCL = \bar{\bar{x}} + A_3\bar{S} \\ LCL = \bar{\bar{x}} - A_3\bar{S} \end{cases} \qquad (3\text{-}38)$$

A_3 是根据 n 的大小所确定的系数，见表 3-8。

表 3-8 系数 A_3 表

样本 n 大小	2	3	4	5	6	7	8	9	10
A_3	2.658	1.955	1.629	1.427	1.286	1.182	1.099	1.032	0.975

例如，某项目，设计某质量指标为 30，在项目实施过程中按时间顺序随机抽取 n=10 的 10 组样本，测得其质量数据值如表 3-9 所示。试制作 $\bar{x}$ —S 控制图。

（1）计算各组均值，并填入表 3-9。

（2）计算各组标准差，并填入表 3-9。

表 3-9 $\bar{x}$ —S 图数据表

样本	某质量数据										$\bar{x}$	S
	x_1	x_2	x_3	x_4	x_5	x_6	x_7	x_8	x_9	x_{10}		
1	32.3	31.9	32.6	31.3	32.0	31.1	31.7	31.6	31.4	31.9	31.76	0.49
2	32.2	32.0	30.7	31.0	31.5	31.4	30.7	30.9	31.8	30.6	31.28	0.58
3	31.6	31.7	31.4	31.7	31.7	32.4	32.0	31.6	32.7	30.5	31.73	0.59
4	31.4	32.1	31.4	32.0	31.6	31.5	30.9	30.8	31.6	31.4	31.47	0.41
5	32.1	31.7	30.9	31.3	32.0	32.1	30.8	31.4	31.9	30.9	31.51	0.52
6	30.3	30.0	30.6	30.9	31.0	31.4	31.6	31.3	31.9	31.8	31.08	0.64
7	32.0	31.6	31.1	31.9	31.6	32.7	31.6	32.2	31.6	31.7	31.80	0.43
8	31.9	30.9	31.1	31.3	31.9	31.3	30.8	30.5	31.4	31.3	31.24	0.45
9	32.7	31.7	31.4	31.7	31.6	30.5	31.7	31.3	32.0	30.8	31.54	0.61
10	32.7	30.3	31.2	32.0	31.3	32.5	31.6	31.3	32.9	30.1	31.59	0.95

第 i 组质量数值标准差 S_i：

$$S_i = \sqrt{\frac{(x_1 - \overline{x_i})^2 + (x_2 - \overline{x_i})^2 + \cdots + (x_{10} - \overline{x_i})^2}{10-1}}$$

式中　$\overline{x_i}$——第 i 组质量数据均值。

$$S_i = \sqrt{\frac{(32.3 - 31.76)^2 + (31.9 - 31.76)^2 + \cdots + (31.9 - 31.76)^2}{9}} = 0.49$$

（3）计算总平均值 $\overline{\overline{x}}$。

$$\overline{\overline{x}} = \frac{\sum_{i=1}^{K} \overline{x_i}}{K} = \frac{31.76 + 31.28 + \cdots + 31.59}{10} = 31.50$$

（4）计算平均标准差值 $\overline{S}$。

$$\overline{S} = \frac{\sum_{i=1}^{K} \overline{S_i}}{K} = \frac{0.49 + 0.58 + \cdots + 0.95}{10} = 0.57$$

（5）计算 $\overline{x}$—S 图中心线和控制界限。

CL、UCL、LCL 的计算，如表 3-10 所示。

表 3-10　控制界限计算表

系数（n=10）	$\overline{x}$	S
B₄=1.716	CL=$\overline{\overline{x}}$ =31.5	CL=$\overline{S}$ =0.57
B₃=0.284	UCL=$\overline{\overline{x}}$ +A₃$\overline{S}$ =31.5+0.975×0.57=32.1	UCL=B₄$\overline{S}$ =1.716×0.57=0.98
A₃=0.975	LCL=31.5-0.975×0.57=30.9	LCL=B₃S=0.284×0.57=0.16

（6）绘制控制图。

如图 3-18 所示。与 $\overline{x}$—R 图相比，$\overline{x}$—S 图提供的信息量大，检出力强，精度高，是项目质量控制的有效方法。

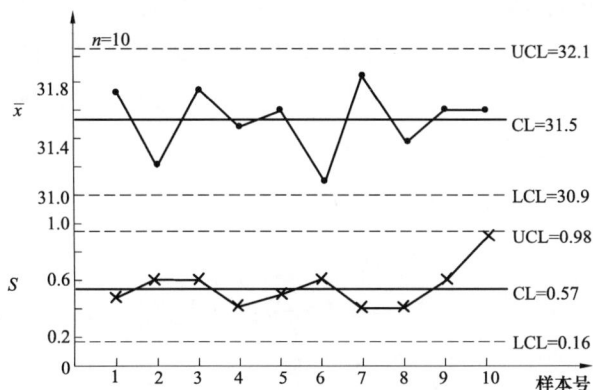

图 3-18　某质量数据 $\overline{x}$—S 控制图

4. 中值与极差控制图（$\tilde{x}$—R 图）

这是将中值控制图（$\tilde{x}$ 图）与极差控制图（R 图）联用的一种形式。一般 $\tilde{x}$ 图位于 R 图的上方。使用 $\tilde{x}$—R 图的目的类似于 $\bar{x}$—R 图，都是为了控制质量数据集中性和离散性，这里只是用中值 $\tilde{x}$ 代替了平均值 $\bar{x}$。

$\tilde{x}$ 图的中心线和控制界限，根据数理统计原理和"3σ"方式，可得：

$$\begin{cases} CL = \bar{\tilde{x}} \\ UCL = \bar{\tilde{x}} + m_3 A_2 \bar{R} \\ LCL = \bar{\tilde{x}} - m_3 A_2 \bar{R} \end{cases} \quad (3-39)$$

式中　$\bar{\tilde{x}}$——样本中值的平均值，若某样本中值为 $\tilde{x}_i$，共有 K 个样本，则：

$$\bar{\tilde{x}} = \frac{\tilde{x}_1 + \tilde{x}_2 + \cdots + \tilde{x}_K}{K} = \frac{\sum\limits_{i=1}^{K} \tilde{x}_i}{K} \quad (3-40)$$

$m_3 A_2$——由样本大小 n 决定的系数，由表 3-11 中查得。

表 3-11　m_3, $m_3 A_2$ 系数表

n	2	3	4	5	6	7	8	9	10
m_3	1.000	1.160	1.092	1.198	1.135	1.214	1.160	1.223	1.176
$m_3 A_2$	1.880	1.178	0.796	0.691	0.549	0.509	0.432	0.412	0.363

R 图的中心线和控制界限的计算同前。$\tilde{x}$—R 图的制作方法与 $\bar{x}$—R 图基本相同，在此不再叙述。

由于用 $\tilde{x}$ 代替了 $\bar{x}$，因此使 $\tilde{x}$—R 图检出项目实施过程不稳定的能力较 $\bar{x}$—R 图差，但简化了计算，便于应用。

5. 单值与移动极差控制图（x—R_S 图）

这是将单值控制图（x 图）与移动极差控制图（R_S 图）联用的一种形式。x—R_S 图的作用与 $\bar{x}$—R 大致相同。

由于单值本身不存在极差，质量数据的离散程度就采用前后两个单值的绝对值表示，称为移动极差 R_S。

根据数理统计原理和"3σ"方式，可得：

单值控制图的中心线和控制界限为

$$\begin{cases} CL = \bar{x} \\ UCL = \bar{x} + 3\dfrac{\bar{R}_S}{d_2} = \bar{x} + E_2 \bar{R}_S \\ LCL = \bar{x} - 3\dfrac{\bar{R}_S}{d_2} = \bar{x} - E_2 \bar{R}_S \end{cases} \quad (3-41)$$

式中　　x——K 个单值的平均值，即 $\overline{x}=\dfrac{\sum\limits_{i=1}^{K}x_i}{K}$；

　　　　d_2——根据样本容量确定的系数，见表 3–4；

　　　　E_2——根据样本容量确定的系数，$E_2=\dfrac{3}{d_2}$，见表 3–12；

　　　　$\overline{R}_S$——移动极差的平均值。

$$\overline{R}_S=\frac{R_{S2}+R_{S3}+\cdots+R_{SK}}{K-1}=\frac{\sum\limits_{i=2}^{K}R_{Si}}{K-1}\qquad(3\text{–}42)$$

式中　　R_{Si}——第 i 个单值与 i–1 个单值之差的绝对值，即：$R_{Si}=\left|x_i-x_{i-1}\right|$。

移动极差控制图的中心线和控制界限是：

$$\begin{cases}CL=\overline{R}_S\\[4pt]UCL=\overline{R}_S+3\dfrac{d_3\overline{R}_S}{d_2}=D_4\overline{R}_S\\[4pt]LCL=\overline{R}_S-3\dfrac{d_3\overline{R}_S}{d_2}=D_3\overline{R}_S\end{cases}\qquad(3\text{–}43)$$

d_3，d_2，D_4，D_3 的意义同前，可由表 3–4 查得。

表 3–12　E_2 数值表

n	2	3	4	5	6	7	8	9	10
E_2	2.68	1.77	1.46	1.29	1.18	1.11	1.05	1.01	0.97

例如，某工程项目，设计混凝土抗压强度 $R_{28}=30\text{MPa}$，要求抗压强度最小值 $R_{28\min}$ 不小于 $0.9R_{28}$，在项目实施过程中，按时间顺序随机抽取 n=1 的 20 组样本，推定其 28 天强度数值 $\hat{R}_{28}$，如表 3–13 所示，试作出 x—R_S 控制图。

表 3–13　x—R_S 控制图数据表

序号	$\hat{R}_{28}$（MPa）	R_S（MPa）	序号	$\hat{R}_{28}$（MPa）	R_S（MPa）
1	30.7		8	33.8	5.1
2	32.7	2.0	9	31.4	2.4
3	29.4	3.3	10	34.1	2.7
4	35.0	5.6	11	36.1	2
5	29.9	5.1	12	33.0	3.3
6	35.6	5.7	13	29.9	3.1
7	28.7	6.9	14	31.9	2

续表

序号	$\hat{R}_{28}$（MPa）	R_S（MPa）	序号	$\hat{R}_{28}$（MPa）	R_S（MPa）
15	36.8	4.9	19	36.1	2.4
16	39.2	2.4	20	33.0	3.1
17	29.3	9.9	合计	660.3	76.1
18	33.7	4.4	平均值	33.0	4.0

① 求移动极差 R_S。

第 2 号样本 $R_{S2} = |32.7 - 30.7| = 2.0$（MPa）

第 3 号样本 $R_{S3} = |29.4 - 32.7| = 3.3$（MPa）

依此类推，可求得各样本的移动极差，见表 3–13。

② 求移动极差平均值 $\bar{R}_S$。

$$\bar{R}_S = \frac{\sum_{i=2}^{K} R_{Si}}{K-1} = \frac{76.1}{19} = 4.0 \text{（MPa）}$$

③ 求平均值 $\bar{x}$。

$$\bar{x} = \bar{\hat{R}}_{28} = \frac{\sum_{i=1}^{K} \hat{R}_{28i}}{K} = \frac{660.3}{20} = 33.0 \text{（MPa）}$$

④ 求 $\bar{x}$ 图的中心线和控制界限。

$$CL = \bar{x} = 33.0 \text{（MPa）}$$
$$UCL = \bar{x} + E_2 \bar{R}_S = 33.0 + 2.66 \times 4.0 = 43.64 \text{（MPa）}$$
$$LCL = \bar{x} - E_2 \bar{R}_S = 33.0 - 2.66 \times 4.0 = 22.36 \text{（MPa）}$$

说明：因为移动极差是前后两个数之差的绝对值，相当于样本容量为 2 的样本极差，因此，按样本容量 $n=2$ 取系数 E_2 值。D_4，D_3，d_3，d_2 的确定同理。

⑤ 求 R_S 图的中心线和控制界限。

$$CL = \bar{R}_S = 4.0 \text{（MPa）}$$
$$UCL = D_4 \bar{R}_S = 3.27 \times 4.0 = 13.08 \text{（MPa）}$$

$LCL = D_3 \bar{R}_S$，因 $n=2$，故 LCL 不存在。

⑥ 作出控制图。为掌握混凝土强度合格状况，在控制图上加设合格控制下限 T_L。

$$T_L = 0.9 \times 30 = 27 \text{（MPa）}$$

x 图位于 R_S 图的上方，如图 3–19 所示。

采用 x—R_s 图时，不用对数据进行分组，不用计算各样本的平均值或选择中位数，因此简单易行。x—R_s 图一般适宜于下述情况。

（1）因费用、时间、测试难度等因素，只能得到一个测试值。

（2）需及时发现并消除异常因素。

（3）质量均衡性好，不需要多个测试值来求得 $\bar{x}$。

但 x—R_s 图精度差，检出力差，只要能一次得到两个以上的测试值，一般不采用这种控制图。

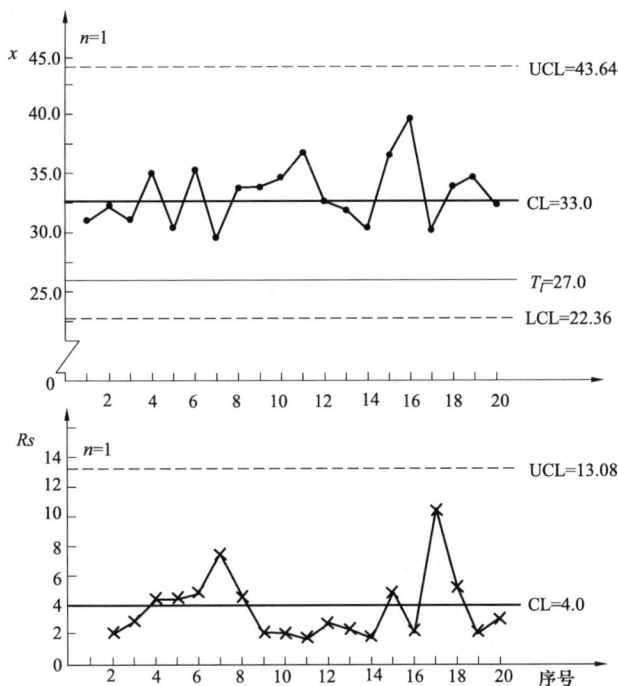

图 3-19 x—R_s 图

6. 移动平均值与移动标准值控制图（$\bar{x}_K$—S_K 图）

$\bar{x}_K$—S_K 图是在每次只能取得一个单值，而又想弥补 x—R_s 图的不足而设计的。

移动平均值 $\bar{x}_K$ 就是预先确定一个合适的移动值 K（计算移动平均值所取连续单值的个数），一般取 K=4～6，若取 K=5，则将第 1～5 个单值的平均值作为第一个移动平均值，

第 2～6 个单值的平均值作为第二个移动平均值，依此类推。即：

$$\bar{x}_{K_1} = \frac{\sum_{i=1}^{5} x_i}{5} \; ; \quad \bar{x}_{K_2} = \frac{\sum_{i=2}^{6} x_i}{5} \; ; \quad \cdots$$

同理可得移动标准差 S_K：

$$S_{K_1} = \sqrt{\frac{\sum_{i=1}^{5}(\overline{x}_{K_1} - x_i)^2}{5-1}}$$

$$S_{K_2} = \sqrt{\frac{\sum_{i=2}^{6}(\overline{x}_{K_2} - x_i)^2}{5-1}}$$

如此变换后，即可作出移动平均值与移动标准差（$\overline{x}_K$—S_K）控制图。$\overline{x}_K$—S_K 图的中心线和控制界限的确定与 $\overline{x}$—S 图一致。采用 $\overline{x}_K$—S_K 图在不增加测试（试验）次数的情况下，可提高控制图的检出力和精度。

7. 移动平均值与移动极差控制图（$\overline{x}_K$—R_K 图）

$\overline{x}_K$—R_K 图的基本原理与 $\overline{x}_K$—S_K 相同，即采用 4~6 个连续的单值计算移动平均值 $\overline{x}_K$ 和移动极差 R_K，最后作出控制图。

$\overline{x}_K$—R_K 图的中心线和控制界限的确定同 $\overline{x}$—R 图。显然，$\overline{x}_K$—R_K 图的检出力和精度要比单值控制图高。

3.4.3 计数值控制图

计数值控制图的控制对象是质量数据中的计数值，如缺陷数、不合格品数、不合格品率、单位缺陷数等。

1. 不合格品数控制图（Pn 图）

这是用不合格品数控制项目、工序质量作出的控制图。

在项目实施过程中，若质量状况相当稳定，则项目交付物的不合格品率比较固定。设过程平均不合格率为 $\overline{P}$，样本大小为 n，则 $\overline{P}n$ 为样本中的平均不合格品数。如果项目实施过程处于稳定或统计的控制状态下，则无论是不合格品数还是不合格品率，其变化范围都很小。反之，则变化较大。若规定一个不合格品数或不合格品率的界限，则当不合格品数或不合格品率超出该界限时，就说明生产过程发生了异常变化。不合格品数控制图或不合格品率控制图就是根据上述基本原理实施控制的。

（1）Pn 图中心线和控制界限的确定。根据概率分布理论，从一批稳定状态下生产出的大量产品中，随机抽取大小为 n 的样本，若出现不合格品的概率为 P，样本中不合格品数为 r，则 r 服从二项分布，当 P 较小而 n 足够大时，r 的分布趋于正态分布 $N(nP, \sqrt{nP(1-P)})$。按照"3σ"方式可得 Pn 图的中心线和控制界限：

$$\begin{cases} CL = nP \\ UCL = nP + 3\sqrt{nP(1-P)} \\ LCL = nP - 3\sqrt{nP(1-P)} \end{cases} \qquad (3\text{--}44)$$

若出现不合格品的概率 P 未知，则可用样本平均不合格率 $\overline{P}$ 估计，即：

$$\begin{cases} CL = n\overline{P} \\ UCL = n\overline{P} + 3\sqrt{n\overline{P}(1-\overline{P})} \\ LCL = n\overline{P} - 3\sqrt{n\overline{P}(1-\overline{P})} \end{cases} \qquad (3\text{--}45)$$

实际应用中，当 $\overline{P} < 0.01$ 时，可以认为 $1 - \overline{P} \approx 1$，则 Pn 图的控制界限的计算公式可简化为：

$$\begin{cases} UCL = n\overline{P} + 3\sqrt{n\overline{P}} \\ LCL = n\overline{P} - 3\sqrt{n\overline{P}} \end{cases} \qquad (3\text{--}46)$$

Pn 图要求样本容量为一定值，即所有样本的大小一致。使用这种控制图时，样本中应含有 1～5 个不合格品，即 $Pn=1$～5。若 Pn 常为 0，则该控制图失去作用。根据经验，常取 $n \geqslant 50$。总体不合格品率太小时，不宜采用这种控制图。

（2） Pn 图的作法。

1）如果已有反映不合格品数分布状况的经验数据（均值和标准差），则可根据这些数据确定中心线和控制界限。

2）如果没有可靠的经验数据，则应按以下步骤确定中心线、控制界限和作图。

① 一般按时间顺序将项目产品分为若干群，从每群中取样本容量为 n 的样本 10～25 组，每组的样本容量应相等。

② 查清每个样本中的不合格品数，计算每个样本的不合格品率 P_i。

$$P_i = \frac{r_i}{n} \qquad (3\text{--}47)$$

式中　r_i——第 i 个样本中所含不合格品的个数。

③ 计算样本平均不合格品率 $\overline{P}$。

$$\overline{P} = \frac{\sum\limits_{i=1}^{K} P_i}{K} \qquad (3\text{--}48)$$

式中　K——样本个数。

④ 计算中心线和控制界限。

⑤ 作图。

例如，某项目需要加工一批构件。为了使构件的加工质量处于控制之中，在加工过程中，每天抽取 50 件进行质量检验，其中所含不合格品数如表 3-14 所示。试制作 Pn 控制图。

表 3-14　Pn 图数据表

样本号	抽样时间	样本容量	不合格品数 r	不合格品率 P
1	10 月 2 日	50	2	0.04
2	10 月 3 日	50	1	0.02
3	10 月 4 日	50	3	0.06
4	10 月 5 日	50	0	0
5	10 月 6 日	50	2	0.04
6	10 月 7 日	50	2	0.04
7	10 月 8 日	50	1	0.02
8	10 月 9 日	50	3	0.06
9	10 月 10 日	50	0	0
10	10 月 11 日	50	1	0.02
11	10 月 12 日	50	3	0.06
12	10 月 13 日	50	1	0.02
13	10 月 14 日	50	2	0.04
14	10 月 15 日	50	1	0.02
15	10 月 16 日	50	2	0.04
16	10 月 17 日	50	2	0.04
17	10 月 18 日	50	2	0.04
18	10 月 19 日	50	1	0.02
19	10 月 20 日	50	3	0.06
20	10 月 21 日	50	1	0.02
21	10 月 22 日	50	1	0.02
22	10 月 23 日	50	2	0.04
23	10 月 24 日	50	1	0.02
24	10 月 25 日	50	3	0.06
25	10 月 26 日	50	1	0.02

⑥ 计算各样本的不合格品率 P_i。

$$P_1 = \frac{2}{50} = 0.04 , \quad P_2 = \frac{1}{50} = 0.02 , \quad \cdots$$

计算结果列于表 3-14 之中。

⑦ 计算样本平均不合格品率 $\overline{P}$。

$$\overline{P} = \frac{0.04 + 0.02 + \cdots + 0.02}{25} = 0.032\,8 \approx 0.033$$

⑧ 计算中心线和控制界限。

$$CL = n\overline{P} = 50 \times 0.033 = 1.6 \text{（件）}$$

$$UCL = n\overline{P} + 3\sqrt{n\overline{P}(1-\overline{P})} = 1.6 + 3\sqrt{1.6(1-0.033)} = 5.3 \text{（件）}$$

$$LCL = n\overline{P} - 3\sqrt{n\overline{P}(1-\overline{P})} = 1.6 - 3\sqrt{1.6(1-0.033)} = 1.6 - 3.7 = -2.1 \text{（件）}$$

因为不合格品数不可能为负值，故 LCL 不存在。

⑨ 作图，如图 3–20 所示。

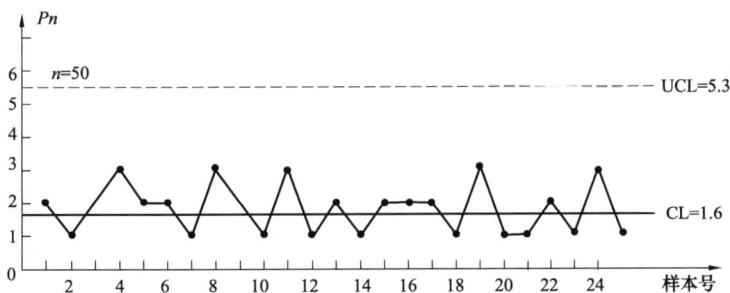

图 3–20　Pn 图

2. 不合格品率控制图（P 图）

这是用不合格品率来控制项目、工序质量的计数值控制图。除不合格品率以外，凡是服从二项分布的计数值数据，如合格品率、废品率等，都可以采用 P 控制图。P 控制图是计数值控制图中应用较广泛的一种。

由于样本中所含不合格品数 r 与不合格品率 P 存在如下关系。

$$\frac{r}{n} = \frac{Pn}{n} = P$$

所以，将 Pn 图的中心线和控制界限除以 n，则可得到 P 图的中心线和控制界限。

$$\begin{cases} CL = P \\ UCL = P + 3\sqrt{\dfrac{1}{n}P(1-P)} \\ LCL = P - 3\sqrt{\dfrac{1}{n}P(1-P)} \end{cases} \tag{3-49}$$

若用样本平均不合格品率 $\overline{P}$ 估计 P，则有：

$$
\begin{cases}
\text{CL} = \bar{P} \\
\text{UCL} = \bar{P} + 3\sqrt{\dfrac{1}{n}\bar{P}(1-\bar{P})} \\
\text{LCL} = \bar{P} - 3\sqrt{\dfrac{1}{n}\bar{P}(1-\bar{P})}
\end{cases}
\tag{3-50}
$$

实际应用中，当 $\bar{P} < 0.01$ 时，即可认为 $1 - \tilde{P} \approx 1$，则 P 图的控制界限的计算公式可以简化为

$$
\begin{cases}
\text{UCL} = \bar{P} + 3\sqrt{\dfrac{\bar{P}}{n}} \\
\text{LCL} = \bar{P} - 3\sqrt{\dfrac{\bar{P}}{n}}
\end{cases}
\tag{3-51}
$$

对于 Pn 图和 P 图来说，实际起控制作用的是 UCL，若点子超出 UCL，表明项目实施过程发生了不利变化，应采取措施加以解决。CL 表明不合格品数（Pn 图）或不合格品率（P 图）的平均水平。LCL 只表明实施过程是否发生变化，即使点子超出了 LCL，也只表明实施过程更加稳定，产品精度得到了进一步提高。因此，有时在 Pn 图或 P 图中，可以不画出 LCL。

3. 缺陷数控制图（C 图）

缺陷数控制图即 C 图，类似于 P 图或 Pn 图，是计数值控制图。这是当一定单位（如单位长度、面积、体积等）n 始终固定时，用于控制像混凝土表面蜂窝等缺陷数的控制图。

缺陷与不合格品的区别是：缺陷是产品存在的毛病或不足，每一个产品可能有一个或若干个缺陷。不合格品是指产品不符合标准或用户的要求。有缺陷的产品可能是不合格产品，也可能是合格产品，需就具体情况而定。缺陷数控制图考虑的是每一个单位产品有多少个或多少种缺陷，与 P 图和 Pn 图的控制对象不同。

一个单位产品的缺陷可能有好几种，因此可以把各种缺陷分开考察，亦可将各种缺陷放在一起考察，这些问题在作图前都必须明确。

采用抽样方法获取缺陷数。抽样时，可以取一个产品（如一块砖、一件预制块）作为一个样本，也可取每一段产品作为一个产品单位，如 1m（长度）隧道、1m² 混凝土面等。无论一个产品也好，或一段产品也好，都称为一个样本。

根据数理统计原理和"3σ"方式，C 图的中心线和控制界限的计算公式是：

$$\begin{cases} CL = \bar{C} = \dfrac{\sum\limits_{i=1}^{k} C_i}{K} \\ UCL = \bar{C} + 3\sqrt{\bar{C}} \\ LCL = \bar{C} - 3\sqrt{\bar{C}} \end{cases} \qquad (3\text{-}52)$$

式中　$\bar{C}$——样本中的平均缺陷数。

例如，已知某项目缺陷数的统计资料如表 3-15 所示，试作出 C 图。

表 3-15　缺陷数

样本号	1	2	3	4	5	6	7	8	9	10
缺陷数	2	3	0	1	1	3	2	2	3	1
样本号	11	12	13	14	15	16	17	18	19	20
缺陷数	1	3	3	2	1	2	1	1	3	2

① 计算 $\bar{C}$。

$$\bar{C} = \frac{\sum\limits_{i=1}^{k} C_i}{K} = \frac{2 + 3 + \cdots + 2}{20} = 1.85 \text{（个）}$$

② 计算 CL、UCL、LCL。

$$CL = \bar{C} = 1.85 \text{（个）}$$

$$UCL = \bar{C} + 3\sqrt{\bar{C}} = 1.85 + 3 \times \sqrt{1.85} = 5.93 \text{（个）}$$

$$LCL = \bar{C} - 3\sqrt{\bar{C}} = 1.85 - 3 \times \sqrt{1.85} = -2.23 \text{，不存在}$$

③ 作图（图 3-21）。

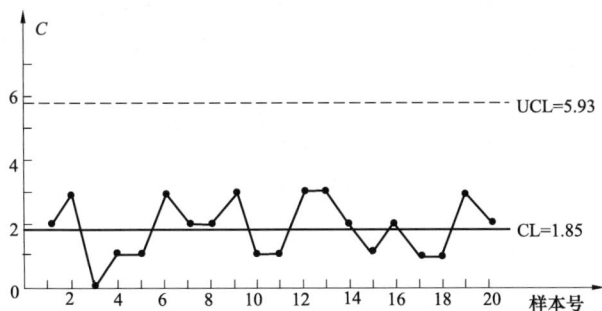

图 3-21　缺陷数控制 C 图

4. 单位缺陷数控制图（U 图）

当样本的单位数 n 不固定时，则需将其缺陷数换算成标准单位（长度、面积或体积）的缺陷数来进行控制，在这种情况下可采用单位缺陷数控制图。

单位缺陷数 U：

$$U = \frac{C}{n} \quad (3-53)$$

式中　C——样本中的缺陷数；

　　　n——样本中的单位数。

CL、UCL、LCL 的确定，根据数理统计原理和"3σ"方式可得：

$$\begin{cases} \mathrm{CL} = \bar{U} = \dfrac{\displaystyle\sum_{i=1}^{k} c_i}{\displaystyle\sum_{i=1}^{k} n_i} \\[3mm] \mathrm{UCL} = \bar{U} + 3\sqrt{\dfrac{\bar{U}}{n}} \\[3mm] \mathrm{LCL} = \bar{U} - 3\sqrt{\dfrac{\bar{U}}{n}} \end{cases} \quad (3-54)$$

式中，$\bar{U}$——单位缺陷数的平均值。

例如，某工程项目，就室内抹灰质量情况分 20 批进行缺陷状况检验，结果如表 3-16 所示。试作出单位缺陷数控制图。

表 3-16　抹灰缺陷状况统计表

批　号	1	2	3	4	5	6	7	8	9	10
共查点 n_i	60	60	60	60	60	60	54	58	50	60
缺陷数 c_i	8	6	5	5	4	3	3	4	2	4
缺陷率（%）	13.3	10.0	8.3	8.3	6.7	5.0	5.6	6.9	4.0	6.7
批　号	11	12	13	14	15	16	17	18	19	20
共查点 n_i	56	54	60	50	56	60	58	58	60	58
缺陷数 c_i	5	4	4	4	6	6	7	6	5	5
缺陷率（%）	8.9	7.4	6.7	8.0	10.7	10.0	12.1	10.3	8.3	8.6

（1）计算 $\bar{U}$。

$$\bar{U} = \frac{\displaystyle\sum_{i=1}^{k} c_i}{\displaystyle\sum_{i=1}^{k} n_i} = \frac{8+6+5+\cdots+5}{60+60+60+\cdots+58} = \frac{96}{1152} = 8.33\%$$

（2）计算中心线和控制界限。由于分批检查点个数 n 不同，但都在 50～60 之间，相差不大（ $n_{\max} < 2\bar{n}$ ， $n_{\min} > 1/2\bar{n}$ ），所以利用平均检查点数 $\bar{n}$ 计算中心线和控制界限，以简化作图。

$$\bar{n} = \frac{\sum_{i=1}^{k} n_i}{K} = \frac{60 + 60 + \cdots + 58}{20} = \frac{1152}{20} = 57.6$$

则　　 $CL = \bar{U} = 8.33\%$ ， $UCL = \bar{U} + 3\sqrt{\dfrac{\bar{U}}{n}} = 8.33 + 3 \times \sqrt{\dfrac{8.33}{57.6}} = 9.47\%$

$$LCL = \bar{U} - 3\sqrt{\frac{\bar{U}}{n}} = 8.33 - 3 \times \sqrt{\frac{8.33}{57.6}} = 7.19\%$$

（3）作图（图 3–22）。

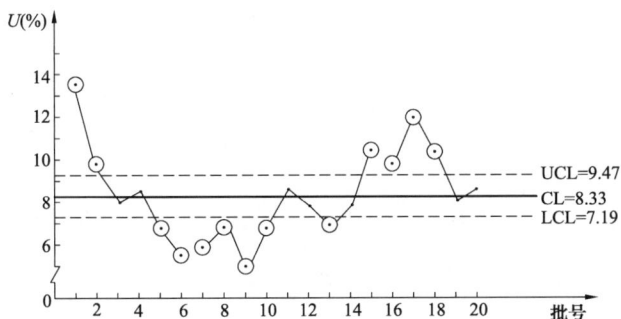

图 3–22　单位缺陷数控制 U 图

对于 C 图和 U 图来说，若点子越出下控制界限 LCL，只能说明项目实施过程更加稳定。因此，在这类控制中也可以不画出下控制界限。

3.4.4　控制图的观察与分析

作控制图的目的，是为了利用控制图控制项目、工序或工作质量，使项目实施过程或工作过程处于"控制状态"。所谓控制状态，是指项目实施过程仅受到偶然因素的影响，其产品质量特性统计量的分布基本上不随时间变化。反之，则称非控制状态或异常状态。对控制图观察分析的依据是统计经验所得到的简单规律。

1. 处于控制状态的标准

判定项目实施过程处于控制状态的标准，可归纳为以下两条。

（1）控制图上的点不超过控制界限。

（2）控制图上点的排列分布没有缺陷。

同时满足以上两条标准，则可判断控制图所代表的项目实施过程处于控制状态。此时，控制图的控制界限可以作为以后控制项目实施过程所遵循的可靠依据。

就上述标准需作下列说明。

1）就第一条标准而言，在下列情况下可以认为基本满足。

① 连续 25 点以上处于控制界限内。

② 连续 35 点中，最多仅有 1 点超出控制界限。

③ 连续 100 点中，不多于 2 点超出控制界限。

在第②、③种情况下，虽可判定项目实施过程基本满足第一条标准，但就控制界限外的点本身，终究是异常点，需要密切注意，并追查原因加以处理。

2）凡点子恰好在控制界限上，均作为超出控制界限处理。

3）点的分布排列无缺陷，是指点的排列分布形态未出现"链"、"周期"、"偏离"、"接近"、"倾向"等异常状态。

2. 控制图上点的排列分布缺陷

（1）链。点连续出现在中心线一侧的现象称为链，链的长度用链内所含点的数量来度量。

在正常状态下，点子在中心线两侧应是等概率随机分布的，概率各为 50%，每一点的分布并不受前一点的影响，相互独立。

根据概率理论，在中心线一侧连续出现 n 点的概率为：

$$P\{\text{连续 } n \text{ 点出现在中心线一侧}\} = \left(\frac{1}{2}\right)^n \qquad (3\text{--}55)$$

根据式 3–55 可得，连续 5 点出现在中心线一侧的概率为 3.1%；连续 6 点出现在中心线一侧的概率为 1.6%；连续 7 点出现在中心线一侧的概率为 0.78%。可见，n 越大，概率越小，即出现的可能性越小。由此可得到以下判别准则。

1）出现 5 点链，应引起警惕，注意发展情况。

2）出现 6 点链，就应查找原因。

3）出现 7 点链，判为异常，应采取措施。出现"链"的原因，通常是项目实施过程中存在着使分布中心偏移的因素。"链"的形态如图 3–23 所示。

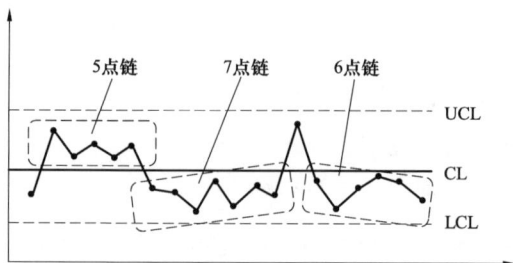

图 3–23 "链"的形态

（2）偏离。较多的点间断地出现在中心线一侧时称为偏离。出现下列情况之一者判为异常。

1）连续 11 点中至少有 10 点出现在中心线一侧，如图 3–24 所示。

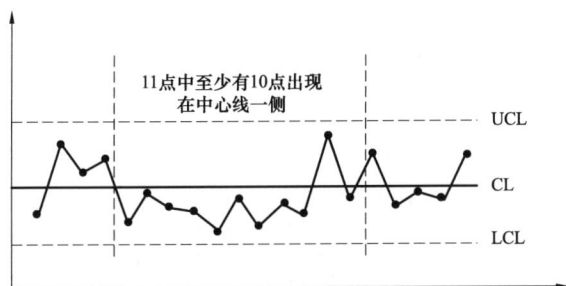

图 3–24　"偏离"的形态

2）连续 14 点中至少有 12 点出现在中心线一侧。

3）连续 17 点中至少有 14 点出现在中心线一侧。

4）连续 20 点中至少有 16 点出现在中心线一侧。

出现上述情况，在正常状态下都属于小概率事件。例如，连续 20 点中至少 16 点出现在中心线一侧的概率为：

$$P\{20点中至少16点在同一侧\} = C_{20}^4 \cdot P^4 \cdot q^{20-4}$$

式中，$p = q = \dfrac{1}{2}$。

所以　　　　　　　$$P = C_{20}^4 \times \left(\dfrac{1}{2}\right)^2 \times \left(\dfrac{1}{2}\right)^{16} = 0.59\%$$

一般小概率事件是不会发生的，一旦发生，即可判为异常。出现偏离的原因是在项目实施中存在着使分布中心偏离的因素。

（3）倾向。若干点连续上升或下降的现象称为倾向，判别准则如下。

1）连续 5 点不断上升或下降的趋向，应注意操作方法。

2）连续 6 点不断上升或下降的趋向，应调查分析原因。

3）连续 7 点不断上升或下降的趋向（图 3–25），判断为异常，需采取措施。

根据概率理论，出现 n 点倾向的概率为：

$$P_n = \dfrac{2}{n!} \tag{3-56}$$

经计算算得 $P_5 = 1.6\%$，$P_6 = 0.28\%$，$P_7 = 0.039\%$。

可见，在正常情况下，出现 7 点倾向的概率尚不到万分之四。因此，一旦出现这种情况，则可以认为项目实施过程出现异常。

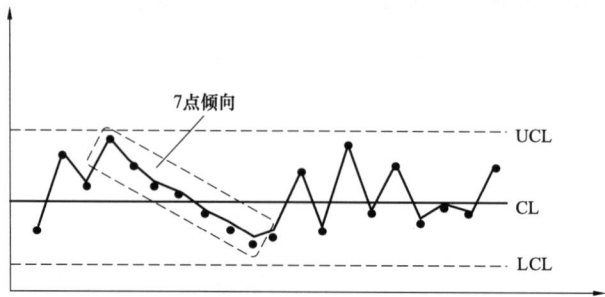

图 3–25 "倾向"的形态

有的控制图有可能还会出现广义的倾向：虽相邻点有上有下，但从整体上观察显示出上升或下降的趋势。出现这一情况，表明项目实施过程可能存在异常因素，应及时发出信号，进行因果分析，迅速改善这种状态。

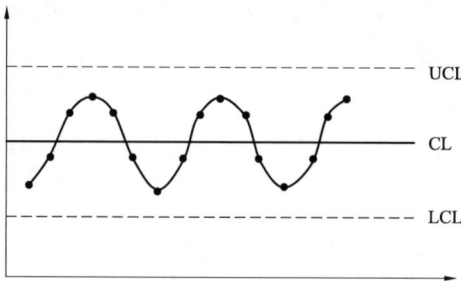

图 3–26 "周期"形态

（4）周期。点的上升或下降出现明显的一定间隔称为周期。如图 3–26 所示。

出现周期性排列，表明可能存在着引起周期性作用的因素。这时即使点子都在控制界限内，也应查找是否存在异常因素。

（5）接近。图上的点接近中心线或上下控制界限的现象称为接近。接近存在以下几种状态。

1）点集中在中心线附近（图 3–27）。

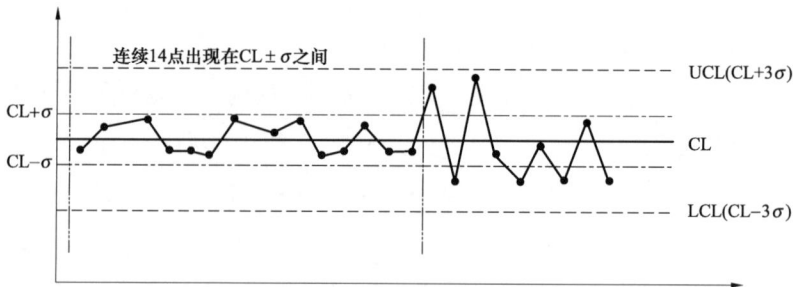

图 3–27 点集中在中心线附近

点连续出现在 $CL \pm 0.5\sigma$ 之间，称点子接近中心线。若是连续 6 点出现在 $CL \pm 0.5\sigma$ 之间或连续 14 点出现在 $CL \pm \sigma$ 之间，则判为异常。这些都是小概率事件，出现的概率分别如下。

1 个点出现在 $CL \pm 0.5\sigma$ 之间的概率是：

$$P(x=1) = \phi(0.5) - \phi(-0.5) = 1 - 2\phi(-0.5)$$

查正态分布表得 $\phi(-0.5) = 0.308\,5$。所以，$P(x=1) = 1 - 2 \times 0.308\,5 = 0.383$。

连续 6 点出现在 $CL \pm 0.5\sigma$ 之间的概率是：

$$P(x=6) = 0.383^6 = 0.003\,2$$

同理可得，连续 14 点出现在 $CL \pm \sigma$ 之间的概率为 0.004 8。这些小概率事件的发生表明出现了异常。若数据存在某种虚假成分也可能产生这种现象。

2）点集中在控制界线。点出现在 $CL \pm 2\sigma$ 至 $CL \pm 3\sigma$ 之间，称为接近控制界线。若出现以下情况，则判为异常：连续 3 点中有 2 点；连续 7 点中至少有 3 点；连续 10 点中至少有 4 点（图 3–28）。

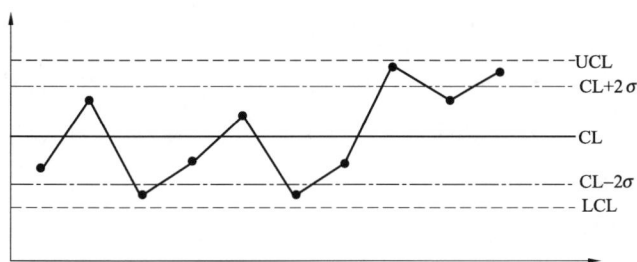

图 3–28　点接近控制界线

上述三种情况都是小概率事件，例如，出现第二种情况的概率仅为 0.001 4。因此，若出现这些情况，即可判为异常。

点接近控制界线的原因可能是控制不严，质量波动太大，应迅速查清原因并加以消除。

3.4.5　控制图的应用

1. 分析用控制图与管理用控制图

按照控制图的用途，可将其分为分析用控制图与管理用控制图两类。

分析用控制图，主要用于调查工序或工作过程是否处于控制状态，是否发生了异常，从而得到总体平均值和标准差的估计值，为确定控制界限提供较为准确的依据。当分析用控制图中的点越出控制界限或排列有缺陷时，应查明原因，并将有关数据予以剔除，用剩下的数据重新计算控制界限，再次判断修正后的控制图是否表明项目实施过程已处于控制状态。

管理用控制图主要用于控制工序或工作状态，使之处于控制之中。当根据分析用控制图判明生产过程已处于控制状态时，一般将分析用控制图的控制界限延长，作为管理用控制图的控制界限。随着项目的进行，定期从工序中抽取样本，计算出与控制图相适应的统计量，在控制图上打点并观察分析点子是否越出界限或出现排列缺陷。一旦有点子越出界限或排列异常，则找出异常因素，并采取有效措施加以消除。然后将措施纳入"标准"，使该异常因素不再重现。这样，就能使工序经常保持控制状态。

分析用控制图的控制界限一般用虚线"- - - - - - -"表示；管理用控制图的控制界限一般用点划线"-·-·-·-·-"表示。

2. 控制图的使用及注意事项

（1）使用控制图控制项目质量。

1）控制对象的选择。用控制图控制项目质量，其控制对象可以是项目（工序）质量综合指标，也可以是单项指标；可以是计量数据，也可以是计数值。但必须抓住关键，这个关键就是反映某项目（工序）质量的主要指标或项目。在具体选择过程中应该考虑以下几点。

① 不仅要选择最终的项目产品的质量特性作为控制对象，同时应考虑项目的阶段产品、工序、原材料的质量的特性。

② 尽量选择便于测定、便于处理的质量指标。

③ 从技术、经济的角度难于直接测定的质量特性，可选用与之密切相关的代用特性。

2）用控制图控制项目质量的实施步骤。

① 选定控制对象。

② 选定控制图并确定数据采集方法。

③ 将收集的数据制作直方图并与规格界限相比较，若不能满足，则应提高工序能力，然后重新采集数据。

④ 制作分析用控制图。

⑤ 判断控制对象是否处于控制状态。

⑥ 若异常，追查原因并加以消除，使作业条件标准化，防止再次发生异常，剔除异常数据，重新制作分析用控制图。

⑦ 延长正常的分析用控制图的控制界限，制作管理用控制图。

⑧ 定期抽样、测定、计算并记入管理用控制图，观察分析点的动态，发现异

常及时处理，保证控制对象处于控制状态。

在项目质量控制中，一旦原材料、机具等发生明显变化时，则需重新制作控制图。

上述步骤可以归纳为图 3-29。

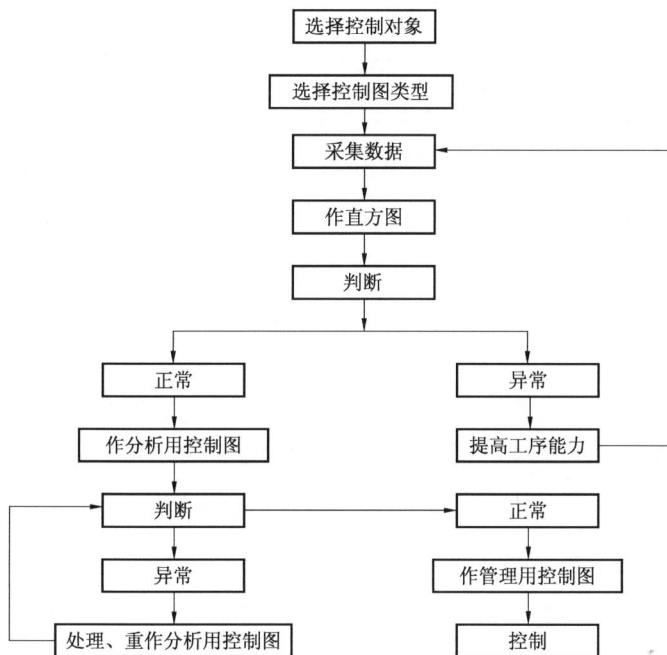

图 3-29 用控制图实施项目质量控制的步骤

（2）使用控制图的注意事项。

1）只有在项目（工序）实施过程处于正常稳定状态下，所确定的控制界限才有意义。所以，在确定控制界限以前，首先必须对工序状态加以判断。

2）在项目质量控制图中，除了需要标出 $\pm 3\sigma$ 控制界限外，有时还需要标出 $\pm 2\sigma$ 或其他数值的控制界限。如果设控制界限为 $\mu \pm t\sigma$，则 $t=3$ 时，控制界限就是 $\mu \pm 3\sigma$；$t=2$ 时，控制界限即为 $\mu \pm 2\sigma$。均值 μ 和标准差 σ 的计算，就控制图种类的不同而不同，这在前面的内容中已作介绍，不再重复。

3）经过长时间使用的控制图，应根据情况对控制界线进行修订。一般来说，出现下列情况时，需重新确定控制界线。

① 控制对象的基本条件明显改变。如作业条件、工艺方法、原材料等发生了明显变化。

② 连续使用较长时间（一般在 3 个月以上）时，亦需重新确定。

3.5 相关分析

3.5.1 相关关系

在理论和实践中，处于一定统一体的各因素（变量）之间大致存在三种关系：相互独立、确定性关系和相关关系。

相互独立：两个因素间，一个因素的变化不会直接引起另一因素的变化，或者有所变化，但这种变化可以忽略不计时，就可以认为两个因素之间是相互独立的。

确定性关系：A、B 两变量之间，若 A 发生变化，则 B 也随之改变，且有一个较为确定的值与之相对应。因此，如果给变量 A 某一个数值，则可得到变量 B 的一个对应值。

相关关系：两变量之间，当一个变量随机地变化时，只能大体上知道另一个变量也会以某种形式发生变化，但却不能得到其精确的对应值，两个变量之间的这种关系被称为相关关系。在数理统计学中，两变量 x 和 y，若对应其中任意随机变量的每一可能的数值，都有另一随机变量的一个确定的分布，则称两个随机变量存在相关关系。上述概念同样适用于多变量之间的关系，一般两变量间的相关关系称为单相关，而多变量间的相关关系称为复相关。

分析项目质量数据时所遇到的两个或多个变量之间的关系，绝大多数是相关关系。常见有下述几种相关关系。

（1）两个质量特性（指标）之间的相关关系。

（2）要因与质量特性之间的相关关系。

（3）因素之间的相关关系，即当两个因素同时作用于某质量特性时，其相互之间的相关关系。

质量特性之间、要因与质量特性之间、因素之间是否存在相互关系？相关程度如何？需要采用一定的方法加以分析研究后才能作出答复。这种方法就是相关分析法。

3.5.2 相关分析法

分析、判断、研究变量之间是否存在相关关系并明确相关程度的方法，就是相关分析法。常用的相关分析法有定性分析法和定量分析法。

1. 定性分析法

常用的定性分析法是散布图法。

散布图又称相关图，是用于分析两变量之间相关关系的一种图示方法。将两个变量相对应的数值列出，并用点描绘在坐标纸上，观察两变量之间是否存在某种关系，这种图就叫作散布图。在散布图中，一般用横坐标表示自变量 x，用纵坐标表示因变量 y。其基本格式如图 3-30 所示。

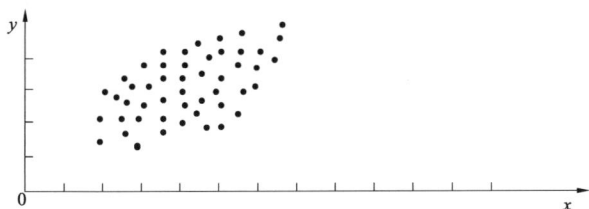

图 3-30　散布图

（1）散布图的绘制方法。首先收集需调查分析其是否有相关关系的两个变量相对应的数据，两数据 x 与 y 要一一对应。为保证必要的判断精度，至少要 30 对以上，并要弄清楚数据的来历，尽可能使用近期数据。

在坐标纸上画出坐标轴。在坐标轴上划分刻度时，应取恰当的比例，使 x 轴、y 轴的单位长度大体相等，否则数据相关的直观性不强。

根据所收集的数值 x、y，以坐标点的形式，一一将其标注于直角坐标系中，若有两对数据，甚至更多对数据落在同一位置上，则用不同的符号予以标注。

（2）散布图的观察分析。通过观察散布图上点的分布状况，可以看出两种数据之间是否有相关关系，以及关系的密切程度。在散布图中，当 x 值增大时，y 值有相应增大或减小趋势，则认为两个变量之间存在相关关系。否则不相关。

实际作出的散布图多种多样，但归纳起来，有以下几种类型（图 3-31）。

1）强正相关，如图 3-31（a）所示。x 增加，y 也随之明显增加，说明 x 与 y 关系密切。在此情况下，只要控制 x，y 也就能随之得到控制。

2）弱正相关，如图 3-31（b）所示。x 增加，y 也随之大体上增加。但是，点的排列方式不如强正相关直观，这时因为 y 可能受到 x 以外因素的影响。在此情况下，需要寻找 x 以外的因素。

3）弱负相关，如图 3-31（c）所示。x 增加，y 随之大致减少，说明除 x 外，还有其他因素影响着 y。

4）强负相关，如图 3-31（d）所示。x 增加，y 随之明显减少，x 与 y 关系密切，只要控制 x，y 也就得到了控制。

5）不相关，如图 3–31（e）所示。x 的变化对 y 无任何影响。

6）非线性相关，如图 3–31（f）所示。x 与 y 之间有一定关系，但不是线性关系，而是曲线关系。非线性相关也有强弱之分。

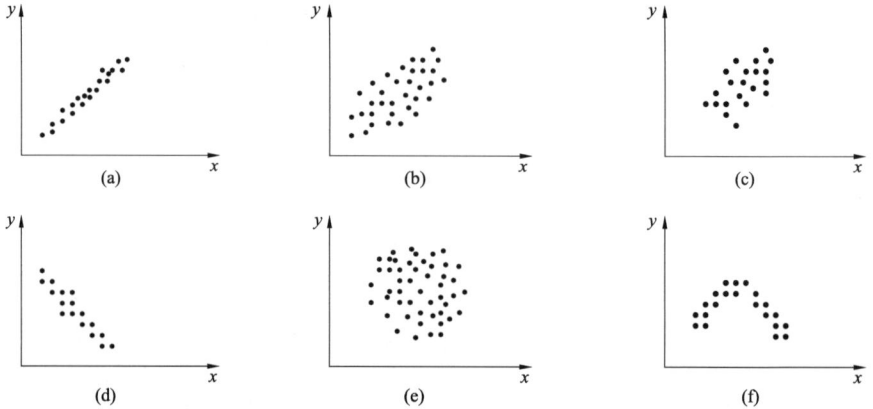

图 3–31　散布图的几种基本形式

（a）强正相关；（b）弱正相关；（c）弱负相关；（d）强负相关；（e）不相关；（f）非线性相关

（3）散布图应用要点。

1）作散布图时，首先要注意对数据进行合理分层，否则可能得出错误的判断。如果不分层，有时从整体上观察不到两变量之间的相关性，但分层后却显示出相关关系；反之，也可能在不合理的过细分层情况下显现不出变量间的相关性，而从整体上观察却存在相关关系。

2）对明显偏离群体的点，应查明原因。对被确定为异常的点应剔除。

3）在使用和判定散布图时，只能在图中试验的数据范围之内，不得任意外延。若需应用外延部分时，可以在外延部分作补充试验，扩大散布图的范围；当试验条件变化较大时，则应按要求的扩大范围重新进行试验或观测，用得到的数据重新绘制散布图。

4）通过观察散布图，若存在强相关性（线性或非线性），则应作进一步的定量相关分析和回归分析，确定相关程度及回归方程式；若为弱相关性，则应考虑是否受到其他因素的影响，并将数据分层或合并进一步观察其相关关系的变化；若不相关，则可作出两变量无任何关系的判断。

5）应确定在什么条件下相关。一般来说，实验条件范围应大于使用条件的范围，才可能把项目实施中可能出现的情况都包括在内，该散布图才有较好的实用价值。有时条件变化了，相关趋势也可能发生变化。所以，可以说相关是有条件的，只有符合某些条件，才可能出现某种相关情况，这就需要明确相关的条件。

6）散布图不能反映相关的原因，所以，应对两类数据间的关系进行技术性研究，以确定是否可以认为它们有相关关系。

对散布图的观察，虽然可以对变量间的相关趋势作出大致的估计，但是由于缺乏客观的统一标准，因此可靠性较低，且由于判断者的主观经验不同，可能会得出不同的结论，所以通过作散布图来直观地判定两个因素或两个指标之间的相关性，只能说是一种定性判断的方法。在实际工作中，为提高判断精度，还必须采用定量分析法。

2. 定量分析法

变量间是否相关，相关的程度如何，可以根据数理统计原理作出统计性的判断。这种统计判断方法称为相关检验，这是一种定量分析方法。常用的相关检验方法有相关系数检定法和中位数检定法。

（1）相关系数检定法。相关系数是判断变量间相关关系密切程度的一个定量指标。

根据数理统计原理所得出的相关系数的表达式为：

$$r = \frac{L_{xy}}{\sqrt{L_{xx} \cdot L_{yy}}} \tag{3-57}$$

式中　r ——相关系数；

　　L_{xy} ——x、y 的协方差，亦称为偏差积和。

$$L_{xy} = \sum_{i=1}^{n} (x_i - \overline{x})(y_i - \overline{y}) = \sum_{i=1}^{n} x_i y_i - \frac{1}{n} \sum_{i=1}^{n} x_i \sum_{i=1}^{n} y_i \tag{3-58}$$

式中　$\overline{x}$ ——变量 x 的均值；

　　$\overline{y}$ ——变量 y 的均值；

　　n ——数据组数；

　　L_{xx} ——x 对 $\overline{x}$ 的偏差平方和。

$$L_{xx} = \sum_{i=1}^{n} (x_i - \overline{x})^2 = \sum_{i=1}^{n} x_i^2 - \frac{1}{n} (\sum_{i=1}^{n} x_i)^2 \tag{3-59}$$

式中　L_{yy} ——y 对 $\overline{y}$ 的偏差平方和；

$$L_{yy} = \sum_{i=1}^{n} (y_i - \overline{y})^2 = \sum_{i=1}^{n} y_i^2 - \frac{1}{n} (\sum_{i=1}^{n} y_i)^2 \tag{3-60}$$

相关系数 r 描述了变量 x 与 y 的线性相关程度。r 的取值在 $-1\sim+1$ 之间。$r=-1$ 表示完全负相关；$r=1$ 表示完全正相关；$r=0$ 表示不相关。r 值越接近于 ±1，表示相关程度越高；越接近于 0，表示相关程度越低。在探讨一个系统内变量的相关关系时，上述三种情况（$r=1$，-1，0）几乎是不可能出现的，绝大多数情况是 $0<r<1$，两个变量呈现正相关；$-1<r<0$，两个变量呈负相关。变量间相关的密切程度，应利用相关系数检验，如表 3-17 所示。

表 3-17　相关系数检验表

$n-2$		1	2	3	4	5	6	7	8
r_α	$\alpha=0.05$	0.997	0.950	0.878	0.811	0.754	0.707	0.666	0.632
	$\alpha=0.01$	1.000	0.990	0.959	0.917	0.874	0.834	0.798	0.765
$n-2$		9	10	11	12	13	14	15	16
r_α	$\alpha=0.05$	0.602	0.576	0.553	0.532	0.514	0.497	0.482	0.468
	$\alpha=0.01$	0.735	0.708	0.684	0.661	0.641	0.623	0.606	0.590
$n-2$		17	18	19	20	21	22	23	24
r_α	$\alpha=0.05$	0.458	0.444	0.433	0.423	0.413	0.404	0.396	0.388
	$\alpha=0.01$	0.575	0.561	0.549	0.537	0.526	0.515	0.505	0.496
$n-2$		25	26	27	28	29	30	35	40
r_α	$\alpha=0.05$	0.381	0.374	0.367	0.361	0.355	0.349	0.325	0.304
	$\alpha=0.01$	0.487	0.478	0.470	0.463	0.456	0.449	0.418	0.393
$n-2$		45	50	60	70	80	90	100	200
r_α	$\alpha=0.05$	0.288	0.273	0.250	0.232	0.217	0.205	0.195	0.138
	$\alpha=0.01$	0.372	0.354	0.325	0.302	0.283	0.267	0.254	0.181

具体检验方法是：将计算所得到的相关系数 r 的绝对值 $|r|$ 与表 3-17 中相应的临界值 r_α（亦称为判定数）比较。若 $|r|\geqslant r_\alpha$，表明 x 与 y 间存在线性相关关系；若 $|r|<r_\alpha$，表明 x 与 y 间没有相关关系。

r_α 与 n 及 α 有关，n、α 的含义分别如下。

n 为成对的实验（测试）点数。表 3-17 中 $n-2$ 的最小数为 1，表明检验相关关系的点数 n 至少是 3。n 越大，判断的可靠性越高，因此 r_α 值也就越小；n 越小，可靠性越低，因此判断尺度也就越严（r_α 越大）。实际应用中，一般要求 $n\geqslant30$。

$n-2$ 称为自由度，因考虑两个变量，所以自由度为 $n-2$，若探讨同一事物中三个变量之间的关系。则自由度为 $n-3$，依此类推。

α 称为显著性水平，表示将本来正确判断为错误的可能性。α 越小，$1-\alpha$ 就越大，表示判断为错误的风险就越小，判断为正确的把握就越大。例如，取 $\alpha =0.05$，则 $1-\alpha =0.95$，就表示有 95% 的可能性判断正确。所以要判断变量间的相关程度，应选定 α 值。表 3-17 中列出两种 α 值，可根据实际情况加以选定，若对判断结果的可靠性要求比较高，则应取小值；反之可取大值。

例如，为分析质量指标 I_n 与 R_n 之间的相关性，测得 30 组数据，如表 3-18 所示，试用散布图法及相关系数检定法加以分析。

设自变量为 I_n，因变量为 R_n，则可将表 3-18 中的数值作成散布如图 3-32 所示。

表 3-18　试验数据表

序号	1	2	3	4	5	6	7	8	9	10
I_n	2.02	3.77	4.85	6.01	6.63	2.23	3.87	5.21	5.49	6.45
R_n	10.3	18.1	23.8	28.3	30.7	13.8	19.4	23.8	27.6	29.2
序号	11	12	13	14	15	16	17	18	19	20
I_n	2.04	3.85	4.93	5.63	5.92	2.87	3.58	5.01	5.51	6.05
R_n	9.2	18.9	23.6	26.3	28.4	18.7	18.2	22.7	26.2	27.9
序号	21	22	23	24	25	26	27	28	29	30
I_n	2.77	4.14	4.96	5.38	5.41	2.90	3.67	4.76	5.08	5.71
R_n	13.9	19.8	23.3	26.5	26.5	12.4	17.4	22.1	24.7	25.8

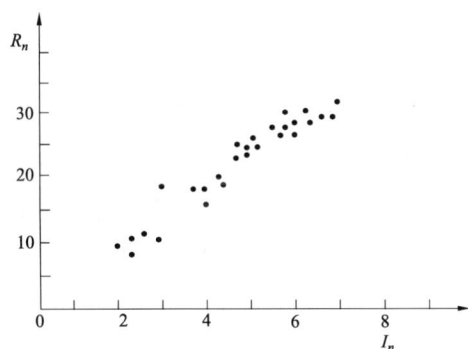

图 3-32　I_n、R_n 散布图

由图 3-32 可见，I_n 与 R_n 呈现正相关，即随着 I_n 的增加，R_n 亦增加，其相关程度可采用相关系数检定法加以检验。

由表 3-18，可求得：

$$\sum_{i=1}^{n} x_i = 2.02 + 3.77 + \cdots + 5.17 = 136.7$$

$$\sum_{i=1}^{n} x_i^2 = 2.02^2 + 3.77^2 + \cdots + 5.17^2 = 674.45$$

$$\left(\sum_{i=1}^{n} x_i\right)^2 = 136.7^2 = 18\,686.89$$

$$\sum_{i=1}^{n} y_i = 10.3 + 18.1 + \cdots + 25.8 = 657.9$$

$$\sum_{i=1}^{n} y_i^2 = 10.3^2 + 18.1^2 + \cdots + 25.8^2 = 15\,429.95$$

$$\left(\sum_{i=1}^{n} y_i\right)^2 = 657.9^2 = 432\,832.41$$

$$\sum_{i=1}^{n} x_i \cdot \sum_{i=1}^{n} y_i = 136.7 \times 657.9 = 89\,934.93$$

$$\sum_{i=1}^{n} x_i \cdot y_i = 2.02 \times 10.3 + 3.77 \times 18.1 + \cdots + 5.71 \times 25.8 = 3219.55$$

$$L_{xy} = \sum_{i=1}^{n} x_i y_i - \frac{1}{n}\sum_{i=1}^{n} x_i \sum_{i=1}^{n} y_i = 3219.55 - \frac{1}{30} \times 89\,934.93 = 221.72$$

$$L_{xx} = \sum_{i=1}^{n} x_i^2 - \frac{1}{n}\left(\sum_{i=1}^{n} x_i\right)^2 = 674.45 - \frac{1}{30} \times 18\,686.89 = 51.55$$

$$L_{yy} = \sum_{i=1}^{n} y_i^2 - \frac{1}{n}\left(\sum_{i=1}^{n} y_i\right)^2 = 15\,429.95 - \frac{1}{30} \times 432\,832.41 = 1002.2$$

所以，$r = \dfrac{L_{xy}}{\sqrt{L_{xx} \cdot L_{yy}}} = \dfrac{221.72}{\sqrt{51.55 \times 1002.2}} \dfrac{221.72}{227.3} = 0.975$，选定显著性水平为 $\alpha = 0.01$，则 $r_\alpha = 0.463$，显然 $|r| = 0.975 > r_\alpha = 0.463$。

根据检验结果可得出结论：I_n 与 R_n 之间呈现强正线性相关关系。

（2）中位数检定法。中位数检定法又称符号检定法，这是一种简易方法。其检定步骤如下。

1）制作散布图。

2）在散布图上画出垂直中位线和水平中位线，使得图上在垂直（水平）中位线左右（上下）的点数相等。点的总个数若为奇数，则通过当中的点引垂直线（水平线）；若为偶数，则在当中两个点的中间引垂直线（水平线）。

3）区域编号并记点数。对于中位线划分的四个区域，从右上方起按逆时针方向分别编为（Ⅰ）、（Ⅱ）、（Ⅲ）、（Ⅳ）。并计数各区域内的点数，记作 n（Ⅰ）、n（Ⅱ）、n（Ⅲ）、n（Ⅳ）。中位线上的点不记入。

4）求对角区域的点数之和与总点数。总点数是由数据组数扣除中位线上的点而得。

5）与中位数检定表（表 3-19）比较并加以判断。

从表 3-19 中相应的总点数的列里，找出显著性水平为 0.01 或 0.05 栏的判定数。如果：

判定数 $> n$（Ⅱ）$+ n$（Ⅳ），则呈正相关；

判定数 $> n$（Ⅰ）$+ n$（Ⅲ），则呈负相关。

表 3-19 中位数检定表

总点数		8	9	10	11	12	13	14	15	16	17	18	19	20	21	22	23	24
判定数	$\alpha = 0.01$	0	0	0	0	1	1	1	2	2	2	3	3	3	3	4	4	5
	$\alpha = 0.05$	0	1	1	1	2	2	2	3	3	4	4	4	5	5	5	6	6
总点数		25	26	27	28	29	30	31	32	33	34	35	36	37	38	39	40	41
判定数	$\alpha = 0.01$	5	6	6	6	7	7	7	8	8	9	9	9	10	10	11	11	11
	$\alpha = 0.05$	7	7	7	8	8	9	9	9	10	10	11	11	12	12	12	13	13
总点数		42	43	44	45	46	47	48	49	50	51	52	53	54	55	56	57	58
判定数	$\alpha = 0.01$	12	12	13	13	13	14	14	15	15	15	16	16	17	17	18	18	18
	$\alpha = 0.05$	14	14	14	15	15	16	16	17	17	18	18	18	19	19	20	20	21
总点数		59	60	61	62	63	64	65	66	67	68	69	70	71	72	73	74	75
判定数	$\alpha = 0.01$	19	19	20	20	20	21	21	22	22	22	23	23	24	24	25	25	25
	$\alpha = 0.05$	21	21	22	22	23	23	24	24	25	25	25	26	26	27	27	28	28
总点数		76	77	78	79	80	81	82	83	84	85	86	87	88	89	90		
判定数	$\alpha = 0.01$	26	26	27	27	28	28	28	29	29	30	30	31	31	31	32		
	$\alpha = 0.05$	28	29	29	30	30	31	31	32	32	32	33	33	34	34	35		

例如，某项目 x、y 之间的关系，如图 3-33 所示，试用中位数检定法检验其相关性。

在图 3-33 上画出垂直中位线和水平中位线；对各区域编号并计点数如下。

n（Ⅰ）=11 n（Ⅱ）=4 n（Ⅲ）=11 n（Ⅳ）=4

n（Ⅱ）$+ n$（Ⅳ）=8 n（Ⅰ）$+ n$（Ⅲ）=22

总点数：$N = n$（Ⅰ）$+ n$（Ⅱ）$+ n$（Ⅲ）$+ n$（Ⅳ）=30。

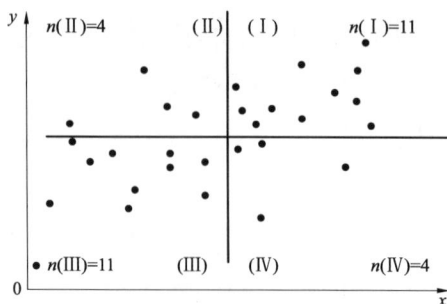

图 3-33 某项目 x、y 散布图

选取显著性水平 $\alpha = 0.05$，则 $n=30$ 时，从表 3-19 查得判定数为 9，可见：

$$n（\text{II}）+ n（\text{IV}）=8 < 9$$

所以，可得如下结论，x 与 y 之间呈正相关。

3. 回归分析法

一般来说，在相关分析的基础上，若两个变量之间存在较强的相互关系，常表明它们之间存在某种函数关系，这种关系就称为回归关系，相关函数称为回归函数，简称为回归。

这里所说的回归是指"x 上的 y 回归线"，可以理解为当 x 变化时，y 随之变化的平均值的轨迹（平均线）。此时，通常称 x 为说明变量（自变量、指定变量或独立变量），称 y 为目的变量（因变量、应变量或结果变量）。

在质量控制中，对两个或两个以上的变量之间的相互关系作出估计，并能较为精确地找出它们之间的关系式，这一过程称为回归分析。若一项质量问题只涉及一对自变量 x 与因变量 y 之间的函数关系问题，则称为单回归或一元回归；若分析三个以上的变量间的回归关系，则称为重回归分析。若变量间呈线性关系，称其回归方程式为线性（直线）方程式；若呈非线性关系，称其回归方程式为非线性（曲线）方程式。项目质量控制中常遇到的是一元线性回归问题。

（1）一元线性回归方程式的建立。一元线性回归方程式的标准形式为：

$$\hat{y} = a + bx \tag{3-61}$$

式中　x——自变量；

　　　$\hat{y}$——因变量，表示 y 的估计值；

　　　a——常数；

　　　b——回归系数。

一元线性回归方程式所代表的直线，称为变量 y 对 x 的回归直线（图 3-34）。

平面上的直线很多，而 a、b 值构成的最优直线，必须使 $\hat{y} = a + bx$ 的函数值 $\hat{y}_i$ 与实际观察值 y_i 之差为最小。即：离差=$y_i - \hat{y}_i$（i=1，2，…，n）。

为避免离差正负值相抵消，根据离差的平方和为最小的条件来选择 a、b 值。

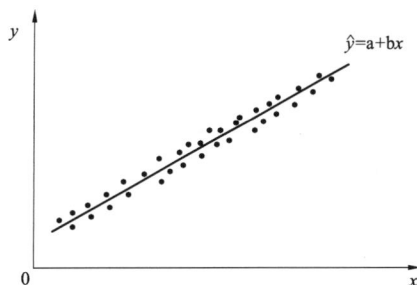
图 3-34 回归直线

设离差的平方和为 M，则：

$$M = \sum_{i=1}^{n}(y_i - \hat{y}_i)^2 = \sum_{i=1}^{n}(y_i - a - bx_i)^2$$

用微积分求极值方法得：

$$a = \bar{y} - b\bar{x} \qquad (3-62)$$

$$b = \frac{L_{xy}}{L_{xx}} \qquad (3-63)$$

式中　$\bar{x}$——自变量 x 的均值；

　　　$\bar{y}$——因变量 y 的均值；

　　　L_{xy}——x_i、y_i 的协方差；计算公式见式（3-58）；

　　　L_{xx}——x_i 对 $\bar{x}$ 的偏差平方和，计算公式见式（3-59）。

（2）一元线性回归方程式的检验。所建立的一元线性回归方程式能否用于实际，主要取决于变量相关的密切程度与回归式的精度。分段相关密切程度的检验可采用相关系数检验法，这在前面已作介绍。

检验回归式的精度，主要采用剩余标准差 S_q。

$$S_q = \sqrt{\frac{Q}{n-2}} = \sqrt{\frac{L_{yy} - 6L_{xy}}{n-2}} = \sqrt{\frac{(1-r^2)L_{yy}}{n-2}} \qquad (3-64)$$

式中　Q——剩余平方和。

当 x_i 值已知，按回归式求得 $\hat{y}_i$ 值，称 $\hat{y}_i$ 为点估计值或平均值。对应于同一 x_i 值，实测值 y_i 是按正态分布波动的，其波动值称为 y_i 的变差。S_q 表示除 x_i 对 y_i 的影响外，其他因素使 y_i 波动的大小。所以，真实的 y_i 值落在 $\hat{y}_i \pm S_q$ 范围内的概率为 68.3%；落在范围 $\hat{y}_i \pm 2S_q$ 内的概率为 95.5%；落在范围 $\hat{y}_i \pm 3S_q$ 内的概率为 99.7%，如图 3-35 所示。

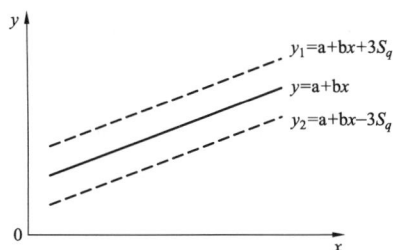
图 3-35 回归式 y 值变化示意图

显然，S_q 越小，$\hat{y}_i$ 的波动就越小，回归式的精度就越高，由 x_i 推算得到的 $\hat{y}_i$ 值与真实值 y_i 之间的误差就越小。反之亦然。

例如，某回归式为：$\hat{y} = 5.2 + 1.1x$，r=0.94，S_q=0.7。

若 x=10，则 $\hat{y} = 5.2 + 1.1 \times 10 = 16.2$，而 y 的实际值：有 68.3% 的可能性在 $\hat{y}_i \pm S_q$ 之间，即在 16.6～15.5 之间；有 97.7% 的可能在 $\hat{y}_i \pm 3S_q$ 之间，即在 18.3～14.1 之间。

由式（3–65）可知，S_q 与 $\bar{y}$ 有关，$\bar{y}$ 发生变化时，S_q 即随之发生变化，所以，对于不同 $\bar{y}$ 值，其回归式的精度就不能用 S_q 值来比较，而应用相对值回归变异系数来表式回归精度。

回归变异系数 $$V_q = \frac{S_q}{\bar{y}} \times 100\% \qquad\qquad （3–65）$$

（3）回归分析步骤。

1）收集数据。

2）绘制散布图。

3）观察分析散布点。

4）进行回归分析，建立回归方程。

5）回归精度判断。

所得出的回归方程式能否用于实际，应将相关系数 r 和回归变异系数等与有关标准相对比，符合标准者即可采用。

4. 相关与回归分析的用途

在项目质量控制中，相关与回归分析可用来研究质量特性与某些因素之间、质量特性之间、因素与因素之间的相互关系，并揭示他们内部的联系。具体说来主要有以下几个方面。

（1）定量表示变量之间的关系。这项工作最常应用于控制某些较易量测和控制的代用质量特性（因素），来达到间接控制某一质量特性的目的。

（2）对所确定的关系进行可信度分析、统计检验。

（3）从影响某一质量特性的若干个变量中，分析判断各变量的显著性。

（4）利用回归分析，对项目实施过程进行预测和最佳控制。

3.6 合格控制方法

正如第 1 章所述，在项目实施过程中，为保证项目或工序质量符合质量标准，及时判断项目或工序质量合格状况，防止将不合格品交付给用户或使不合格品进入下一道工序，应进行合格控制。合格控制是项目质量管理的重要组成部分，是保证和提高项目质量的必要手段。合格控制具有保证、预防及报告等三项重要的职能。

3.6.1 合格控制原理

1. 合格控制中常用的名词术语

（1）单位产品。为实施合格控制而划分的单位体或单位量。

（2）产品批。产品批亦称交验批，是作为质量检验对象而汇集起来的一批产品。产品批应由在基本相同的条件下所形成的同种单位产品构成。即应保证产品批内单位产品的一致性，以提高判别项目或工序质量的准确性。

（3）批量。产品批中所包含的单位产品的总数即为批量。

（4）单位产品缺陷。凡是单位产品不符合产品质量标准规定的任何一点，即构成单位产品的一个"缺陷"。

（5）合格品与不合格品。符合合格质量标准的产品为合格品，不符合者为不合格品。

（6）批不合格品率。产品批中不合格品数占整个批量的百分比称为批不合格品率，即：

$$P = \frac{D}{N}$$

式中　P——批不合格品率；

　　D——产品批中所含不合格品数；

　　N——产品批中含单位产品总数，即批量。

批不合格品率是衡量产品批质量水平的一个重要指标。

亦可用产品批的每 100 个单位产品的缺陷数表示产品批的质量水平，即：

$$U = \frac{100C}{N}$$

式中　U——产品批每 100 个单位产品的缺陷数；

　　C——产品批中的缺陷数；

　　N——批量。

（7）过程平均不合格品率。过程平均不合格品率，是指数批产品的初次检验时发现的平均不合格品率，即：

$$\overline{P} = \frac{D_1 + D_2 + \cdots + D_k}{N_1 + N_2 + \cdots + N_k} \times 100\% = \frac{\sum_{i=1}^{k} D_i}{\sum_{i=1}^{k} N_i} \times 100\%$$

式中　$\overline{P}$——过程平均不合格品率；

　　　N_i——第 i 批产品的批量；

　　　D_i——第 i 批产品中的不合格品率；

　　　K——批数。

实际上，$\overline{P}$ 值是难以得到的，一般可以通过抽样检查的结果来估计。

从 K 批产品中顺序抽取大小为 n_1，n_2，$\cdots$，n_k 的 K 个样本。各样本中出现的不合格品数分别为 d_1，d_2，$\cdots$，d_k，则：

$$\overline{p} = \frac{d_1 + d_2 + \cdots + d_k}{n_1 + n_2 + \cdots + n_k}$$

式中　$\overline{p}$——样本的平均不合格品率，是过程平均不合格品率的估计值。

计算过程平均不合格品率，是为了估计在正常情况下所提供的产品的不合格品率。若项目实施条件稳定，这个估计值可用于预测近期交验产品的不合格品率。为提高估计质量水平的可靠性，用于计算过程平均不合格品率的批数，一般不应少于20批。批数越多，估计的可靠性就越高。

2. 合格控制的类型

根据所采用的合格控制方法，可将合格控制分为四种类型：抽查、全检、合格证检查、抽样验收检查。

（1）抽查。该方法通常要求从每批项目产品中抽取一定比例的样品作为样本，作通过或通不过的检验，符合规定要求的予以验收。这种方法未以概率论作为依据，因此，缺乏科学性和可靠性。

（2）全检。对产品逐一加以检查，合格者接收，不合格者拒收。从理论上来说，这是一种可靠的方法，但工作量太大，所耗费的费用太高。对项目的合格控制来说，这一方法往往是不可行的，甚至是不可能做到的。但对某些原材料、构配件的合格控制，有必要采用全检合格控制方法。

（3）合格证检查。这一方法是从供应商方面得到一份表明已对产品进行合格试验和检查的合格证。若供应商信用可靠，以往产品质量较高，则该合格证有时可作为产品的合格证明来代替检验。显然，该方法对用户来说是有风险的。在项目质量控制中，合格证检查控制方法有时可用于原材料、外购件的合格控制。

（4）抽样验收检查。抽样验收合格控制的理论依据是概率论和数理统计，其科学性、可靠性均较强，用于控制的费用较低，是一种比较理想的合格控制方法，在项目质量控制中应优先采用。

3. 抽样验收原理

抽样验收是指从成批产品中抽取一部分样品进行评价，并通过这种评价确定整批产品是否符合质量要求，从而达到接收或拒收整批产品的目的。

由于用一部分产品质量状况推断整批产品的质量状况，因此，存在错判的风险，使一些可接收的产品被拒收，而一些不合格品却有可能被接收。

第一种错判是项目实施者所关心的主要问题，项目实施者要求尽可能减小合格品被拒收的风险。这一风险是指由于某一抽样检验方案所造成的使一些产品被错判即使其质量符合合格质量水平也遭到拒收的概率，用 α 表示。若 α 值为 0.1，则意味着项目实施者在其实际符合合格质量水平的各批产品中承担 10% 会被抽样检验方案拒收的风险。反之，有 90% 的机会使符合合格质量水平的产品被接收。

第二种错判是用户所关心的主要问题，用户要求尽可能减小不合格品被接收的风险。该风险是指由抽样检验方案造成的使达不到质量最低要求（容许不合格品率）的产品被接收的概率，用 β 表示。若该风险为 0.1，则意味着用户有 10% 的风险接收超过批容许不合格品率的产品。反之，有 90% 的机会加以拒收。

所谓合格质量水平是指，一批产品被认为合格的且满意的不合格品率的上限，一般用 AQL 表示。AQL 是用来描述过程平均的一个重要指标，它被看作是可接收的过程平均和不可接收的过程平均之间的分界线。当项目实施方提供的产品批的过程平均优于 AQL 值时，抽验方案应以很高的概率接收该产品批。在抽样检验时，可根据具体情况选择适当的方法确定 AQL 值。若一时难以确定，可先规定一个 AQL 值，使用一段时间后再根据实际情况加以修订。在抽样检验中，除了 AQL 概念外，还会用到批容许不合格品率和优良质量水平的概念。

批容许不合格品率，是指质量低到近乎不能容许的程度（以不合格品率表示），用 LTPD 表示。这是一种具有很低的接收概率的质量水平。

优良质量水平，是指一批产品被认为质量优良的不合格品率的上限，用 GQL 表示。

3.6.2 抽样检验方案

对一批产品进行抽样检验时，首先应确定该批产品中随机抽取单位产品的个数，即样本容量的大小；其次必须采用适当的方法用样本质量数据推断该批产品质量状况。样本容量及判别方法的确定就属于抽样检验方案问题。

根据计量方法的不同，抽样检验方案可分为两种类型：计数型抽检方案和计量型抽检方案。

计数型抽检方案，是指从待检产品批中抽取若干"单位产品"组成样本，按检验结果将单位产品分为合格品或不合格品，或者计算单位产品的缺陷数，用计数值作为产品批的合格判断标准。计数方案的要点是确定样本容量 n 和合格判别界限 c。通常用 (n, c) 表示一个计数抽检方案。

计量型抽样检验方案，是指用计量值作为产品批质量判别标准的抽检方案。该类方案的要点是确定样本容量 n、验收函数 Y 和验收界限 k。

计数方案与计量方案相比各有利弊。计数方案方法简单，但所需样本容量大，检验结果的可靠性比计量方案差；计量方案所需样本容量小，可靠性好，得到的质量信息多，但方法较烦琐，计算工作量较大。在质量检验中采用何种抽检方案，应考虑所检项目的重要程度、抽取样本的难易程度等因素。一般来说，重要的项目或质量指标宜采用计量方案；次要的可采用计数方案；难以抽取样本的抽样验收可采用计量方案。

根据判断次数，抽检方案可分为：一次抽检、二次抽检和多次抽检。一次抽检方案是指从产品批中抽取一个样本，经检测后作出判断；二次抽检方案是指从产品批中抽取两个样本，检测后作出判断；多次抽检方案是指从产品批中抽取三个甚至三个以上的样本，检测后作出判断。

1. 计数型抽检方案

最简单的计数型抽检方案是一次计数抽检方案，即 (n, c) 方案。从批量 N 中随机抽取容量为 n 的一个样本，检测样本中的全部产品，记下其中的不合格品数 d。若 $d \leqslant c$，则认为该批产品质量合格；否则，则认为不合格，予以拒收。该方案如图 3–36 所示。

（1）样本容量的确定。质量检验手段一定，则检验结果的可靠性与样本容量的大小有关。样本容量越大，可靠性越好；样本越小，可靠性越差。但样本容量越大，检验工作量及所需费用就越大。因此，样本容量应该在抽检费用和检验结果可靠性之间作出合理平衡。对批量较小的产品批，样本的大小应使每个"单位产品"平均检验费用不至于过高；对批量较大的产品批，样本容量应适当增加，以便有效区分产品质量的优劣，但又不至于增加每个"单位产品"的平均检验费用。一般情况下，随着批量的增加，样本容量应随之增加，但增加的幅度应逐渐降低。

（2）判别界限的确定。判别界限 c 的确定依据是选定的合格质量水平 AQL，接收概率 L_p 和样本容量 n。根据这些参数即可利用二项分布的展开式或泊松分布计算出 c 值。

2. 计量型抽检方案

从产品批中随机抽取容量为 n 的样本，对样本中的每一个样品进行检测，根据所得质量数据计算验收函数值，将验收函数值与验收界限相比较，并对该批产品质量状况作出判断。该方案如图 3-37 所示。

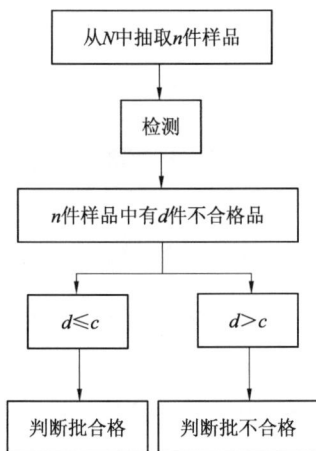

图 3-36　一次计数抽检方案程序框图　　　图 3-37　计量型抽检方案图

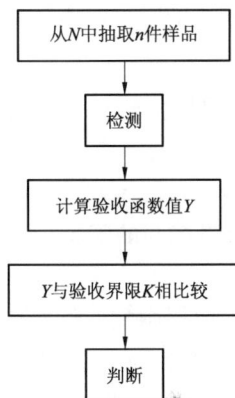

（1）样本容量的确定。计量型抽检方案的样本容量的确定原则与计数型抽检方案相同。

（2）验收函数的确定。验收函数是指验收中采用的与"单位产品"质量特征有关的函数，根据质量特性值的分布规律确定。

（3）验收界限的确定。若已知样本容量 n、应达到的项目质量水平 p 及接收概率 L_P，则可根据数理统计原理求得验收界限 k。

3. 抽检方案的可靠性

抽样检验的目的在于准确判断项目质量状况，以促进项目质量的提高。抽样检验的有效性如何，取决于检验结果的可靠性。而检验结果的可靠性则主要取决于三个因素：质量检测手段的可靠性；抽样方法的科学性；抽样检验方案的可靠性。当质量检测手段和抽样方法一定时，检验结果的可靠性主要取决于抽检方案的可靠性。方案的可靠性主要是指其鉴别能力。鉴别能力强则可靠性好；鉴别能力弱则可靠性差。一个好的抽检方案，应该是当项目质量高时，以高概率接收；当质量变差时，不合格品率增加，接收概率则迅速变小；当项目质量差到一定程度时，则以小概率接收，大概率拒收。

抽检方案的可靠性受到许多因素的影响，但最主要的是样本容量和判别界限。以一次计数型检验方案为例。

（1）合格判定数 c 对方案可靠性的影响。在抽样方案（n，c）中，若 n 一定，则 c 越大，方案的可靠性就越差。

（2）样本容量 n 对可靠性的影响。若合格判定数 c 不变，则样本容量越大，方案的可靠性就越好。

4. 批量的大小对方案可靠性的影响

当抽检方案一定时，批量对方案可靠性的影响并不大，一般当批量为所抽取样本的 10 倍以上时，即可将批量视为无限大，这时可不考虑批量对方案可靠性的影响。

3.6.3　合格控制的实施

1. 项目实施阶段的合格控制

在项目实施阶段，通过制订合格控制计划、建立合格控制制度、合理确定合格控制周期、严格实施控制计划等环节加以实现。

（1）制订合格控制计划。合格控制计划应就项目质量、工序质量、单项质量指标分别制订。内容主要包括：检验内容、检验手段、检验方法、抽检方案、质量标准、应记录的数据、应使用的表格、应准备的报告、不合格品的处理方法、责任者、实施步骤等。

（2）建立合格控制制度。结合项目特点，建立有效的合格控制制度。

（3）合理确定合格控制周期。合格控制周期是指合格检验所间隔的时间。合格控制周期的长短应根据具体情况确定。对于重要项目、重要工序、重要质量指标，可选择较短的控制周期，反之则应选择较长的控制周期。总之，应根据控制效果，及时调整，做到既能有效控制，又不至于增加太多的费用。

（4）严格实施。控制计划、控制制度一经确定，就必须严格执行，并定期对控制效果加以评价，以便不断完善控制手段和方法，提高控制效果。

2. 项目收尾阶段的合格控制

项目收尾阶段的合格控制主要工作是项目验收。采用必要的手段和方法对已完成项目的质量加以评判，合格者接受，不合格者拒收。

项目收尾阶段的合格控制应本着严格、公正的原则进行。严格就在于按照有关标准、规定进行验收工作；公正就在于采用科学、可靠的方法和手段评判项目质量，提高评判结果的可信度。

3.7 质量决策方法

质量控制活动与企业的其他各项管理活动一样，存在许多决策问题。正确的决策有利于质量的提高，错误的决策会给质量造成损害，甚至酿成灾难。质量决策的首要问题是如何确定质量目标；其次是为实现质量目标，如何从若干可供选择的方案中，经过科学的分析和判断，选出最佳方案，并付诸实施；再次是在实施过程中发生了问题，如何采取妥善的措施予以解决，保证实现目标。可见，决策贯穿于质量控制的全过程，可以说有控制就有决策。正确的决策取决于决策者丰富的知识、经验，敏锐的预测能力，机智的判断能力和科学的决策方法。

1. 决策方法

决策有多种方法，适应于项目质量控制的决策方法主要有：肯定型决策方法、风险型决策方法和决策树法。

（1）肯定型决策方法。这是一种比较简单的决策方法，就是在已知的多个备选方案中，选择一个最佳方案。

例如，某项目，有四个实施方案可供选择，如表 3-20 所示。

表 3-20　实施方案基本情况表

方　案	A	B	C	D
预计优良品率（%）	95	90	85	80
预计项目成本（万元）	5000	4800	4500	4400

若要求项目质量最优，可以选 A 方案；若要求项目成本最低，而优良品率不小于 80%，可以选 D 方案。显然，这是在完全已知的肯定情况下进行的决策。

（2）风险型决策方法。风险型决策，在几种自然状态中，哪一种会发生是不肯定的，但是多种自然状态发生的可能性可以根据历史资料统计分析或凭主观经验判断，有一个主观概率值。所以，这种决策具有一定风险性。

风险型决策方法，按其依据的准则分，主要有：优势准则、期望值准则、合理准则、意向水平准则等。

1）优势准则。优势准则用于多方案的决策矩阵的选优。即对各方案进行比较，评价哪些方案为优势，哪些方案为劣势，从而舍弃劣者，在减少备选方案的基础上，再进行选优。

例如，利用优势准则对表 3–21 中的方案进行初选。

表 3–21 的含义是：为改进质量，有 4 种方案 A_1、A_2、A_3、A_4，每种方案可能会出现 4 种状态，其概率分别是 0.3、0.2、0.1、0.4，不同的方案在不同的状态下所耗费的成本列于表中。例如，A_1 方案有 40% 的可能性出现 S_4 状态，这时所耗费的成本为 6 万元。

表 3–21　改进质量 4 种方案可能耗费成本状况表　　　　（万元）

概率（%） 方案	自然状态			
	S_1	S_2	S_3	S_4
	0.3	0.2	0.1	0.4
A_1	3	4	5	6
A_2	2	3	6	5
A_3	4	5	5	7
A_4	3	6	6	5

将每一方案逐一与其他方案比较，即耗费成本值逐一相减。若其差值全部为"–"或"0"，则认为该方案存在优势；若其差值有"+"又有"–"，则该方案不存在优势。例如将 A_1 方案与其他方案相比较：

A_1-A_2:

$$
\begin{array}{ll}
A_1 & 3\ 4\ 5\ 6 \\
-)\ A_2 & 2\ 3\ 6\ 5 \\
\hline
& +\ +\ -\ + \quad \text{不存在优势}
\end{array}
$$

A_1-A_3:

$$
\begin{array}{ll}
A_1 & 3\ 4\ 5\ 6 \\
-)\ A_3 & 4\ 5\ 5\ 7 \\
\hline
& -\ -\ 0\ - \quad \text{存在优势}
\end{array}
$$

A_1-A_4:

$$
\begin{array}{ll}
A_1 & 3\ 4\ 5\ 6 \\
-)\ A_4 & 3\ 6\ 6\ 5 \\
\hline
& 0\ -\ -\ + \quad \text{不存在优势}
\end{array}
$$

结论：A_1 优势，A_3 劣势。

同理可将 A_2、A_3、A_4 与其他方案对比，结论是：A_2 优势，A_4 劣势。比较的最终结论是：A_1、A_2 为优势，A_3、A_4 为劣势。舍弃劣势方案，将剩下的优势方案再进行优选，这就简化多了。

2）期望值准则。期望值，就是在不同状态下可能得到的值或希望得到的值。决策时，先计算决策问题的支付矩阵，然后计算出每个方案的期望值，最后以期望值为标准，选择最大或最小的方案为最优方案。仍以表 3-21 的情况为例，优选方案，使得耗费的成本最低。

表 3-21 即为不同方案的支付矩阵表，根据此表可计算出各方案的期望成本值。期望成本的计算公式为：

$$V_i = \sum_{j=1}^{m} V_{ij} P_j(S_j)$$

式中，V_i——第 i 方案的期望值；

$\quad\quad V_{ij}$——第 i 方案在状态 S_j 下的成本值；

$\quad\quad P_j$——状态 S_j 发生的概率；

$\quad\quad m$——自然状态数。

根据表 3-21 可得：

$$V_1 = 3\times0.3 + 4\times0.2 + 5\times0.1 + 6\times0.4 = 4.6 （万元）$$
$$V_2 = 2\times0.3 + 3\times0.2 + 6\times0.1 + 5\times0.4 = 3.8 （万元）$$

同理可得 $V_3 = 5.5$（万元），$V_4 = 4.7$（万元）。从计算结果可见，A_2 方案为最优方案，因为其可能耗费的成本最低。

3）合理准则。合理准则也称普拉斯准则。主要用于缺乏历史资料或资料很少的情况下，它认为各种自然状态发生的概率是相等的。若有 m 种状态，则每种状态发生的概率即为 $1/m$。

在上例中，已知 $m=4$，则按合理准则，每种状态发生的概率是 1/4，即 25%，按此计算的各方案的期望成本分别为：$V_1 = 4.5$，$V_2 = 4$，$V_3 = 5.25$，$V_4 = 5$。可见，最优方案也是 A_2。

4）意向水平准则。根据决策者所拥有的条件和质量目标要求，确定一个界限，凡是不符合这一界限的方案予以舍弃。

例如，根据表 3-21 的数据，确定耗费成本最大值为 6 万元，则 A_1、A_2、A_3 为最低接受方案，A_4 方案不能接受。

（3）决策树法。决策树，是以树的生长过程不断分枝表示事件发生的各种可

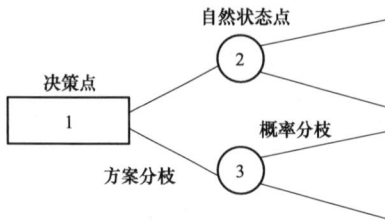

图3-38 决策树的基本结构

能性，用分枝和剪修来选优的决策方法。

决策树的组成部分包括：决策点、方案分枝、自然状态点、概率分枝等，如图3-38所示。

决策点：拟达到的目的，如改进质量，提高混凝土强度等。在决策树中，就是树的出发点。

方案分枝：为达到某项目的，拟采取的各种方案。从决策点引出若干条直线，每条直线代表一个方案。

自然状态点：在各方案分枝末端画一圆圈，并标注代号。

概率分枝：从自然状态点引出若干条直线，每条直线代表一种可能性。

下面举例说明利用决策树实施决策的步骤。

[例3-9] 某企业，采用的工艺不理想，项目质量差、成本高，因此必须改进工艺。现在拟订两个方案以供选择：一是引进新工艺，估计成功的可能性为0.9；二是自行研究，估计研究成功的可能性为0.6。无论是引进成功，还是自行研究成功，今后都将考虑两个方案：一是保持原有水平；二是增加任务量。若引进和自行研究不成功，则按原工艺实施，保持原有任务量不变。根据市场预测，预计今后几年内项目产品价格，低落的可能性是0.05，保持中等水平的可能性是0.45，涨价的可能性是0.5。通过计算，得出各方案在不同价格情况下的损益值，见表3-22。试用决策树法优选改进工艺方案。

表3-22 不同方案损益值 （万元）

概率	按原工艺实施	引进工艺成功（0.9）		自行研究成功（0.6）	
		任务量不变	增加任务量	任务量不变	增加任务量
低价（0.05）	−50	−100	−200	−100	−200
中价（0.45）	0	40	60	0	−100
高价（0.50）	50	80	150	100	300

注 "−"为亏损；"+"为盈利。

解： 1）根据题意画出决策树，如图3-39所示。

2）计算各点损益值。

引进工艺方案的期望值如下。

点④： $0.05 \times (-50) + 0.45 \times 0 + 0.5 \times 50 = 22.5$ （万元）

点⑧： $0.05 \times (-100) + 0.45 \times 40 + 0.5 \times 80 = 53$ （万元）

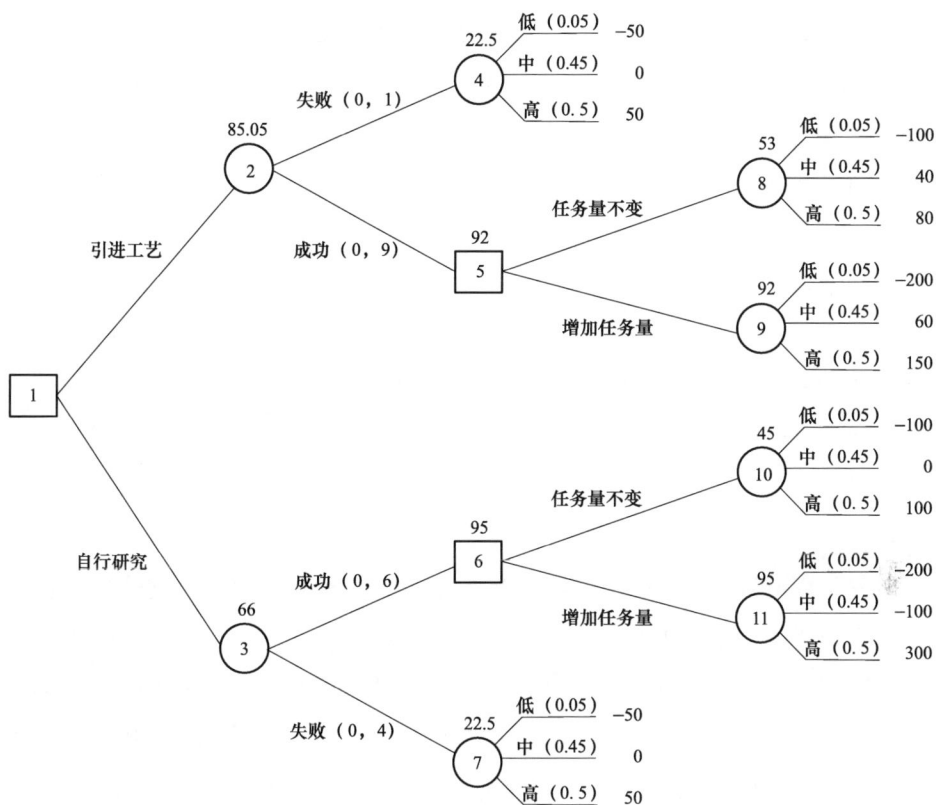

图 3-39　决策树

点⑨：$0.05 \times (-200) + 0.45 \times 60 + 0.5 \times 150 = 92$（万元）

因为，92>53，所以点⑤的期望值为 92 万元。

点②：$0.01 \times 22.5 + 0.9 \times 92 = 85.05$（万元）

自行研究方案的期望值如下。

点⑩：$0.05 \times (-100) + 0.45 \times 0 + 0.5 \times 100 = 45$（万元）

点⑪：$0.05 \times (-200) + 0.45 \times (-100) + 0.5 \times 300 = 95$（万元）

因为，95>45，所以点⑥的期望值为 95 万元。

点③：$0.6 \times 95 + 0.4 \times 22.5 = 66$（万元）

3）选优。根据计算结果，引进工艺方案的损益期望值（85.05 万元）大于自行研究方案的损益期望值（66 万元）。所以，选择引进工艺的方案是最佳的。

2. 过程决策程序图法

过程决策程序图法又称 PDPC 法（Process Decision Program Chart）。这是将运筹学中所使用的过程决策程序用于质量控制的方法。

PDPC 法，就是在制订达到质量目标的计划时，加以全面分析，估计可能出现的问题，制订相应的应变措施和应变计划，使得计划在实施过程中遇到问题时仍能有条不紊地进行，以实现预期目标。

如图 3-40 所示，A_0 点质量很差，通过采取种种对策使质量水平提高到 Z。

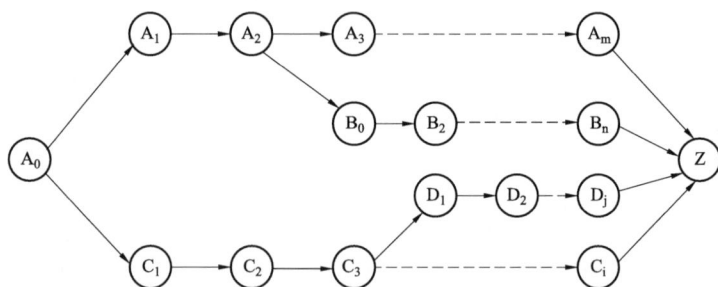

图 3-40　过程决策程序图

首先制订出从 A_0 到 Z 的对策是 A_1，A_2，…，A_m 的一系列活动计划。但在分析讨论中，考虑到技术或组织管理等因素，预计 A_3 难以实现。因此，应考虑应变计划，即第二方案 A_1，A_2，B_1，B_2，…，B_n 到达 Z 目标。同时还可以考虑同样能达到 Z 目标的 C_1，C_2，…，C_i 或者 C_1，C_2，D_1，D_2，…，D_j 两个系列的活动计划。当 A、B 两个系列都无法实现时，可采取 C、D 系列计划。仍然能够达到 Z 目标。若 C、D 系列也无法实现，可根据具体情况，重新制订新的 E、F 系列计划，最终达到目标 Z。

3. 对策表

在项目质量控制中，运用因果分析图法、排列图法、控制图法等各种方法所发现的主要质量问题和因素等，都需要进行分析、制定对策并尽快予以解决，以保证或提高项目质量。这一管理过程可借助于对策表进行。

对策表一般应包括下述内容：存在的问题、应达到的目标、采取的对策、负责人、完成期限等。对策表以表格形式列出，简单明了。对策表既是实施的计划，又是检查的依据。其基本形式见表 3-23。

表 3-23　对策表基本形式

序号	项目	现状	目标	对策	负责人	完成期限	备注
1							
2							
⋮							
n							

使用对策表需要注意以下几个问题。

（1）对策表应与排列图、因果图、控制图等配合使用。

（2）目标、对策应切实可行。

（3）应本着先关键后一般，先易后难的原则，尽快解决存在的主要质量问题，取得成效。

（4）要经常检查对策表的执行情况，避免流于形式。

4. 质量决策评价

质量决策的实施必然会耗费时间和资金。因此，决策者在决策时，应对选择的方案是否可行进行技术经济评价和环境适应性评价。此外，方案实施后，亦应进行效果评价，以便总结经验，吸取教训，提高决策水平。

下面概略介绍几种常用的决策评价方法。

（1）比较法。一个决策方案的优劣，可通过项目环境的现状与原有水平的比较作出评价。这种比较通常考虑四个方面。

1）满足需要程度的比较。决策方案的实施，总是为解决某些问题和达到某些目标。因此，评价时，就应将实施后的实际结果与目标相比较，看其满足需要的程度。

2）支付费用的比较。决策方案的实施所支付费用的高低，也反映了决策的质量。所以，应将支付费用与计划费用相比较，进行评价。

3）经济效果的比较。决策方案实施后，将所产生的经济效果（产出）与所投入的费用（投入）相比较，进行评价，即：

$$评价指标 = 产出/投入$$

若评价指标大于1，决策是成功的；反之，则不理想。

4）时间长短的比较。实施决策方案需要耗费时间，所需时间越短，决策方案越可取。

（2）技术经济综合评价方法。根据决策论和运筹学理论，决策方案是否可行，主要取决于以下几个方面。

1）决策方案的实施有利于提高项目的综合效益。

2）对项目实施者所产生的经济效果并不显著，甚至可能会影响到当前的经济效益，但是方案实施后具有良好的社会、用户经济效益。

3）短时间内经济效果并不明显，但从长远看，具有较大的潜在效益。

当然，上述几个方面的前提是决策方案在技术上是可行的。

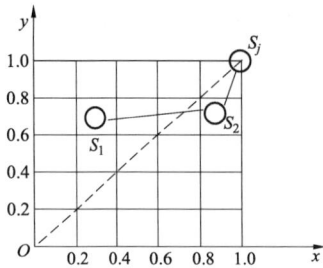

图 3-41 技术经济对比关系图

技术经济综合评价，是在对方案实施的技术效果和经济效果分别评价的基础上，利用技术经济对比关系图，借助于技术和经济的对比关系曲线进行分析。

所谓技术经济对比关系图，是指以技术价值 x 为横坐标，经济价值 y 为纵坐标，x 与 y 坐标的交点 S 表示决策方案的技术经济综合评价点，即技术经济综合价值，如图 3-41 所示。

由图 3-41 可见，$x=1.0$ 与 $y=1.0$ 的交点 S_j 代表最为理想的状态；从坐标原点 O 至 S_j 点的连线表示最佳趋势线，线上各点的技术、经济价值相等。S_1、S_2 分别表示两个不同决策方案的技术经济综合价值。越是具有优势的决策方案，S 点就越接近 S_j 点。

在实施技术经济综合评价过程中，首先应分析决策方案的技术经济价值，并加以量化，然后在技术经济对比关系图上标出相应的点，即可进行比较、评价。

复习思考题

一、判断题（正确的打"√"，错误的打"×"）

1. 分析工序能力的目的，就是要了解该工序过程保证项目质量的功能。　　（　　）

2. 提高工序能力，关键在于增加 σ 的数值。　　（　　）

3. 当公差范围一定时，标准差越小，工序能力指数就越大。　　（　　）

4. 控制图控制界限的确定通常采用 3σ 方式。　　（　　）

5. 控制图上连续 35 个点有 1 点超过控制界限视为正常。　　（　　）

6. 控制图中出现 5 点链，判为异常，应采取措施。　　（　　）

二、单项选择题（请在题后的括号内填上选中项的序号）

1. 形成项目质量的最基本环节是（　　）。

   A. 工序质量　　　　B. 产品质量　　　　C. 输入品质量　　　　D. 环境质量

2. 在（　　）范围内可包括全部质量特性值的 99.7%。

   A. 4σ　　　　B. 5σ　　　　C. 6σ　　　　D. 8σ

3. 以（　　）为标准衡量工序能力。

   A. 4σ　　　　B. 5σ　　　　C. 6σ　　　　D. 8σ

4. 某项目的质量指标要求为：下限为 20，上限为 24，从 50 个测点中测得样本标准差为 0.5，均值为 22，则工序能力指数为（　　　）。

　　A. 0.5　　　　　　B. 1.33　　　　　　C. 1　　　　　　D. 1.5

5. 较为理想的工序能力指数是（　　　）。

　　A. 1　　　　　　B. 1.33　　　　　　C. 1.67　　　　　　D. 0.67

6. 排列图中，将约包括在累计频率 0～80% 范围内的有关因素视为（　　　）。

　　A. 主要因素　　　B. 次要因素　　　C. 一般因素　　　D. 系统因素

7. 在抽样方案（n，c）中，若 n 一定，则 c 越大，方案的可靠性（　　　）。

　　A. 越好　　　　　B. 越差　　　　　C. 不变　　　　　C. 不确定

三、多项选择题（请在题后的括号内填上选中项的序号）

1. 用于发现质量问题的方法包括（　　　）。

　　A. 直方图法　　　B. 因果分析图法　　C. 控制图法　　　D. 数值分析法

2. 用于分析影响项目质量原因的方法包括（　　　）。

　　A. 工序能力分析　　B. 直方图法　　　C. 因果分析图法　　D. 排列图法

3. 下列各项属于计量值控制图的是（　　　）。

　　A. 平均值控制图　　B. 标准差控制图　　C. 合格品率控制图　D. 合格品数控制图

4. 度量数据集中性的主要指标有（　　　）。

　　A. 平均数　　　　B. 标准差　　　　C. 众数　　　　　C. 中位数

5. 如果两组数据的标准差相同，但其平均值不同，则两组数据的离散程度（　　　）。

　　A. 相同　　　　　　　　　　　　B. 不同

　　C. 无法判断　　　　　　　　　　D. 有可能相同，也有可能不同

6. 合格控制具有（　　　）等重要职能。

　　A. 保证　　　　　B. 预防　　　　　C. 报告　　　　　D. 验收

四、简答题

1. 什么是工序能力？

2. 什么是工序能力指数？

3. 什么是因果分析图？

4. 什么是控制图？

5. 什么是排列图？

6. 什么是控制状态?

7. 判定项目实施过程处于控制状态的标准有哪些?

8. 什么是相关关系?

五、计算题

某项目规格质量要求为：最小值不低于 120mm，最大值不超过 180mm。根据检测结果，质量数值的标准差为 10mm，均值为 140mm，求可能出现的不合格品率。

六、绘图

某项目，设计某质量特征值为 35（质量单位），在项目实施过程中按时间顺序随机抽取 $n=10$ 的 10 组样本，测得其质量数据如下表所示。试制作 $\bar{x}$—S 控制图。

质量数据表

样本	x_1	x_2	x_3	x_4	x_5	x_6	x_7	x_8	x_9	x_{10}
1	36.9	37.3	37.0	37.6	36.3	36.1	36.7	36.6	36.4	36.9
2	35.6	37.2	36.5	35.7	36.0	36.4	35.7	35.9	36.8	37.0
3	36.4	35.4	36.6	36.4	35.0	35.5	35.9	36.8	35.6	34.1
4	35.5	36.6	36.7	36.4	36.7	37.4	37.0	37.6	36.7	36.7
5	36.8	35.3	36.0	35.6	35.9	35.4	36.6	36.3	35.0	35.0
6	35.7	34.0	36.6	36.0	35.9	35.7	35.6	36.2	37.6	35.6
7	36.9	36.1	34.0	34.9	36.3	35.1	36.8	34.4	35.9	37.7
8	37.8	36.7	35.6	36.4	36.7	36.5	35.7	36.3	37.0	35.7
9	35.1	35.7	36.3	36.2	35.0	35.5	36.6	35.3	34.9	36.3
10	36.3	36.9	37.9	37.1	35.3	35.3	35.8	35.5	36.4	35.9

第 4 章

项目质量规划

引　言..

现代质量管理的一项基本准则是：质量是规划、设计出来的，而不是检查出来的。项目质量也是如此，保证项目质量的前提是良好的项目质量规划。项目质量规划是通过质量策划形成质量计划和质量技术文件的一项重要活动。

本章学习目标

重点掌握：项目质量规划的概念、依据、工具与技术；项目质量目标策划；项目质量计划的概念、编制依据和内容。

一般掌握：项目质量规划的成果；运行过程策划；质量策划的方法与技术；项目质量计划编制的步骤。

了解：开发项目的特征；项目质量计划的实施、检查与调整；项目质量技术文件。

本章学习导航

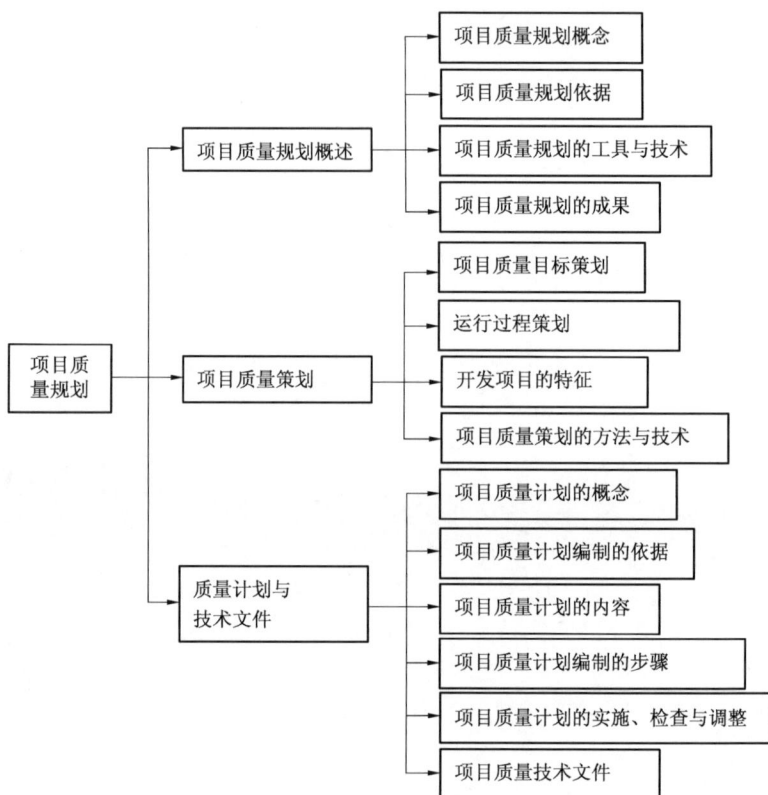

```
                                    ┌─────────────────────┐
                              ┌────→│   项目质量规划概念    │
                              │     └─────────────────────┘
                              │     ┌─────────────────────┐
                              ├────→│   项目质量规划依据    │
            ┌──────────────┐  │     └─────────────────────┘
            │ 项目质量规划概述├──┤     ┌─────────────────────┐
            └──────────────┘  ├────→│ 项目质量规划的工具与技术 │
                              │     └─────────────────────┘
                              │     ┌─────────────────────┐
                              └────→│   项目质量规划的成果   │
                                    └─────────────────────┘
                                    ┌─────────────────────┐
                              ┌────→│   项目质量目标策划    │
                              │     └─────────────────────┘
                              │     ┌─────────────────────┐
                              ├────→│     运行过程策划      │
┌──────┐    ┌──────────────┐  │     └─────────────────────┘
│ 项目质 │────│  项目质量策划  ├──┤     ┌─────────────────────┐
│ 量规划 │    └──────────────┘  ├────→│    开发项目的特征     │
└──────┘                      │     └─────────────────────┘
                              │     ┌─────────────────────┐
                              └────→│ 项目质量策划的方法与技术 │
                                    └─────────────────────┘
                                    ┌─────────────────────┐
                              ┌────→│   项目质量计划的概念   │
                              │     └─────────────────────┘
                              │     ┌─────────────────────┐
                              ├────→│  项目质量计划编制的依据 │
                              │     └─────────────────────┘
            ┌──────────────┐  │     ┌─────────────────────┐
            │  质量计划与    ├──┤────→│   项目质量计划的内容   │
            │  技术文件     │  │     └─────────────────────┘
            └──────────────┘  │     ┌─────────────────────┐
                              ├────→│  项目质量计划编制的步骤 │
                              │     └─────────────────────┘
                              │     ┌─────────────────────┐
                              ├────→│ 项目质量计划的实施、检查与调整 │
                              │     └─────────────────────┘
                              │     ┌─────────────────────┐
                              └────→│   项目质量技术文件    │
                                    └─────────────────────┘
```

4.1 项目质量规划概述

4.1.1 项目质量规划概念

质量规划指识别哪些质量标准适用于本项目，并确定如何满足这些标准的要求。它是项目规划过程中若干关键活动之一，因此应与其他项目规划过程结合进行。

美国《项目管理知识体系指南》(《PMBOK®指南》)对项目质量规划进行了归纳，如图 4-1 所示。

4.1.2 项目质量规划依据

项目质量规划的主要依据包括以下内容。

1. 环境因素

与项目相关的法律法规、标准、条例、规程、规范等。

依据	工具与技术	成果
1. 环境因素 2. 组织过程资产 3. 项目范围说明书 4. 项目管理计划	1. 成本效益分析 2. 基准对照 3. 实验设计 4. 质量成本分析 5. 其他质量规划工具	1. 质量管理计划 2. 质量测量指标 3. 质量核对表 4. 过程改进计划 5. 质量基准 6. 项目管理计划（更新）

图 4-1　项目质量规划概念图

2. 组织过程资产

影响项目成功的资产称为组织过程资产。包括：项目相关方的正式或非正式的方针、程序、计划和原则；组织从以前项目中所获得的经验、教训，如完成的进度表、风险数据等。组织过程资产通常可以归纳为两类。

（1）组织进行工作的过程与程序。包括：标准；项目生命期；质量方针与程序；财务控制程序；确定问题与缺陷控制、问题与缺陷识别和解决，以及行动追踪的问题与缺陷管理程序；变更控制程序；风险控制程序；批准与签发工作授权的程序等。

（2）组织整体信息存储检索知识库。包括：过程测量数据库，用于搜集与提供项目过程实测数据；项目档案；历史信息与教训知识库；问题与缺陷管理数据库；配置管理知识库，包括公司所有正式标准、方针、程序和任何项目文件的各种版本与基准；财务数据库，包括工时、费用等信息。

上述组织过程资产都可能会对项目质量造成影响，所以应作为项目质量规划的依据。

3. 项目范围说明书

项目范围说明书是质量规划的一项关键依据，因为它记载了项目的主要可交付成果，以及用于确定利害关系者主要要求的项目目标、限值和验收标准。

4. 项目管理计划

项目管理计划确定了执行、监视、控制和结束项目的方式与方法。项目管理计划记录了规划过程组的各个规划子过程的全部成果。这些内容是项目质量规划的重要依据。

4.1.3 项目质量规划的工具与技术

1. 成本效益分析

质量规划过程必须考虑成本与效益两者间的取舍权衡。符合质量要求所带来的主要效益是减少返工，它意味着劳动生产率提高、成本降低、利害相关者更加满意。

2. 基准对照

基准对照是指将项目的实际做法或计划做法与其他项目的做法进行对照，产生改进的方法，或者提供一套度量绩效的标准。其他项目既可在实施组织内部，也可在其外部；既可在同一应用领域，也可在其他领域。

3. 实验设计

实验设计用于确定在项目实施过程中，影响项目质量的因素。该项技术最重要的特征是，它提供了一个统计框架，可以系统地改变所有重要因素，而不是每次只改变一个重要要素。通过对实验数据的分析，可以得出项目的最优状态、着重指明结果的影响因素并揭示各要素之间的交互作用和协同作用关系。

4. 质量成本分析

质量成本分析有助于在项目质量规划过程中权衡质量与费用的关系，以实现质量与费用的最佳匹配。

5. 其他质量规划工具

使用其他质量规划工具，有助于更好地界定、更有效地规划质量管理活动。这些工具包括专家判断、关系图、模块图、流程图和优先排序矩阵等。

4.1.4 项目质量规划的成果

项目质量规划的成果主要包括以下内容。

1. 质量管理计划

质量管理计划为整体项目计划提供依据，并且必须考虑项目质量控制（QC）、质量保证（QA）和过程持续改进问题。质量管理计划应当说明项目管理团队将如何执行实施组织的质量方针。质量管理计划是项目管理计划的组成部分或从属计划。

2. 质量测量指标

度量项目质量状态的指标称为质量测量指标，如缺陷数、故障率、可用性、可靠性等。质量保证和质量控制过程都将用到质量测量指标。通过项目质量规划应明确所有质量测量指标。

3. 质量核对表

质量核对表是一种结构性工具，通常因事项而异，用于核实所要求进行的各个步骤是否已经完成。项目质量规划应设计各类质量核对表，以便在质量控制过程中使用。

4. 过程改进计划

过程改进计划应详细说明过程分析的具体步骤，包括以下内容。

（1）过程边界：描述过程目的；起点和终点；依据和成果；所需信息以及本过程的负责人和利害关系方等。

（2）过程配置：过程流程图，以便接口和界面分析。

（3）过程测量指标：以便对过程状态进行控制。

（4）绩效改进目标：以指导过程改进活动。

5. 质量基准

质量基准记录了项目的质量目标，是绩效衡量基准的组成部分，用于衡量和汇报质量绩效。

6. 项目管理计划（更新）

项目管理计划（更新）是指在项目管理计划中纳入质量管理计划和过程改进计划。

4.2　项目质量策划

国际标准 ISO 9000：2008 中对质量策划的定义是：质量策划是"质量管理的一部分，致力于制定质量目标并规定必要的运行过程和相关资源以实现质量目标"。

美国质量管理专家朱兰将质量管理划分为三个过程：质量策划、质量控制和质量改进，简称为朱兰三部曲。朱兰认为，质量策划是设定质量目标和开发为达到这些目标所需要的产品或过程。它涉及一系列通用的步骤：设定质量目标；识别顾客——受目标影响的人；确定顾客需求；开发反映顾客需求的产品特征；开发能够生产具有这种特征的产品的过程；设定过程控制，并将由此得出的计划转化为操作计划。

质量策划是通过一系列通用步骤完成的，如图 4-2 所示。

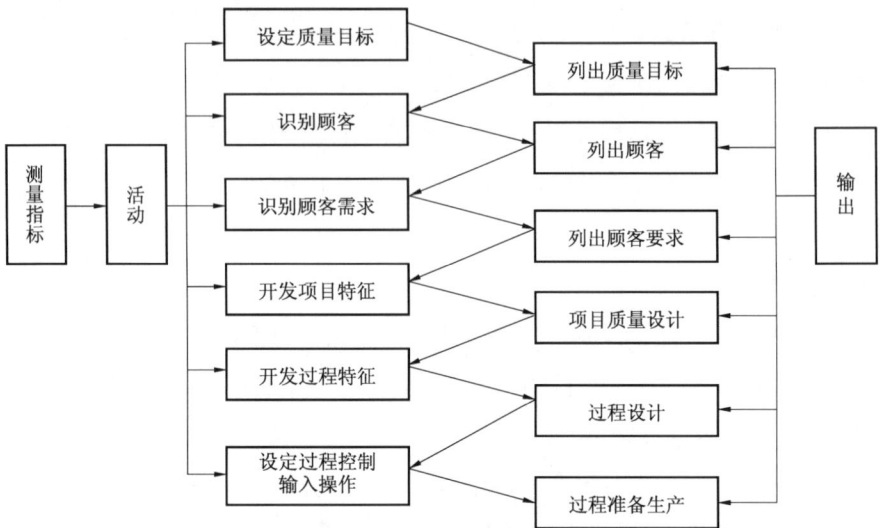

图 4-2　质量策划路线图

图 4-2 称为质量策划路线图，是按照通常的时间先后顺序排列的。图中所标注的测量指标是针对所有策划活动而言的，应用于整个策划过程的每一步；任何一项活动的输出将成为下一活动的输入，形成了输入—输出连锁图；每一步骤、每一活动都涉及顾客、加工者、供应方三重角色。

如果将一般策划过程进行展开，即可得到如图 4-3 所示的展开图。由图 4-3 可见，质量策划是一个逐步进行、逐步展开、逐步深化的过程。

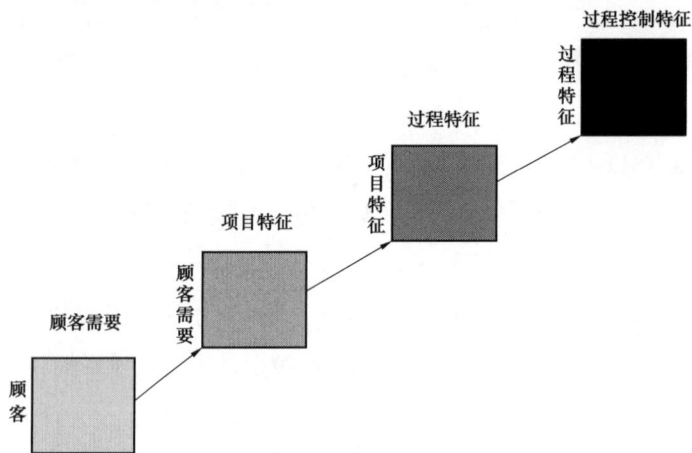

图 4-3　一般策划展开图

根据 ISO 9000：2008 标准关于质量策划的定义及朱兰对于质量策划的认识，可从以下几方面理解项目质量策划的概念。

1. 项目质量策划是项目质量管理的一部分

项目质量管理是指导和控制与质量有关的活动,通常包括质量方针和质量目标的建立、质量策划、质量控制、质量保证和质量改进。质量策划是属于"指导"与质量有关的活动,即"指导"质量控制、质量保证和质量改进的活动。质量控制、质量保证和质量改进只有经过质量策划,才可能有明确的对象和目标,才可能有切实的措施和方法。所以,质量策划是项目质量管理中不可或缺的重要环节,是连接质量方针和具体的质量管理活动的桥梁和纽带。

2. 质量策划致力于设定质量目标

质量方针指明了项目相关方进行项目质量管理的方向,而质量目标是该方向上的某一个点。质量策划就是要根据质量方针,结合具体情况确立这"一点"。由于质量策划的内容不同、对象不同,因此这"一点"也可能有所不同,但质量策划的首要问题是设定质量目标。

3. 质量策划应为实现质量目标规定必要的作业过程和相关资源

质量目标设定后,就需要考虑为实现质量目标应采取哪些措施、经过哪些必要的作业过程以及提供哪些必要条件,包括人员和设备等资源,并将相应活动的职责落实到部门或岗位,以使项目的质量控制、质量保证和质量改进等质量管理活动得以顺利实施。

4. 质量策划的结果是形成质量计划

通过质量策划,将质量策划所设定的质量目标及其规定的作业过程和相关资源用书面形式表示出来,就形成了质量计划。所以,编制质量计划的过程,实际上就是质量策划的一部分。

项目质量策划的主要依据如下。

(1)项目特点。不同类型、不同规模、不同特点的项目,其质量目标、质量管理运行过程及需要的资源各不相同。因此,应针对项目的具体情况进行质量策划。

(2)项目质量方针。项目的质量方针反映了项目总的质量宗旨和质量方向,质量方针提供了质量目标制定的框架,是项目质量策划的基础之一。

(3)项目范围陈述。项目范围陈述说明了项目所有者的需求及项目的主要要求,项目质量策划应适应这些需求和要求。

(4)项目交付物描述。项目的交付物是项目的成果。尽管可能在项目范围陈述中已经描述了项目交付物的相关要素,然而对项目交付物的描述通常包含更加详细的技术要求和其他相关内容,这是项目质量策划的必要依据。

（5）标准和规则。不同的行业、不同的领域，对其相关项目都有相应的质量要求，这些要求往往是通过标准、规范、规程等形式加以明确的，这些标准和规则对质量策划将产生重要影响。例如，建筑工程项目的质量策划就应依据建筑施工规范、建筑结构规范等国家和行业标准。

综上所述，项目质量策划是围绕着项目所进行的质量目标策划、运行过程策划、确定相关资源等活动的过程。项目质量策划的结果是明确项目质量目标；明确为达到质量目标应采取的措施，包括必要的作业过程；明确应提供的必要条件，包括人员、设备等资源条件；明确项目参与各方、部门或岗位的质量职责。质量策划的这些结果可用质量计划、质量技术文件等质量管理文件形式加以表达。

4.2.1　项目质量目标策划

1. 项目质量目标的概念

如果将项目质量目标比作射击瞄准的靶的，应用于质量，质量目标就是一个射击瞄准的质量靶的。

项目的质量目标是项目在质量方面所追求的目的。无论何种项目，其质量目标都可以分为战略质量目标和战术质量目标。战略质量目标即为项目质量的总目标，战略质量目标表达了项目拟达到的总体质量水平，如某建筑项目的质量总目标就是合格品率 100%，优良品率 80%。战术质量目标为项目质量的具体目标，项目质量的具体目标包括项目的性能性目标、可靠性目标、安全性目标、经济性目标、时间性目标和环境适应性目标等。项目的战术质量目标一般应以定量的方式加以描述，如某基础工程项目，其混凝土的抗压强度等级为 40MPa，这就是一个性能性质量目标，是一个战术性质量目标。

2. 项目质量目标与顾客需求之间的关系

由图 4-2 可见，项目质量策划的过程是先设定质量目标，然后是识别顾客、识别顾客需要。设定目标是沿着质量策划路线图运行的起点。

显然，项目质量目标与顾客需求之间存在着密切的关系。如果站在项目需求方的角度看，首先是设定目标，根据目标进行质量策划。如果站在项目承包方的角度，则可能需要识别顾客的需求，在此基础上进行质量目标的策划。实际上，项目质量目标策划与顾客需求的确定是交替出现的。

3. 项目质量目标的策划

项目质量目标的策划包括以下内容。

（1）项目质量目标的来源。项目的质量目标有许多的来源。就项目的承包商而言，许多质量目标的来源是顾客的需求，顾客的需求成为这些组织要实现的项目质量目标。这样的目标可以说是由市场推动的。

有些质量目标是由技术推动的。通常来自于组织开发某种市场上尚未出现的新技术，有必要创造一种市场，使顾客确信他的需求可以由新技术来满足。

质量目标的进一步来源是人类的内在驱动。

质量目标还可能来源于社会，如法律、政府规章、同行压力等。

显然，质量目标有多种来源，但大多数质量目标是由顾客引起的，当然，这里所指的顾客是广义的。

（2）质量目标策划的基础。进行质量目标策划需要考虑的一个重要因素是选择适当的基础。质量目标策划的基础主要包括以下几方面。

1）技术。在组织的较低层次，质量目标的策划在很大程度上是技术性的。大多数质量目标是以规范和程序的形式发表。

2）市场。项目的某些质量目标与市场状态有关，受市场的驱动。

3）优胜基准法。优胜基准法（Benchmarking）可以用于质量目标的策划。这种方法是指，将项目的现状与其他人所取得的成果进行比较，以确定或修改质量目标。即根据外部竞争者已达到的质量目标改进自己的目标。这种方法可避免采用历史资料作为项目目标基础所带来的风险。

4）历史资料。历史资料往往会成为目标策划的基础之一。即项目的质量目标可能是与过去的资料相比较获得的。但这种方法存在风险。对于某些项目来说，历史资料有助于目标的策划，但有些则可能是有害的。因此，在目标策划过程中，应防止误用历史资料。

（3）质量目标策划的输入。不同的项目，其质量目标策划的输入可能有所不同，但一般有以下几项。

1）质量方针。质量目标应建立在质量方针的基础上。项目的战略性质量目标一般是从质量方针直接引出的，其他质量目标仍然必须遵循质量方针所规定的原则，不得有违背或相抵触的状况。

2）上一级质量目标。上一级质量目标包含两方面：①层次上的上一级，如项目的战略性目标或项目的总目标就是项目最高层次的目标；②时间上的上一级，如年度质量目标就是月度质量目标的上一级目标。下一级质量目标必须为上一级质量目标的完成提供保证。上一级质量目标的措施有可能就是下一级质量目标。

3）项目本身的功能性要求。每一个项目都有其特定的功能，在进行项目质量目标策划时，必须考虑其功能，满足项目的适用性要求。

4）项目的外部条件。项目的外部条件使项目的质量目标受到了制约，项目的质量目标应与其外部条件相适应。所以，在确定项目的质量目标时，应充分掌握项目的外部条件，如工程项目的环境条件、地质条件、水文条件等。

5）市场因素。市场因素是项目的一种"隐含需要"，是社会或用户对项目的一种期望。所以，进行项目质量目标策划时，应通过市场调查，探索、研究这种需要，并将其纳入质量目标之中。

6）质量经济性。项目的质量提升是无止境的，要提高项目质量，必然会增加项目成本。所以，项目所应追求的质量不是最高，而是最佳，即既能满足项目的功能要求和社会或用户的期望，又不至于造成成本的不合理增加。在项目质量目标策划时，应综合考虑项目质量和成本之间的关系，合理确定项目的质量目标。

7）存在的问题点。所谓问题点，是指为实现质量方针和质量目标所必须解决的重要问题，包括不合格、缺陷、不足、与先进水平的差距等。也就是说，未能满足质量目标要求或有碍于质量目标实现的资源、过程、产品、程序等都可能成为问题点。

8）现状或未来需求。项目现状是实现质量目标的基础。实现质量目标可以改变现状，但需要时间和资源。对项目现状的把握，可以使质量目标确定得更加合理，但同时需要考虑未来的需求。

9）项目相关方的满意度。质量目标的策划应充分考虑项目相关方的利益，尽量提高项目相关方的满意度。

（4）项目质量目标策划的原则。项目的质量目标对项目的质量管理具有导向作用，关系到项目质量管理的有效性，因此，在目标策划过程中，应考虑相应的原则，以使项目的质量目标具有先进性、科学性、可靠性和可行性。

1）必须满足质量方针和上一级质量目标的要求。质量目标不能违背质量方针所规定的原则，并为上一级质量目标的完成提供保证。

2）质量目标并非一成不变。质量目标是动态的，可以说，质量目标是一个移动的靶的。这是因为项目的环境处于不断地变化之中。所以，质量目标应对变化的环境，如新技术、新竞争、机会、威胁等作出反应。在项目目标策划过程中，应不断评估项目环境的变化对目标所产生的影响，并对目标作出相应的调整。

3）质量目标应针对问题点。质量目标应具有激励作用，这就需要针对问题点。

项目的某些方面存在不足，则应有针对性地提出高于现有水平的质量目标。质量目标来源于现状，而又应高于现状，这可谓："求乎上，得乎中；求乎中，得乎下；求乎下，无所得。"

4）质量目标应切实可行。质量目标高于现状，但并非越高越好，过高的质量目标将可能成为虚幻。只有那些经过努力能够实现的目标才是切实可行的。

（5）质量目标策划的基本程序。项目质量目标的策划一般需要经历以下基本步骤。

1）分析现状，预测趋势。分析现状，包括对项目特点或项目当前质量状况的分析，对当前质量管理情况的分析，对当前用户需求和期望的分析等；预测趋势，包括对项目未来质量发展趋势的预测，对用户未来对项目的需求和期望的预测等。

2）明确目标策划的输入要求。不同的质量目标策划有不同的输入要求。在目标策划过程中，应根据所策划的目标类型明确输入要求。该过程的目的是确定目标策划的主要依据。

3）确定质量目标。根据输入的要求和现状之间存在的差距，充分估计改变现状、达到要求的难易程度及工作量，在此基础上确定质量目标。

4）质量目标的展开。质量目标的展开是将目标细分直到能够采取措施去完成为了达到目标所需的特定业务为止。这样的展开为上下级沟通提供了方便，也为上下级参与策划过程提供了条件。展开过程的双向沟通对于取得改进成果是非常有利的。

4.2.2　运行过程策划

1. 概述

过程方法是 ISO 9000：2008 版标准所提出的八项质量管理原则之一。过程是"一组将输入转化为输出的相互关联或相互作用的活动"，项目交付物是"过程的结果"，服务也是"过程的结果"。项目的质量管理是通过一系列活动、环节和过程而实现的。项目的质量策划应对这些活动、环节、过程加以识别和明确。当然，不同的项目，其质量管理的运行过程亦有区别，但就其运行过程策划而言，至少应明确以下几点。

（1）项目质量环。项目实现是项目所要求的一组有序的过程和子过程。虽然在项目实现过程中有可能出现子过程的交叉，甚至形成网络，但从总体看，任何项目都是从概念阶段开始至项目完成的线形系统。例如，新产品开发项目就是一个从顾客要求到设计和开发、采购、生产和服务运作的线性系统。朱兰的质量螺旋形象地表现了这一线性系统，如图 4-4 所示。

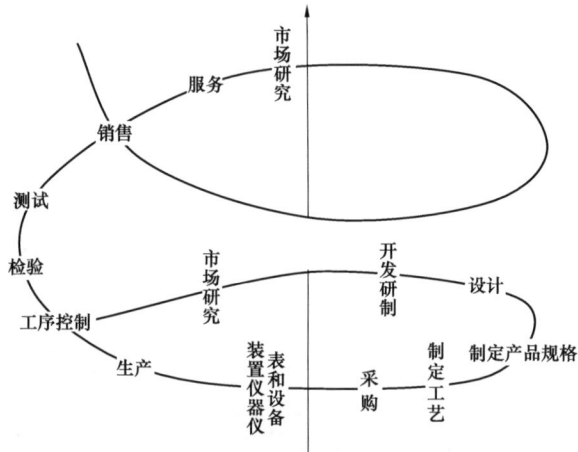

图 4-4　朱兰质量螺旋

　　项目质量受到项目形成的各个环节的影响，通常将这些环节称为质量环。简单地说，项目质量环就是影响项目质量的各个环节。是从识别需要到评定能否满足这些需要的各个阶段中，影响质量的相互作用的活动的概念模式。不同的项目，其质量环也有所不同。例如，把图 4-4 所示的朱兰质量螺旋进行简化，即可得到产品开发项目的质量环，如图 4-5 所示。质量环清楚地表达了项目实现的有序性。在质量策划过程中，应分析项目的质量环，并充分利用这种有序性，以避免遗漏质量环上的过程环节。

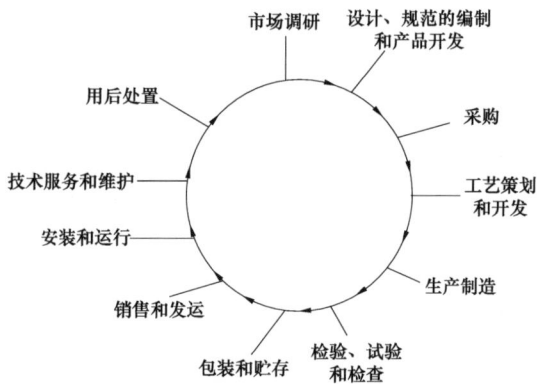

图 4-5　产品开发项目的质量环

　　再如，施工项目的质量环一般是由 8 个环节所构成，如图 4-6 所示。

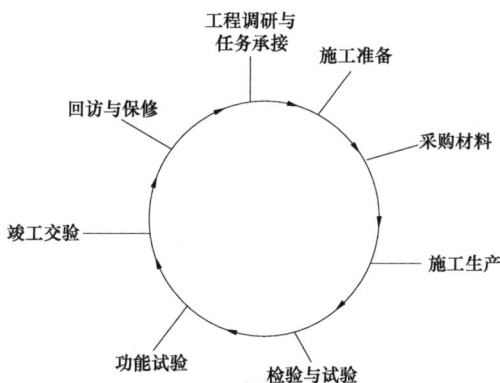

图 4-6 施工项目的质量环

项目的实现过程是线性的，但在项目的质量管理过程中，却需要各种各样的支持过程，如管理职责的支持过程、支撑质量环运作的资源支持过程，以及对运作进行量测、分析和改进的提升性支持过程。所以，在项目质量环的策划过程中需要完成两大任务。

1）过程分解。根据项目的背景及特点，将项目实现的过程分解为若干子过程。

2）提供支持。对分解的子过程提供支持过程，包括环境、资源、要求、职责、程序、记录、规范、特殊情况的处理预案、测量、监视、分析、改进等，使得子过程能够在规定的环境下正常运行。

（2）质量管理程序。应明确项目不同阶段的质量管理内容和重点；明确质量管理的工作流程等问题。

（3）质量管理措施。包括质量管理技术措施、组织措施等。

（4）质量管理方法。包括项目质量控制方法、改进方法、质量保证方法、质量评价方法等。

2. 过程策划的内容

经过过程策划，应确定以下主要内容，这些内容将成为经过质量策划后所形成的质量计划的内容。

（1）项目的质量目标与要求。如前所述，项目的质量目标是在项目质量策划前期进行的，当然，这时所确定的质量目标可能是初步的。在整个项目质量策划过程中，这一初步目标应当成为策划的指导。对项目的具体情况的认识，是随着质量策划的进行而逐步加深的，因此，在质量策划的同时，需要对初步的项目质量目标进行必要的完善和修改，从而形成正式的质量目标和要求。

（2）针对项目所需建立的过程和文件，以及所需提供的资源和设施。建立过程，就是将项目的实现过程进行分解，形成项目的质量环；建立文件以及提供所需的资源和设施，就是为所建立的过程提供支持。

（3）针对项目所需要的验证、确认、监视、检验和试验活动，以及项目的验收准则。项目的形成过程及其交付物是否受控或合格，应进行必要的监视、验证和确认。在过程策划过程中，应对需要进行设立验证、确认、监视、检验或试验的过程或环节予以明确，同时应明确相应的准则。

（4）对过程及其项目的符合性提供信任所必需的记录。质量记录产生于项目实现过程之中。在质量策划中，应明确何时记录、记录什么、怎样记录、谁来记录、使用何种记录表格、记录内容的可靠性审查方法、质量记录的保管方法、记录的作用等内容。

4.2.3 开发项目的特征

项目特征包括总体特征与个体特征。总体特征是就项目总体而言所提出的质量特征要求，如项目的技术性特征、功能性特征、安全性特征、经济性特征、环境适应性特征等。个体特征是指项目的具体特征，如混凝土抗压强度等具体的质量指标。

项目特征的开发过程一般包括两种情况：一是顾客（市场）的直接推动；另一种是项目的相关方对顾客（市场）进行调查，预测、分析顾客的要求，这是一种间接推动。显然，无论是哪种状况，开发项目特征的动力来源于顾客。项目特征的开发，要满足顾客的需求与期望，但这种满足应是最优的，因此，项目特征开发过程是一个优化的过程。图4-7表达了项目特征开发的基本过程。

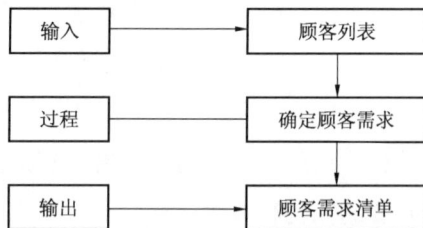

由图4-7可见，项目特征开发的输入是顾客的一系列需求；过程是为满足顾客需求而进行项目特征开发，其中包括优化的过程；输出的是开发出的一系列项目特征及相关指标。

1. 确定顾客需求

顾客需求是开发项目特征的重要依据，因此，项目特征开发的第一步就是识别顾客的需求。顾客需求确定的过程如图4-8所示。

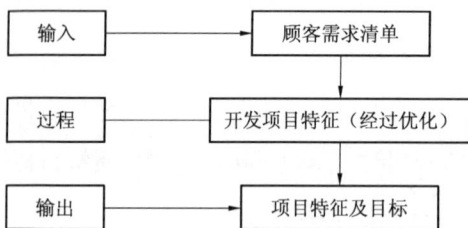

图4-7 项目特征开发的基本过程　　　图4-8 顾客需求确定的过程

顾客的需求似乎是无止境的，由于社会流行的文化、科技水平以及其他可变因素的存在，顾客需求的复杂性进一步深化。因此，在讨论顾客需求的确定之前，首先应以某种逻辑的方式对顾客的需求进行分类。顾客的需求可分为以下几种类型。

（1）表述的需求。顾客通常从自身的视角，用自身的语言来表达他们的需求，这种类型的需求就是表述的需求。表述的需求往往并不难以识别。

（2）真正的需求。真正的需求是顾客对项目的内在需求。这种需求也可能不直接表达出来，但却是存在的。

例如，某顾客需要开发一套项目管理软件，于是他可能要用某种方式提出这种需求，这就是一种表述的需求。而顾客的真正需求是需要一套理想的软件来辅助项目管理。

（3）感觉的需求。顾客可能在其感觉的基础上陈述他们的需求，其中一些感觉是与项目有关的，有些似乎与项目并不相关。顾客的感觉与供应商的感觉总是存在着差异，因此，作为供应商应不断对顾客的感觉的需求加以识别。

（4）文化需求。顾客的需求，特别是内部顾客的需求，往往超出了项目及项目形成的范围。这些需求包括自尊、尊重他人、习惯模式的连续，以及其他更广泛意义上的属于所谓文化模式的一些因素。许多确定顾客需求的不合理性在于不能正确理解这种文化模式的性质，甚至不了解文化需求的存在。

根据顾客的需求是否在合同环境中，可将顾客的需求分为两种类型。

1）合同环境中的顾客需求。顾客通过合同的方式，包括口头合同或其他形式正式提出要求。这种需求往往是不完全的。一般来说，顾客往往只规定有关可用性、交付和支持等方面的要求，例如性能特性（如环境条件、使用条件、可用性或可信性等）、感官特性（如样式、颜色等）、适用的标准和法规、质量验证、质量保证等。显然，对这种类型需求的识别比较容易。而在合同环境中，还存在着另一类顾客需求，这就是对某些预期或规定用途所必要的项目要求，如安全性、对环境的损害程度、相容性、与项目有关的义务等，这些需求有时尽管不一定都明确表达出来并写入合同，但却必须要达到的。对这种类型需求的识别，依然需求通过分辨、调查、确定的过程，才能真正把握。

2）非合同环境下的顾客需求。顾客的需求并未通过合同正式表达出来，而是需要依靠项目相关方进行调查、分析，才能加以识别。这种类型的顾客需求可以通过项目团队经常性地、不间断地收集顾客对项目的需求，并提出报告。

非合同环境下的顾客需求的识别，还包括对竞争对手的分析；进行水平对比；

了解相关的法律法规。竞争对手要面临共同的顾客，他们对顾客需求的理解对项目的相关方来说，具有参考和借鉴作用。例如，A 企业开发一种新产品的同时，B 企业也正在开发同类产品，这时 A 企业就必须对 B 企业进行分析，并将分析的结果用于该产品的质量策划之中。水平对比就是将项目质量状况与本组织历史上的最好水平相对比，与国际国内的先进水平相对比，与相似的项目相对比，并从对比中找差距，从而达到识别顾客潜在需求的目的。了解相关的法律法规，就是要了解与项目有关的国际、国内的技术法规、标准、规范等，这些法律法规往往代表了顾客的要求或潜在需求。

通过对顾客需求的识别，最终需要将顾客的需求用文件的形式表达出来，形成顾客需求清单。

2. 项目特征开发过程

项目是从概念到顾客过程中的一部分，包括选择满足顾客需求的项目特征。为选择这些特征，项目相关方往往需要了解顾客的需求；需要开发项目的一些新的特征来替代原有特征；为进行优化，需要对这些特征进行实验和检测；需要对选定的项目特征进行定义。这一系列过程可称为项目开发过程。项目开发就是为了满足顾客需求而选择项目特征的分析、研究过程。

项目开发的核心部分是项目设计。项目设计就是为了满足顾客需求而明确项目特征的过程，是以技术和功能方面的专门知识为基础而进行的创造过程。项目设计的重要成果之一是项目特征。

项目开发与项目质量策划是不可分割的。项目开发涉及对多种参数进行策划，如费用、时间、质量等，质量参数涉及通过选择和定义项目特征来满足顾客需求。项目开发采用以质量为导向的方法和工具，以通过项目开发达到项目质量目标。

（1）项目特征开发中的结构化手段。随着项目的进展，所涉及的因素大量增加，顾客的需求也随之增加，随之而来的顾客需求，不仅需要开发大量项目特征以满足需求，而且要求项目相关方拥有项目特征开发的系统手段。为适应项目特征开发的复杂性就需要采用结构化的手段。

结构化所包含的内容较多，但其中最为重要的内容包括项目特征开发的基本程序、以质量为导向的方法和技术等。这些程序、方法和技术在项目策划时需要加以明确。

结构化的手段有利于提高策划的工作效率；有助于策划工作的连续性、节奏性和系统性。

（2）项目特征开发中的优化。在理想状态下，项目的特征应符合以下基本原则。

1）满足顾客的需求与期望。需求与期望包括顾客的所有需要，无论是表述的还是隐含的；无论是实际的还是文化的。这里所说的顾客包括所有顾客，无论是外部的还是内部的；无论是宏观的还是微观的。

2）满足竞争的需要。项目特征应满足竞争的需要，这样的项目才具有强大的生命力。

3）使项目的费用最低。在满足顾客的需求与期望，满足竞争需要的基础上，应降低项目费用。

4）使项目实现的时间最佳。项目特征越复杂、质量要求越高，项目实现所需要的时间就越长，这就需要找到一个相对合理的结合点。

为了使项目符合上述原则，就需要采用优化的方法进行项目的特征开发。优化的方法有很多，但是最重要的是以质量为导向的方法、技术与工具，这些方法也可称为质量学科方法。在项目特征开发中使用的方法主要有以下几种。

① 对项目可靠性进行评估和预测的模型和数据系统。

② 从影响结果的众多变量中发现优化结果的优化方法。

③ 工序能力分析方法。

④ 流程图、决策树方法。

⑤ 质量功能展开方法。

（3）项目特征开发中的分析技术。项目特征开发中需要进行各种各样的分析，每种分析都能解决项目特征开发中的一些问题，也都需要遵循一定的准则。

1）项目特征的层次分析。顾客的需求是分层次的，有主要的、次要的、一般的。需求的层次化必然要求项目特征的层次化。对于项目特征，需要逐层加以分解和细化，直到最低层次。项目特征的层次分析可采用类似于工作结构分解的方法（WBS 方法）进行。

2）关键性分析。项目的特征有很多，但这些特征绝非同等重要，必然有关键和非关键之分，而项目的关键性特征仅为少数。关键性分析的目的就是要确定项目的关键性特征，以使其在资源配置及受关注方面获得优先权。

不同类型的项目，其关键性特征不可能相同，但至少考虑的因素是基本相同的，这些因素包括以下方面。

① 安全性。对人的健康、安全、环境产生直接影响的项目特征应列为关键性特征。

② 强制性。法律法规所要求的项目特征，这些特征是必须要达到的。

③ 竞争性。能够体现项目竞争力的特征应列为项目的关键性特征。

④ 对项目目标的影响。对项目的费用、时间等目标产生影响的项目特征，事关项目全局，所以应予以高度关注。

⑤ 持续性。顾客对项目性能的持续性往往有较大依赖。这种依赖产生了一系列与性能持续性相关的项目特征，如可靠性、故障率、可维修性等。这些持续性方面的特征要求项目管理者给其以更多的重视。

3）竞争性分析。竞争性使项目质量成为动态指标。项目相关方应将本项目特征与竞争者进行分析比较，比较的结果是确定本项目具有竞争性的项目特征。

4）价值分析。项目特征表现出项目功能，而为了实现相应功能则需要成本，功能与成本之间的关系则体现出项目的价值。价值分析就是要评估功能与成本两者之间的相互关系。其目标在于：为顾客提供基本的项目功能；在提供功能的同时优化项目成本；剔除项目的无效功能。

价值分析的输入变量主要包括：顾客需求以及相关重要性的清单；项目特征的清单；成本估计。

为了确定上述输入变量，首先需要进行以下几项主要工作。

① 对项目的每项功能进行精确定义。

② 将主要功能进行分解，分解为二级、三级功能等。

③ 估计开发每个子功能所需要的成本。

④ 根据成本估计的结果评估相关替代方案的优缺点。

3. 特征开发的输出

项目特征开发的输出包括编制相关文件、完成展开图、发布项目特征等。

（1）编制相关文件。项目特征开发的结果之一是形成不同的文件形式。这些结果包括项目特征以及与之相关的规范化、项目目标的细化、表格及其他文件，当然还可以用各种书面和口头等方式作为补充。

（2）完成展开图。展开图是一种将顾客的需求与期望逐步展开为项目质量特征的图表，是质量功能展开方法中的常用图表。完成展开图是一项贯穿项目实施始终的过程。

（3）发布项目特征。发布项目特征就是要通过某些方式将项目特征开发的结果传递到与项目有关的部门和人员，使其在项目实施过程中得以实现。

4.2.4　项目质量策划的方法和技术

在项目质量策划过程中,应采用科学的方法和技术,以确保策划结果的可靠性。常用的质量策划的方法和技术有:质量功能展开技术、流程图、质量成本分析技术、优胜基准法等。

1. 质量功能展开技术

质量功能展开技术,即(Quality Function Deployment,QFD),于 20 世纪 70 年代首创于日本,是一种将用户或市场的要求转化为设计要求、零部件特性、工艺要求、生产要求的多层次演绎的分析方法。

QFD 用比较清晰的图表,将顾客的需求和期望的复杂关系系统地表达出来,并进行综合权衡分析,以提供选定方案的决策依据。

项目质量策划的一个重要问题是:如何将识别出的用户、顾客对项目的需求与期望转化为实现用户需求的质量特性。

一般来说,顾客的需求和期望有以下特点。

(1)缺乏系统性。在项目进展过程中,顾客对项目质量的需求和期望是随着各种情况的变化而逐步形成的,在不同的阶段可能有不同的需求,这种需求是支离破碎的、不系统的。

(2)模糊性。顾客对项目质量的需求和期望往往无明确的界限,只是一种模糊性描述。例如,要求某个质量指标再好些,这就是一个非常模糊的描述。

(3)矛盾性。顾客的种种需求之间可能是相互矛盾的,例如,既要求项目质量好,又要求项目费用少,这就是一种矛盾的需求。

(4)多样性。顾客的需求和期望往往不是单一的,而是多方面的,可能是对项目本身质量的需求和期望,也可能是对服务质量的需求和期望。

由于上述特点的存在,针对顾客的需求和期望开展以下工作就显得非常重要:进行系统分析、权衡;采用科学的方法进行分类;分清需求和期望的主次。

在此基础上,将顾客需求转化为质量要素。这一过程可借助于质量功能展开技术(QFD)来实现。

在项目质量策划过程中,QFD 的基本环节如下。

(1)需求与期望语言信息变换。顾客需求和期望的语言信息往往是杂乱无章的、不规范的。所以,进行质量功能展开时,首先应将这些信息提炼出一种能代表这些信息的语言,即将需求和期望信息转换为简单语言情报,这些语言情报可称为要求项目。语言信息变换可采用头脑风暴法、专家咨询法等方法进行。

表4-1是某工程项目顾客需求和期望的原始信息变换为要求项目的若干实例。

表4-1 需求与期望原始信息变换

序号	顾客	需求与期望原始信息	要求项目
1	业主	墙面光滑美观	表面光滑、洁净
			颜色均匀
			无抹纹
			灰线平直方正
			清晰美观
2	业主	屋面保温防水	保温隔热材料性能
			防水材料性能
			施工要求
			操作技术
			管理程度
3	下道工序	为饰面板安装工程提供良好条件	基层清洗干净
			饰面板质量
			其他材料质量

（2）要求项目信息变换。要求项目与需求质量是相对应的，一个要求项目可能对应若干需求质量。因此，需要通过分析、研究，以确定与要求项目相对应的需求质量。在这种变换中主要应考虑以下几个环节。

1）根据要求项目进行推测、类推和抽取，定义需求质量。

2）从一个要求项目中抽取若干需求质量。

3）分析需求质量中是否存在矛盾。

4）充分分析、讨论，形成最终结论。

要求项目信息变换同样可采用头脑风暴法、专家咨询法等方法进行。

例如，将表4-1序号1中的要求项目信息变换为需求质量，如表4-2所示。

表4-2 要求项目信息变换

序号	要求项目	需求质量
1	墙面光滑、洁净	面层无爆灰和裂缝；表面平整；无生石灰颗粒
2	颜色均匀	无杂色

续表

序号	要求项目	需求质量
3	无抹纹	抹灰分格缝的宽度和深度均匀一致；无砂眼；无错缝
4	灰线平正方直	阴阳角垂直；立面垂直；阴阳角方正
5	清晰美观	无脱层；无空鼓；抹灰层间黏结牢固；抹灰层与基体之间黏结牢固

（3）需求质量聚类。根据要求项目信息变换的需求质量之间有些存在区别，但有些存在内在联系。这就需要采用一定的方法将其进行聚类，以形成一个清晰的质量改进范围。聚类的方法可选择两种：KJ 聚类法和模糊聚类法。

采用 KJ 聚类法将表 4-2 的需求质量进行归类，其结果如图 4-9 所示。

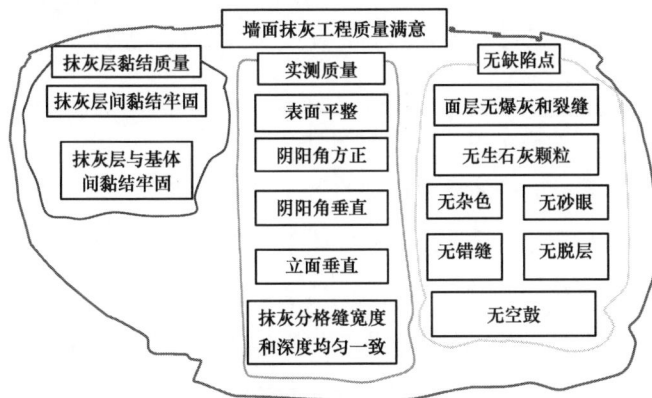

第一层次	第二层次	第三层次
墙面抹灰工程质量满意	无缺陷点	面层无爆灰和裂缝；无生石灰颗粒
		无杂色；无砂眼；无错缝；无脱层
		无空鼓
	实测质量	表面平整
		阴阳角方正
		阴阳角垂直；立面垂直
		抹灰分格缝宽度和深度均匀一致
	抹灰层黏结质量	抹灰层间黏结牢固
		抹灰层与基体间黏结牢固

图 4-9 KJ 聚类图

KJ 聚类法是将从混乱状态中收集来的语言信息，利用相互的亲和性加以归纳并整理，以明确指出所应解决的问题。

KJ 聚类法是一种以分类者的经验、直觉为依据的分类实际操作法，适用于概念清晰、界限明确情况下的归类问题。但事实上，顾客需求和期望的语言信息往往难以给予明确的定义或确定性的评定标准，这实际上是不确定性问题或称为模糊问题。对于这种不确定性问题，如果不从理论上或方法上予以清晰的处理，则可能会导致不可克服的矛盾。这就需要借助于模糊数学方法来解决顾客需求质量的模糊聚类问题。

（4）需求质量重要度的确定。顾客的质量需求多种多样，并非对顾客所提出的所有需求都应满足，而需要加以分析，找出重点。需求质量重要度是项目质量策划中用于判断决策的一个重要的数量指标。需求质量重要度的确定应充分体现以顾客为关注焦点的原则，即通过对顾客的调查获取客观信息，以顾客立场作为评价的重要依据。

需求质量重要度的确定可采用两种方法。

传统方法：对需求质量的重要度通过若干等级量进行评定，如非常重要、比较重要、一般重要、不重要，要求被访顾客对各个等级作出抉择——取其一且仅取其一，然后根据对若干顾客的调查结果进行综合评价。

模糊评价方法：实际上，顾客对需求质量的重要度的评价并非是对某一等级的清晰的二元抉择，可能在各个等级之间存在着事实上的中间过渡。所以，这就需要采用一种模糊调查和模糊评价方法，以放宽对顾客思维范围的局限，允许被调查顾客对需求质量重要度的各个不同等级的从属程度作出判断，根据若干顾客的模糊评价结果对需求质量的重要度做出最终评价。

（5）质量要素的抽取。质量特征应具体明确，具有可操作性，这就需要从需求质量中抽取质量要素，将市场世界变为技术世界。质量要素分为两种类型：可测试的质量要素和不可测试的质量要素。

可测试的质量要素是指，可以采用某种测试技术进行测试并能得到定量指标的质量要素。例如，工程项目的规格、墙体的厚度等外观特征；混凝土抗压强度、钢筋的抗拉强度等力学特征等质量要素就属于可测试的质量要素。可测试的质量要素也可称为质量特性值。

不可测试的质量要素是指，不能通过某种测试技术进行测试并定量表达，而只能进行定性描述的质量要素。

　　质量要素的抽取应组织技术、管理、项目实施、设计等有关方面的人员参加，并考虑具体的项目质量标准、实施状况等因素，进行综合分析。根据某工程项目的需求质量所抽取的质量要素如表 4-3 所示。

表 4-3　质量要素表

序号	需求质量类型	需求质量	质量要素
1	施工质量	钢筋质量	型号、抗拉强度、锈蚀程度
		钢筋工程施工质量	焊接质量、钢筋间排距、保护层
		混凝土工程质量	抗压强度、灰水比
		地面工程质量	表面平整度、缝格平整度、接缝高低差
		抹灰工程质量	表面平整性、阴阳角垂直度、立面垂直度、表面光滑洁净、颜色均匀
2	设计质量	整体结构抗震性好	结构抗震等级
3	材料质量	结构材料无有害杂质	骨料含泥量、含云母量、含轻物质量、含硫化物量
		装饰材料无有害杂质	含放射性杂质量
4	服务质量	履约质量	合同履约率、索赔次数
		相关方沟通	沟通的有效性、通过沟通避免问题发生的次数

　　为了对质量要素有一个清楚的、系统的认识，需要对抽取的质量要素进行分类，其方法仍然可采用 KJ 法归类。基本过程是将从需求质量中抽取的质量要素作为三级要素，再将类似的作为一组，每组作为二级质量要素，并冠以适当的名称，然后再将二级质量要素进行分组，并冠以适当的名称。图 4-10 是将表 4-3 中的质量要素进行 KJ 归类的状况。

　　KJ 归类的结果也可用表格的形式表达，表 4-4 表达了图 4-10 的归类结果。

表 4-4　质量要素展开表

一级质量要素	二级质量要素	三级质量要素
尺寸要求	钢筋布置尺寸	钢筋间排距、保护层
	外观尺寸	缝格平整度、接缝高低差、地面平整度、立面垂直度、阴阳角垂直度、抹灰表面平整性
性能要求	力学性能	抗拉强度、抗压强度、结构抗震等级
	材料性能	含泥量、含云母量、含轻物质量、含硫化物量、含放射性杂质量、灰水比

续表

一级质量要素	二级质量要素	三级质量要素
性能要求	服务性能	合同履约率、索赔次数、通过沟通避免问题发生的次数
话题性	材料	型号、锈蚀程度
	实施	焊接质量、表面光滑洁净、颜色均匀、沟通的有效性

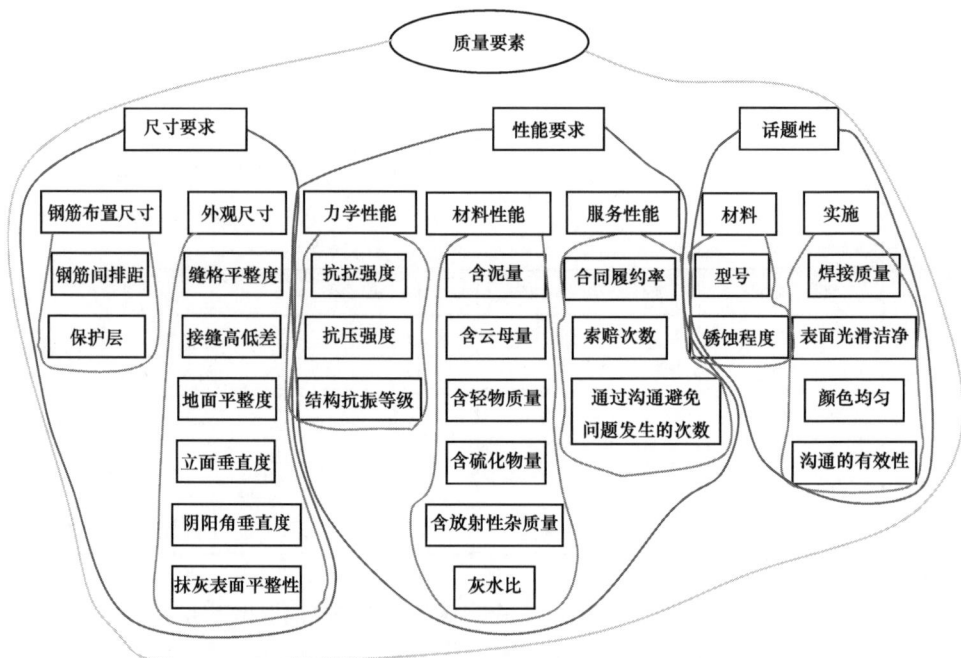

图 4-10　质量要素的 KJ 归类图

（6）形成质量表。将需求质量展开表与质量要素展开表结合成矩阵形式，形成质量表，并根据对应关系的强弱标出相对应的符号。质量表明确表达了需求质量与质量要素之间的对应关系。根据上述例子的分析结果制作质量表，如表 4-5 所示。

表 4-5　质量表

需求质量展开	质量要素展开		
	尺寸要求	性能要求	话题性
施工质量	5	5	5
设计质量	3	5	3
材料质量		5	3
服务质量		5	1

注　表中数值表示的对应关系分别为：5—强烈对应；3—对应；1—弱对应。

（7）质量要素重要度的确定。根据需求质量抽取的质量要素有许多，但并非都重要。质量管理的重点对象应是重要的质量要素，因此应对质量要素的重要度加以确定，以明确项目质量管理的关键。质量要素的重要性可用质量要素重要度来衡量。质量要素的重要度与相关需求质量的重要度密切相关，因此，根据已经确定的质量表及需求质量的重要性即可确定质量要素的重要度。

2. 流程图

流程图是由若干因素和箭线相连的因素关系图。主要用于质量管理运行过程策划。包括系统流程图和原因结果图两种主要类型。

系统流程图：该图主要用于说明项目系统各要素之间存在的相关关系。利用系统流程图可以明确质量管理过程中各项活动、各环节之间的关系。图 4-11 就是一个系统流程图，反映了新产品开发项目的开发流程。

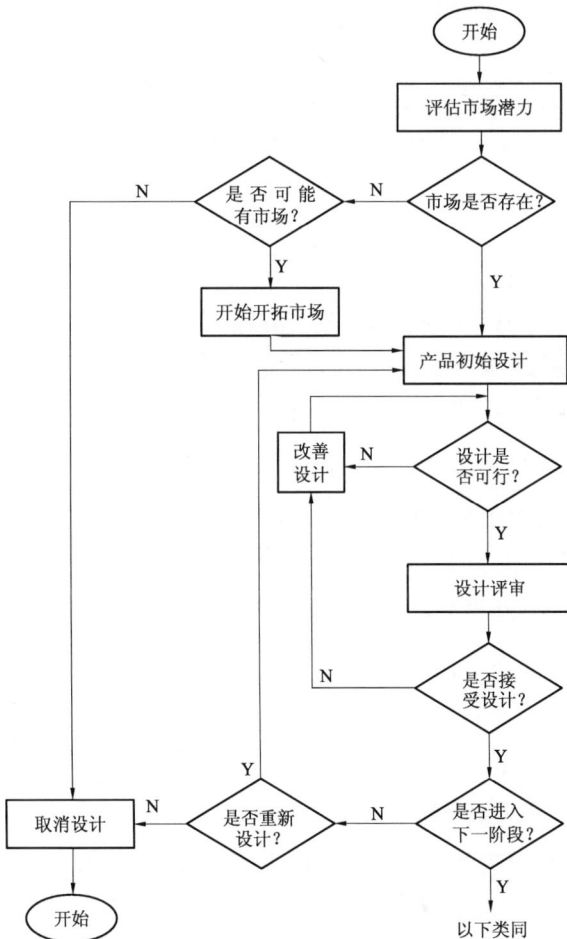

图 4-11　新产品开发项目的开发流程图

原因结果图: 主要用于分析和说明各种因素和原因如何导致或产生各种潜在的问题和后果。如图 4-12 所示。

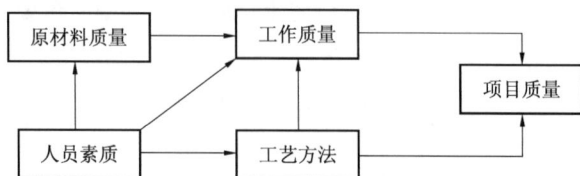

图 4-12　原因结果图

流程图的常用符号如表 4-6 所示。

表 4-6　流程图常用符号

符号	含　义	表示内容示例
⬭	表示过程的开始或结束	基础工程施工开始
▭	表示一项活动, 活动的名称标于其中	立模
◇	表示过程的分歧点, 即决策点	检验?
→	表示一个活动到另一活动的流向	立模 → 绑扎钢筋
▱	文件符号, 表示过程的有关文件	检验报告

流程图的编制一般应遵循一定的程序, 当然, 不同类型流程图的编制程序并不完全相同, 应根据具体情况加以确定, 以下是两种不同类型流程图的绘制程序。

（1）描述某一过程的流程图的绘制程序。

1）确定该过程的开始和结束。

2）观察从开始到结束的整个过程。

3）确定该过程的步骤。

4）绘制表示该过程的流程图草案。

5）评审该流程图草案。

6）对比实际过程验证该流程图。

（2）设计一个新过程的流程图的绘制程序。

1）确定过程的开始和结束。

2）将过程中的步骤具体化。

3）确定该过程的步骤。

4）绘制该过程的流程图草案。

5）评审流程图草案。

6）根据评审结果改进流程图草案。

7）注明日期，以备将来使用或参考。

3. 质量成本分析技术

质量成本是指为保证和提高项目质量而支出的一切费用，以及因未达到既定质量水平而造成的一切损失之和。

美国质量管理专家朱兰将质量成本定义为："为保证和提高产品质量而支付的一切费用，以及因未得到既定质量水平而造成的一切损失之和。"

在 ISO 8402:1994 中，质量成本的定义是："为确保和保证满意的质量而发生的费用以及没有得到满意的质量所造成的损失。"

可见，质量成本的核心问题总是和不满意的质量或质量不良、劣等质量、防止产生不合格品或已出现了不合格品所发生的费用和损失联系在一起的。一般来说，不合格的产品往往都是没有获得满意质量的产品，而合格产品不一定都是满意的产品。所以，ISO 8402 关于质量成本的定义更具有概括性，含义更广。

根据上述定义，可以说项目质量成本就是为保证用户满意的项目质量而发生的费用及未得到满意的质量所造成的损失。但并非所有与项目质量有关的成本，也并非为了获得满意的项目质量所发生的全部费用和损失。

项目质量与其成本密切相关，既相互统一，又相互矛盾，所以，在确定项目质量目标、质量管理流程和所需资源等质量策划过程中，必须进行质量成本分析，以使项目质量与成本达到高度统一和最佳配合。

质量成本分析，就是要研究项目质量成本的构成和项目质量与成本之间的关系，进行质量成本的预测与计划，探求最适宜的质量水平，使项目、项目相关方和社会的经济效益达到最佳。

（1）质量经济性原理。质量问题实际上是一个经济问题，质量经济性可从利益和成本两个方面考虑。从利益方面考虑：对顾客而言，必须考虑减少费用、改进适用性、提高满意度和忠诚度；对项目承担方而言，必须考虑安全性、购置费、运行费、保养费、等待损失和维修费以及可能的处置费用；从成本方面考虑：对顾客而言，必须考虑安全性、购置费、运行费、保养费、维修费以及可能的处置费用；对项目承担方而言，必须考虑由识别顾客需要和设计中的缺陷，包括不满意的产品返工、返修、更换、重新加工、生产损失、担保和现场修理等发生的费用，以及承担项目责任和索赔风险等经济性问题。

对质量经济性进行分析，可以看出提高项目组织经济效益有两个方面：一是增加收入、利润，即通过诸如加强领导、提高效率、改进雇员工作，以及提高雇员和顾客的满意度来实现；二是降低项目实施所需要的成本，缺少应有的资源投资，由于低劣的项目质量和服务，给组织带来损失，并使其在市场竞争中处于不利地位；组织形象和信誉将受到影响；将可能产生顾客抱怨、责任风险，以及人力和财务资源的浪费，减少这些损失，可以降低项目所需要的资源成本。

根据改进经济效益，实施质量经济性管理的层次结构，可以看出，质量经济性管理的两个基本要素是：提高顾客满意度和降低资源成本。

（2）质量成本分析的原则。

质量成本分析原则包括以下几方面。

1）用户、顾客利益和社会效益第一，企业经济效益必须与用户、顾客利益及社会效益相统一。

2）常用的质量优化目标函数为利益最大或成本最低。

3）必须明确采用相同的对象来进行比较。比较对象不同，结论自然不相同。例如，以停车检修是否经济为题来分析，若与正常生产相比，停车检修经济损失巨大，但若与发生异常导致重大伤亡事故相比，则停车检修经济损失甚小。

4）必须明确比较的条件。企业的内部条件与质量成本分析密切相关，是成本分析中的目标函数的约束条件，对成本分析影响较大。

5）必须明确比较的范围。包括时间范围和空间范围。对时间范围，首先要估计一段时间内的社会、技术的发展及其影响，其次要考虑资金的时间价值。对空间范围则应明确是从部门还是从全企业的角度考虑，即考虑要素与整体的关系，必须在整体优化的前提下来考虑要素的优化。

（3）质量成本分析的方法步骤。质量成本分析的基本方法是对不同质量水平的目标函数进行比较，以目标函数值的大小作为评价与优化各种质量水平的依据。其步骤一般如下。

1）确定质量成本分析目标体系。如质量指标：项目质量等级、合格率、优良率、返修率、可靠性等；经济指标：利润、质量成本、使用成本、资金利润率等。

2）明确课题，提出方案。通过分析质量指标、经济指标和变化趋势，与先进水平进行比较，找出差距原因，明确质量改进方向，提出质量改进方案。

3）进行方案比较。对提出的各种质量改进方案，选定相应的目标与方法，进行经济分析，确定最优方案。

4. 优胜基准法（Benchmarking）

优胜基准法，也称为标杆管理或水准测评，就是对产生最佳绩效的最优的经营管理实践的探索，也就是以领先组织为标准或参照，通过资料收集、分析、比较、跟踪学习等一系列的规范化的程序，改进绩效，赶上并超过竞争对手，成为市场中的领先者。

将标杆管理的方法用于项目质量策划，就是以同类优秀项目为标准或参照，对其进行分析、比较、跟踪学习，不断改进本项目质量，力求超过同类优秀项目，使本项目质量成为同类最优。这是一种提高项目质量、降低项目成本、改善项目绩效的方法，也是一种学习的方法。在项目质量策划中，实施这一方法的主要环节包括以下 4 个。

（1）了解信息、收集资料。为了树立学习的标杆，首先需要找到它，并对其有一个基本认识。本环节的目的就在于此。

（2）分析信息、资料。对了解的信息、收集的资料要进行分析、研究，以确定问题的关键点。

（3）找差距。将本项目与标杆相比较，以确定存在的差距。

（4）策划对策。根据所存在的差距，策划相应的对策。对策包括提高项目质量水平、改善项目特征、完善质量管理措施等。

4.3　质量计划与技术文件

4.3.1　项目质量计划的概念

合理工期、最佳质量、最低成本是项目管理者永远追求的三大目标。三者之间既相互矛盾又相互统一，其中项目质量目标的实现是项目工期目标和成本目标顺利实现的根本保证和立足点，而良好的质量策划过程和质量计划是实现项目质量目标的前提。因此，要搞好项目管理，全面实现既定的项目目标，首先必须加强项目质量的计划工作，提高项目的质量管理水平，圆满完成项目所预定的质量目标。

在项目管理的过程中，进行质量策划，编制质量计划，是保证项目成功实施的重要过程。质量管理计划，简称质量计划（Quality Planning，QP），就是标识与该项目有关的那些质量标准，确定项目应当采用哪些质量标准以及如何达到这些标准，主要说明项目管理组织将要如何实施其质量方针。根据 ISO 9000，质量计划就是要说明"项目质量体系"、实施项目质量管理的组织结构、责任、程序、过程和资源等。

项目质量计划是为了保证将要提供给顾客的项目产品或服务的质量而需要采取的必要活动。一般包括用于质量控制、质量保证、持续改进措施、沟通或响应的过程、授权和职责；它还包括质量策略、影响项目成功的因素、度量标准、质量管理文件要求以及检查、审计、报告和审查过程。从总体上讲包括管理计划的编制；管理计划的检查、实施与调整以及总结阶段。

项目质量计划是进行项目质量管理，实现项目质量方针和目标的事前规划。它是项目管理规划的重要组成部分，也是实施项目质量方针和质量目标的分解和具体体现。

质量计划往往并不是单独的一个文件，而是由一系列文件组成。项目开始时，应从总体考虑，编制一个保证项目质量的规划性的质量计划，如质量管理计划；随着项目的进展，编制相应的各阶段较详细的质量计划，如项目操作规范。项目质量计划的格式和详细程度并无统一规定，但应与用户的要求、供方的操作方式和活动的复杂程度等相适应。计划应尽可能简明。

质量计划应该能够做到以下几点。

（1）识别组织内部和外部的所有顾客。

（2）明确项目运行过程来满足用户要求。

（3）使得组织能够对不断变化的客户需求作出反应。

（4）证明程序工作正常，并且可以满足质量目标。

制订项目质量计划的目的主要是确保项目的质量标准能够满意地实现，其关键是在项目的计划期内确保项目按期完成，同时处理好与其他项目计划之间的关系。

4.3.2　项目质量计划编制的依据

项目质量计划是项目质量策划的交付成果。所以，项目质量计划编制的最重要的依据是项目质量策划的结果。除此之外，还应考虑以下因素。

（1）质量方针。质量方针是由项目决策者对项目的整个质量目标和方向所做出的一个指导性的文件。在项目的质量策划过程中，质量方针是重要的依据之一。当然，在项目实施中质量方针并非一成不变，而应根据项目实际情况对质量方针进行适当的调整，随着质量方针的调整，质量计划同样需要作出相应的调整。

（2）项目范围陈述。项目的范围陈述明确了项目需求方的要求和目标，因此范围陈述也是项目质量计划编制的主要依据和基础。

（3）标准和规则。项目质量计划的制订必须考虑到与项目相关的标准和规则，这些都将影响质量计划的制订。

（4）其他工作的输出。项目管理方面的其他工作的输出也会对项目计划的制订产生影响。比如，采购计划就要说明承包人的质量要求，从而影响到项目质量管理的计划。

4.3.3　项目质量计划的内容

一般情况下，项目质量管理计划的主要内容包括：项目组成简述，项目质量总目标及其分解，项目质量管理组织机构的设置，项目各级人员的质量职责，项目质量控制依据的规范、规程、标准和文件，项目质量控制程序等。

质量计划应明确指出所开展的质量活动，并直接或间接指出（通过相应的程序或其他文件）如何实施所要求的活动。具体内容包括以下几点。

（1）质量政策。质量政策是由项目相关方的决策部门提出的关于质量的意图和方针。质量政策应描述质量目标、能够被组织所接受的质量层次和执行政策和保证质量的组织成员的责任；还应该包括高层管理者支持此政策的保证。质量政策一般以必要而有力的形式予以颁布。

质量政策的执行应是高层管理者的责任，高层管理者必须言行一致。

质量政策应能够明确以下几点。

1）描述做什么而不是怎么做的原则。

2）促进项目组织的质量方针与项目质量目标间的一致性。

3）对外界提供项目组织的质量观点。

4）为更改或更新质量政策制定规则。

质量政策主要包括以下内容。

1）提出总纲领。要建立一个统一的纲领，使项目组织内的所有员工依据纲领指导项目管理工作，使质量观念深入人心，在保证工作质量的前提下保证项目质量。

2）明确合理的责任分工和权限。与项目有关的各部门或机构都应承担相应的质量责任，且需要加以明确。例如，对于新产品开发项目可能就需要明确：项目开发、设计部门要优化设计，保证图样、规范正确有效，是制造的立法部门；制造部门要严格按图样、规定操作，确保优良的加工质量，是生产的执法部门；质保部门的作用是预防、控制、监督和把关，是生产的监控部门。三个部门各负其责，相互促进，相互制约，从而保证项目质量。

3）建立严密的管理程序。通过规范化的管理程序来指导项目管理的各项活动，这是保证项目质量的重要环节。为此，需要将项目质量保证系统逐层划分，使管理程序分工明确，具有可操作性；工作内容、要求明确，具有可检查性；管理程序具有指令性；质量法规执行严格，具有严肃性。项目组织按文件规定的分工和工作步骤、要求，开展具体业务活动，以保证项目有秩序地进行。

（2）质量目标。质量目标包括项目总的质量目标和具体的质量目标。质量目标需要切实可行，且便于理解。

（3）质量管理活动。需要明确项目重要的质量管理活动，如：质量管理工作流程，可以用流程图等形式展示过程的各项活动；在项目的各个不同阶段，职责、权限和资源的具体分配；项目实施中需采用的具体的书面程序和指导书；有关阶段适用的试验、检查、检验和评审大纲；达到质量目标的测量方法；随项目的进展而修改和完善质量计划的程序；为达到项目质量目标必须采取的其他措施，如更新检验技术、研究新的工艺方法和设备、用户的监督、验证等。

上述内容可能包含在不同的质量计划文件之中。

4.3.4　项目质量计划编制的步骤

（1）了解项目的基本概况，收集项目有关资料。质量计划编制阶段应重点了解项目的组成、项目法人的项目质量目标、项目拟订的实施方案等具体内容。所需收集的资料主要有项目质量策划结果、实施规范、实施规程、质量评定标准和类似的项目资料等。

（2）确定项目质量目标树，明确项目质量管理组织机构。在了解项目的基本情况并收集大量的相关资料之后，所要做的工作就是确定项目质量目标树，绘制项目质量管理组织机构图。

首先，按照项目质量总目标和项目的组成与划分，进行逐级分解，建立本项目的质量目标树。

其次，根据项目的规模、项目特点、项目组织、项目总进度计划和已建立的项目质量目标树，配备各级质量管理人员、设备和器具，确定各级人员的角色和质量责任，建立项目的质量管理机构，绘制项目质量管理组织机构图，例如，一个普通的软件开发项目中，项目各级人员所扮演的角色和承担的责任见表 4-7。

表 4-7　软件开发项目质量责任表

角色	质 量 责 任
项目经理	进行整个项目内部的控制、管理和协调，是项目对外联络人
系统分析员	开发组负责人
编程人员	详细设计、编程、单元测试
测试组组长	准备测试计划，组织编制测试案例，实施测试计划，准备测试报告
测试人员	编制测试案例，并参与测试
文档编写人员	编制质量手册
产品保证人员	对整个开发过程进行质量控制

（3）制定项目质量控制程序及其他。项目的质量控制程序主要有：项目质量控制工作程序、初始的检查实验和标识程序、项目实施过程中的质量检查程序、不合格项目产品的控制程序、各类项目实施质量记录的控制程序和交验程序等。

在制定好项目的质量控制程序之后，还应该单独编制成册的项目质量计划，应根据项目总的进度计划，相应地编制项目的质量工作计划表、质量管理人员计划表和质量管理设备计划表等。

（4）项目质量计划的审定。项目质量计划编制后，经相关部门审阅、项目总工程师或技术负责人审定和项目经理的批准后颁布实施。当项目的规模较大、子项目较多或某部分的质量比较关键时，也可按照子项目或关键项目，根据项目进度分阶段编制项目的质量计划。

4.3.5　项目质量计划的实施、检查与调整

项目的质量管理计划，特别是项目的质量目标树，是在对项目设计文件和项目特点进行充分分析的基础之上制定的，因此具有很强的针对性，尤其是对项目的总体质量目标而言。

然而由于影响项目实施的因素非常多，如项目质量要求变更、意外情况的发生、项目环境的变化等，均能够对项目质量计划的顺利实施起到阻碍限制作用，因而在项目质量计划实施的过程中，必须不断加强对质量计划执行情况的检查，发现问题，及时调整。例如，在项目实施的过程中，由于受主客观因素的影响，偶尔会发生某

项目的实施质量经检验后未能达到质量计划规定的要求,从而对项目质量目标带来不同程度的影响。此时在项目总体目标不变的前提下,应根据质量计划和实际情况进行比较分析,及时发现,及时调整,并制定出相应的技术保证措施,对计划作出适当的调整,以确保项目质量总目标的圆满实现,满足顾客对项目产品或服务的质量要求。

当完成项目某一阶段的工作或项目全部完成之后,应及时总结本项目质量计划工作的成功经验和教训,加强项目间工作的交流,以利于下一阶段或其他类似项目的质量管理工作。

综上所述,项目质量计划工作在项目管理,特别是项目质量管理中具有非常重要的地位和指导作用。加强项目的质量计划,可以充分体现项目质量管理的目的性,有利于克服质量管理工作中的盲目性和随意性,从而增加工作的主动性、针对性和积极性,对确保项目工期、降低项目成本、圆满实现项目质量目标将会产生积极的促进作用。

4.3.6 项目质量技术文件

质量技术文件主要用以表述保证和提高项目质量的技术支持内容,包括与项目质量有关的设计文件、工艺文件、研究试验文件等。技术文件应准确、完整、协调、一致。项目的质量技术文件是项目策划的成果之一。

复习思考题

一、判断题(正确的打"√",错误的打"×")

1. 质量规划就是质量计划,概念相同,说法不同。   (   )

2. 质量策划致力于设定质量目标。   (   )

3. 编制质量计划的过程,实际上就是质量策划的一部分。   (   )

4. 质量成本是指未达到既定质量水平而造成的损失之和。   (   )

5. 不合格的产品往往都是没有获得满意质量的产品,而合格产品一定都是满意的产品。   (   )

二、单项选择题(请在题后的括号内填上选中项的序号)

1. 项目质量策划的首要问题是(   )。

A. 明确运行过程
B. 设定质量目标

C. 确定项目资源
D. 明确项目组织

2. 将顾客的需求和期望的复杂关系系统地表达出来，并进行综合权衡分析，以提供选定方案的决策依据，可采用的方法是（　　）。

A. 因果分析图
B. 流程图

C. 直方图
D. 质量功能展开

3. 项目质量计划编制的最重要的依据是（　　）。

A. 质量方针
B. 项目范围描述

C. 质量标准
D. 项目质量策划的结果

4. 项目质量策划交付成果是（　　）。

A. 质量方针　　　B. 质量目标　　　C. 质量计划　　　D. 质量规划

5. 项目质量计划编制后，经相关部门和人员审阅、审定和（　　）的批准后颁布实施。

A. 公司经理
B. 公司分管部门经理

C. 项目经理
D. 项目总工程师

三、多项选择题（请在题后的括号内填上选中项的序号）

1. 项目质量规划的依据是（　　）。

A. 环境因素
B. 实验设计

C. 组织过程资产
D. 项目管理计划

2. 项目质量规划的成果包括（　　）。

A. 质量管理计划
B. 项目管理计划

C. 项目范围说明书
D. 质量核对表

3. 顾客的需求包括（　　）。

A. 表述的需求
B. 真正的需求

C. 文化的需求
D. 资金的需求

4. 质量经济性管理的基本要素是（　　）。

A. 降低资源成本
B. 提高项目质量

C. 降低投资
C. 提高顾客满意度

5. 项目质量计划文件的内容包括（　　）。

A. 质量管理活动
B. 质量政策

C. 质量技术   D. 质量目标

四、简答题

1. 什么是组织过程资产？
2. 什么是质量规划？
3. 什么是质量策划？
4. 质量目标策划的基本程序是什么？
5. 什么是项目质量环？
6. 什么是质量功能展开？

五、案例分析

K 公司的项目质量策划

为保证项目质量，K 公司组织相关人员在项目开展一段时间后，围绕着运行过程、质量目标进行项目质量策划，所采取的质量策划的步骤是：识别顾客——受目标影响的人；确定顾客需求；设定质量目标；开发反映顾客需求的产品特征；开发能够生产具有这种特征产品的过程；设定过程控制，并将由此得出的计划转化为操作计划。

通过项目质量策划，明确了必要的作业过程和项目质量目标，以此作为质量规划的依据。

请分析 K 公司的项目质量策划所存在的问题，并提出修正意见。

第 5 章

项目质量保证

引导性案例 ....

  A 公司是项目型公司，公司领导充分认识到项目质量的重要性，采取措施提升员工的质量意识和能力，但公司项目的质量仍然不尽如人意，项目需求方仍然难以相信 A 公司的质量保证能力。

  思考：原因何在？

本章学习目标

  重点掌握：理解项目质量保证；项目质量保证工作的基本内容；实施质量保证的工具与技术；质量管理体系的概念。

  一般掌握：实施质量保证的依据；实施质量保证的成果；质量管理体系的建立与运行。

  了解：质量管理体系的认证。

本章学习导航

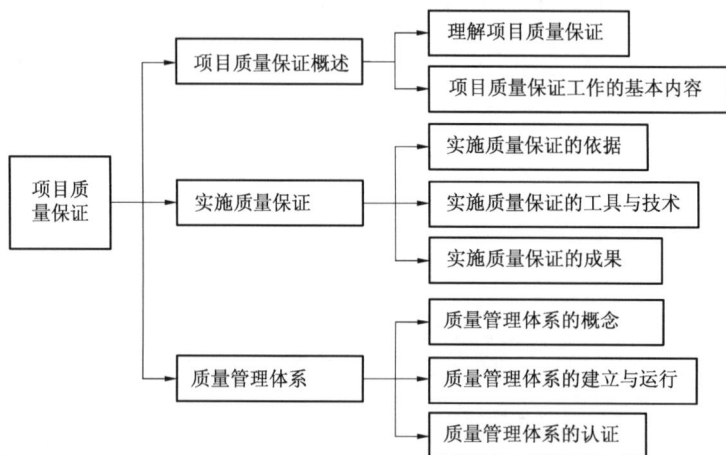

```
                    ┌─────────────┐      ┌──────────────────┐
            ┌──────│ 项目质量保证概述 │─────│ 理解项目质量保证     │
            │       └─────────────┘      ├──────────────────┤
            │                            │ 项目质量保证工作的基本内容│
            │                            └──────────────────┘
┌──────┐    │                            ┌──────────────────┐
│ 项目质 │    │       ┌─────────────┐      │ 实施质量保证的依据   │
│ 量保证 │────┼──────│ 实施质量保证   │─────├──────────────────┤
└──────┘    │       └─────────────┘      │ 实施质量保证的工具与技术│
            │                            ├──────────────────┤
            │                            │ 实施质量保证的成果   │
            │                            └──────────────────┘
            │                            ┌──────────────────┐
            │       ┌─────────────┐      │ 质量管理体系的概念   │
            └──────│ 质量管理体系   │─────├──────────────────┤
                    └─────────────┘      │ 质量管理体系的建立与运行│
                                         ├──────────────────┤
                                         │ 质量管理体系的认证   │
                                         └──────────────────┘
```

5.1 项目质量保证概述

5.1.1 理解项目质量保证

1. 项目质量保证概念

中华人民共和国国家标准《质量管理体系 基础和术语》（GB/T 19000—2008）给出了质量保证的定义，质量保证是质量管理的一部分，致力于提供质量要求会得到满足的信任。

2. 项目质量保证含义

"质量保证"是一个专用名词，具有特殊的含义，与一般概念"保证质量"有较大区别。

（1）保证质量。保证满足质量要求是质量控制的任务，就项目而言，即使用户不提质量保证的要求，项目实施者仍应进行质量控制，以保证项目的质量满足用户的需要。用户是否提出质量保证要求对项目实施者来说是有区别的。用户不提质量保证要求，项目实施者在项目进行过程中如何进行质量控制就不需要让用户知道，用户与项目实施者之间只是提出质量要求与提供项目验收这样一种交往关系。如果项目较简单，其性能完全可由最终检验反映，用户只需把住"检验"关，就能得到满意的项目成果，而不需知道项目实施者是如何操作的。

（2）质量保证。随着技术的发展，项目越来越复杂，对其质量要求也越来越高，项目的有些性能已不能通过检验来鉴定。就这些项目来说，用户为了确信项目实施者所完成的项目达到了所规定的质量要求，就要求项目实施者提供项目设计、实施等各个环节的主要质量活动确实做好，且能提供合格项目的证据，这就是用户提出的"质量保证要求"。针对用户提出的质量保证要求，项目实施者就应开展外部质量保证活动，就应对用户提出的设计、项目实施等全过程中的某些环节的活动提供必要的证据，以使用户放心。

质量保证的内涵已不是单纯地为了保证质量，保证质量是质量控制的任务，而"质量保证"则是以保证质量为基础，进一步引申到提供"信任"这一基本目的。要使用户能"信任"，项目实施者应加强质量管理，完善质量体系，对项目有一套完善的质量控制方案、办法，并认真贯彻执行，对实施过程及成果进行分阶段验证，以确保其有效性。在此基础上，项目实施者应有计划、有步骤地采取各种活动和措施，使用户能了解其实力、业绩、管理水平、技术水平以及对项目在设计、实施各阶段主要质量控制活动和内部质量保证活动的有效性，使对方建立信心，相信完成的项目能达到所规定的质量要求。所以，质量保证的主要工作是促使完善质量控制，以便准备好客观证据，并根据对方的要求有计划、有步骤地开展提供证据的活动。

（3）朱兰对质量保证的理解。美国质量管理专家朱兰在《质量计划与分析》一书中指出，"保证"一词的含义非常类似于"保险"一词。保证和保险都是试图得到某种保护，以避免灾祸而进行少量的投资。就保险来说，这种保护是在万一出现了灾害或事故之后，能得到一笔损失赔偿费。而就保证而言，这种保护反映为所得到的信息，这种信息为下述两种信息之一。

1）使对方确信万无一失，例如，项目满足用户要求；过程正在正常进行；工艺规程正得到很好的遵循等。

2）向对方提供并非一切如意和某种故障可能正在酝酿之中的早期报警。通过这种早期报警，对方可以预先采取措施，以防止故障或事故的发生。

3. 项目质量保证的作用

项目质量保证的作用是从外部向项目质量控制系统施加压力，促使其更有效地运行，并向对方提供信息，以便及时采取改进措施，使得出现的问题能在早期加以解决，以避免更大的经济损失。

4. 内部质量保证

除了上述外部质量保证外，项目相关方还需要提供内部质量保证。内部质量保证是为使企业领导"确信"本企业所完成的项目能满足质量要求所开展的一系列活动。企业领导对项目质量负全责，一旦出现质量事故，则要承担法律和经济责任。而项目的一系列质量活动是由项目经理部或项目团队进行的，虽然项目团队明确了职责分工，也有相应的质量控制方法和程序。但是，是否严格按程序进行，这些方法和程序是否确实有效，企业领导需要组织一部分独立的人员（国外称质量保证人员）对直接影响项目质量的主要质量活动实施监督、验证和质量审核活动（即内部质量保证活动），以便及时发现质量控制中的薄弱环节，提出改进措施，促使质量控制能更有效地实施，从而使领导"放心"。所以，内部质量保证是企业领导的一种管理手段。

项目质量保证包括确定质量标准，建立质量控制流程，以及质量系统的评估。它是在质量系统内实施的有计划的系统性活动，是质量管理的一个更高层次，是对质量规划、质量控制过程的质量控制。质量问题在很大程度上可视为技术工作或作为技术管理的一项重要内容，质量控制程序和质量保证体系的建立，都必须围绕技术工作进行。

5.1.2　项目质量保证工作的基本内容

项目质量保证工作的基本内容包括以下内容。

（1）制定质量标准。制定各种定性、定量的指标、规则、方案等质量标准，力求在量管理过程中达到或超过质量标准。

（2）制定质量控制流程。不同行业和不同种类的项目，或同一项目的不同组成部分或不同实施阶段，其质量保证和控制流程亦不相同。图5-1是某软件项目质量保证流程，图5-2是某软件项目不符合问题处理流程。

（3）建立质量保证体系并使之有效运行。以某大型产品研制生产企业质量保证系统为例来说明，它由质保管理、质保工程、质保材料、质量检验和质量审计五个部门组成。质保管理负责质保部内本系统的运行管理，是质保部的日常办事机构；质保工程负责技术管理，进行监督控制等质量预防性工作，有质保计划、工艺控制、纠正措施和软件质量控制；质保材料负责对供应商实行监控，对购入材料进行接收检验和储存监督；质量检验负责现场检验和验收，确保被检验物符合质量要求；质量审计负责审计整个质量保证系统，有较大的监督权。如图5-3所示。

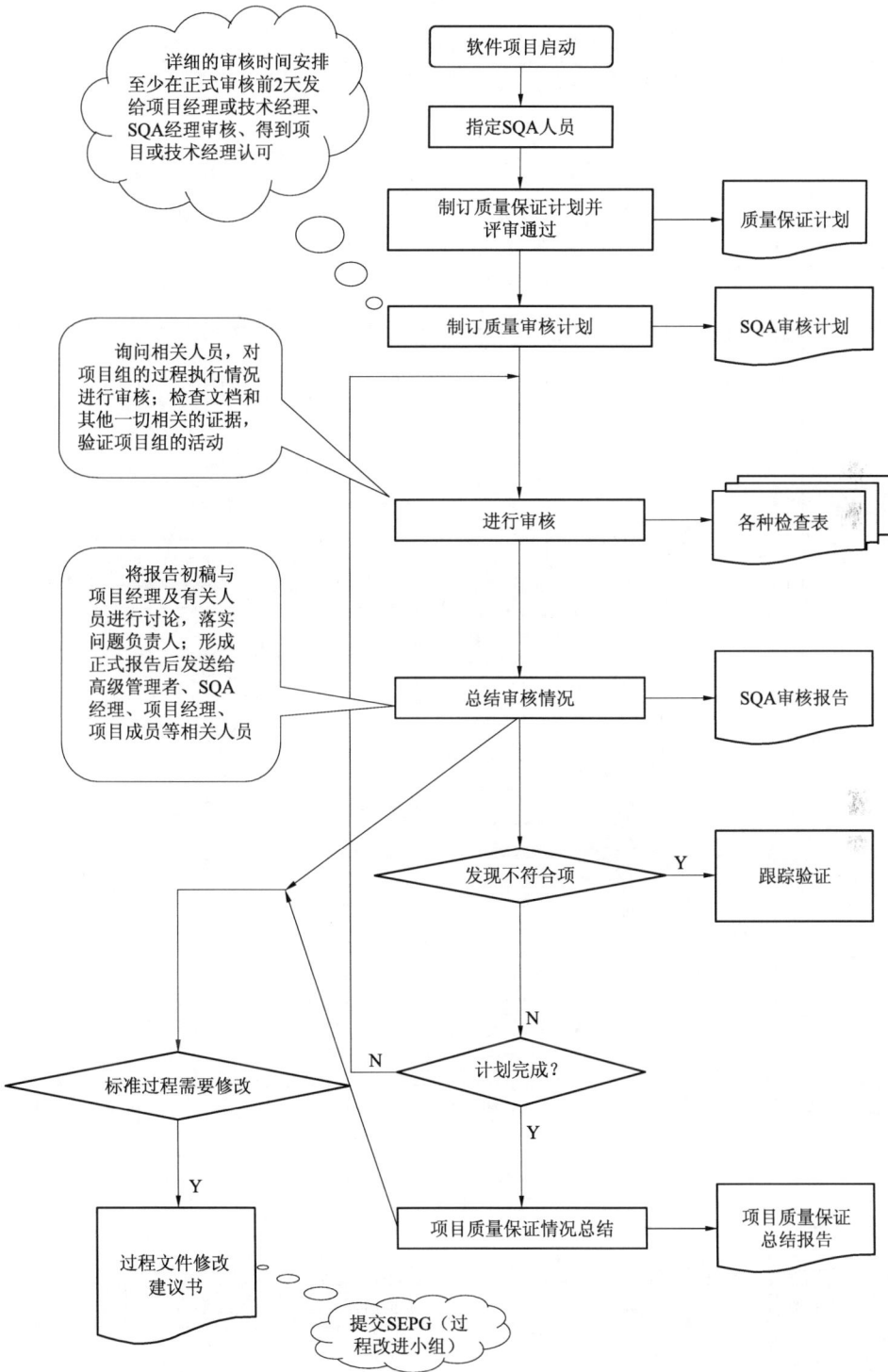

图 5-1　某软件项目质量保证流程

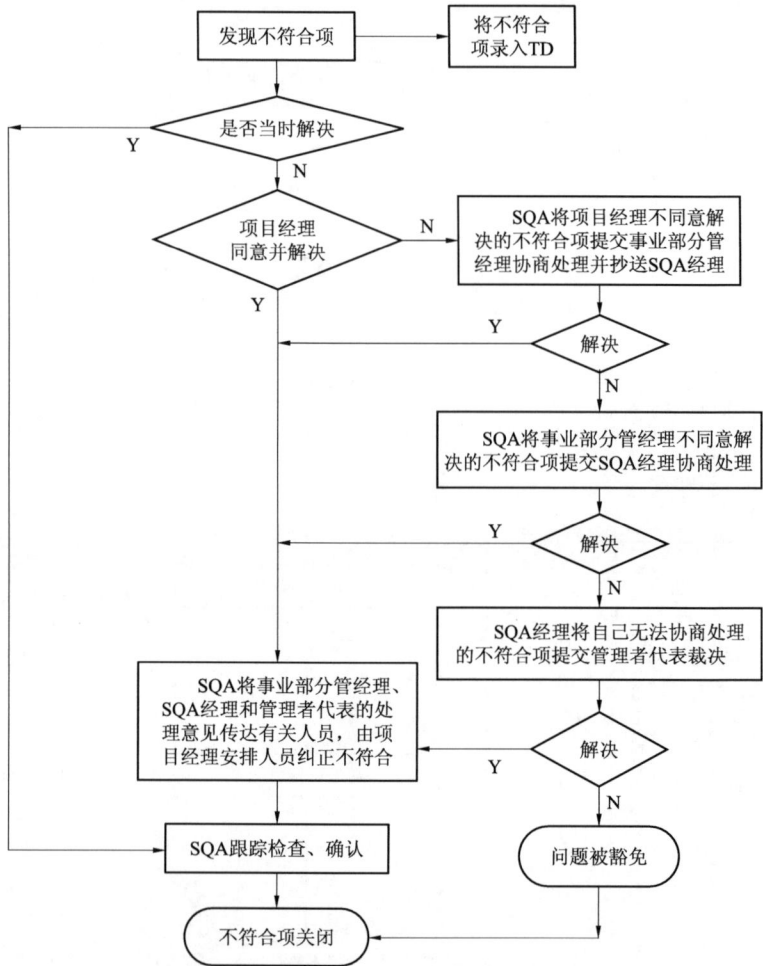

图 5-2 某软件项目不符合问题处理流程

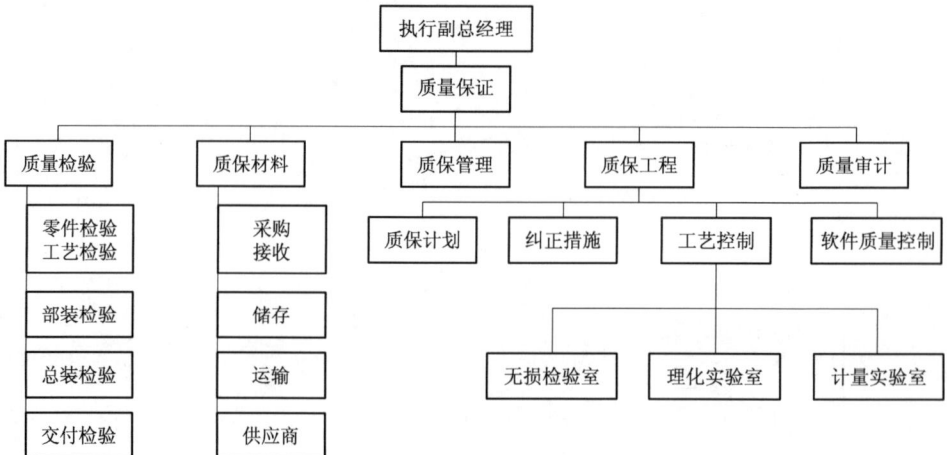

图 5-3 某企业质量保证体系

5.2　实施质量保证

实施质量保证是指通过实施计划中的系统质量活动,确保项目实施满足要求所需的所有过程。

美国《项目管理知识体系指南》(《PMBOK®指南》)归纳了实施质量保证的要点,如图 5-4 所示。

依据	工具与技术	成果
1. 质量管理计划 2. 质量测量指标 3. 过程改进计划 4. 工作绩效信息 5. 批准的变更请求 6. 质量控制衡量 7. 实施的变更请求 8. 实施的纠正措施 9. 实施的缺陷补救 10. 实施的预防措施	1. 质量规划工具与技术 2. 质量审计 3. 过程分析 4. 质量控制工具和技术	1. 请求的变更 2. 推荐的纠正措施 3. 组织过程资产（更新） 4. 项目管理计划（更新）

图 5-4　实施质量保证的要点

5.2.1　实施质量保证的依据

1. 质量管理计划

质量管理计划说明项目中将如何实施质量保证。

2. 质量测量指标

3. 过程改进计划

4. 工作绩效信息

工作绩效信息,包括技术性能值、项目可交付成果状态、需要的纠正措施、绩效报告等,是质量保证的重要依据,可用于质量审计、质量审查和过程分析等。

5. 批准的变更请求

批准的变更请求,包括工作方法、产品要求、质量要求、范围和进度计划的修改。需要对批准的变更请求进行分析,分析其对质量管理计划、质量衡量指标或质量核对表的影响。审定的变更是质量保证过程的重要依据信息,可用于质量审计、质量审核和过程分析等。

6. 质量控制衡量

质量控制衡量系指质量控制活动的结果,质量保证过程将依据其结果,分析并重新评估实施组织的质量标准和过程。

7. 实施的变更请求

已经由项目管理团队在项目执行过程中实施的批准的变更请求。

8. 实施的纠正措施

已经由项目管理团队为了保证项目将来的实施结果符合项目管理计划的要求而批准并付诸实施的纠正措施。

9. 实施的缺陷补救

已经由项目管理团队在项目执行过程中实施的批准的缺陷补救。

10. 实施的预防措施

已经由项目管理团队为了减小项目风险而批准并付诸实施的预防措施。

5.2.2 实施质量保证的工具与技术

1. 质量规划工具与技术

制定质量保证规划：质量保证规划是进行质量保证的依据和指南，应在对项目特点进行充分分析的基础上编制。质量保证规划包括质量保证计划、质量保证大纲、质量标准等。

2. 质量审计

质量审计指进行系统的独立审查，确定项目活动是否符合组织和项目政策、过程和程序。质量审计的目标在于识别项目中使用的不恰当的政策、过程和程序。质量审计可以事先安排，也可以随机进行；可以由组织内经过恰当培训的审计人员进行，也可以由第三方进行。

3. 过程分析

过程分析系指按照过程改进计划中所要求的步骤，从组织和技术角度识别所需的改进。其中，也包括对遇到的问题、约束条件和无价值活动进行检查。过程分析包括根源分析，并为类似问题制定纠正措施。

4. 质量控制工具和技术

采用必要的质量控制工具和技术实施质量保证，以确保质量保证的有效性。

5. 其他相关工具与技术

其他相关工具与技术包括以下内容。

（1）质量检验。通过测试、检查、试验等检验手段确定质量控制结果是否与要求相符。

（2）确定保证范围和等级。质量保证范围和等级要相适应，范围小，等级低，可能达不到质量保证的要求；范围大，等级高，会增加管理的工作量和费用。等级划分应依据有关法规进行，如核电站按国家核安全法规划分为质保一级、质保二级和质保三级。

（3）质量活动分解。对于与质量有关的活动需要进行逐层分解，直到最基本的质量活动，以实施有效的质量管理和控制。

5.2.3　实施质量保证的成果

1. 请求的变更

变更的主要途径是实施质量改进，质量改进包括采取措施以提高实施组织的质量政策、过程和程序的效率和效力，会为所有项目利害相关者带来增值。

2. 推荐的纠正措施

纠正措施系指在进行质量保证活动（如审计和分析过程）后立即推荐采取的措施，目的是提高实施组织的效率和效力。

3. 组织过程资产（更新）

更新后的质量标准为实施组织的质量过程和满足要求的效率进行验证。

4. 项目管理计划（更新）

项目管理计划将根据实施质量保证过程产生的质量管理计划变更进行更新。

5.3　质量管理体系

5.3.1　质量管理体系的概念

ISO 9000：2008 版标准就质量管理体系的定义是：质量管理体系是"在质量方面指挥和控制组织的管理体系"。管理体系，是建立方针和目标并实现这些目标的相互关联或相互作用的一组要素。"体系"是由若干有关事物互相联系、互相制约而构成的一个有机整体，这种体系具有系统性、协调性。质量管理体系是将影响质量的技术、管理、人员和资源等因素综合在一起，使之为一个共同的目的，在质量方针的指引下，为实现质量目标而互相配合、努力工作。质量管理体系包括硬件和软件两大部分。项目相关方在进行质量管理时，首先应根据质量目标的需要，配备必要的条件，如人员、试验、检测设备等资源，然后通过设置组织机构，分析确定需要开发的各项质量活动。分配、协调各项活动的职责，通过程序的制定确定从事各项质量活动的方法，使之能经济、有效、协调地进行。按照上述思路所组成的有机整体就是组织级质量管理体系。

一般来说，项目的实施总是以组织（企业）为依托。所以，组织（企业）是否建立质量管理体系及建立的质量管理体系能否有效运行将直接关系到项目质量的保证程度。

为了开展外部与内部的质量保证活动，项目相关方应建立质量管理体系并使之有效运行。这无论是对保证和提高项目质量，还是对提高企业的竞争能力，都具有非常重要的意义。

5.3.2 质量管理体系的建立与运行

1. 建立质量管理体系所依据的国际标准和国家标准

国际标准化组织（ISO）分别于 1986 年发布了 ISO 8402《质量——术语》和 1987 年发布了 ISO 9000《质量管理和质量保证标准——选择和使用指南》、ISO 9001《质量体系——设计开发、生产、安装和服务的质量保证模式》、ISO 9002《质量体系——生产和安装的质量保证模式》、ISO 9003《质量体系——最终检验和试验的质量保证模式》、ISO 9004《质量管理和质量体系要素——指南》等 6 项国际标准，通称为 ISO 9000 系列标准。该系列标准发布后经多次修改，于 2008 年正式发布了 ISO 9000：2008《质量管理体系 基础和术语》、ISO 9001：2008《质量管理体系 要求》、ISO 9004：2008《质量管理体系 业绩改进指南》。该系列标准用于指导组织建立质量管理体系并使之有效运行，同时也是进行质量管理体系认证的依据。

我国于 1992 年等同采用了 ISO 国际标准，并发布了 GB/T 19000 系列标准，用于指导我国的质量体系认证工作。根据 ISO 9000：2008 系列标准，于 2008 年发布了 GB/T 19000—2008《质量管理体系 基础和术语》、GB/T 19001—2008《质量管理体系 要求》、GB/T 19004—2008《质量管理体系 业绩改进指南》。这一系列标准将是我国在今后一段时间内指导组织建立质量管理体系、进行质量体系认证的主要依据。

GB/T 19000—2008 标准起着奠定理论基础、统一术语概念和明确指导思想的作用，具有很重要的地位。

GB/T 19001—2008 标准是组织建立质量管理体系并进行质量管理体系认证工作的主要依据。

GB/T 19004—2008 标准是组织为改进业绩而策划、建立和实施质量管理体系的指南性标准。该标准为那些希望超出 GB/T 19001 的要求，寻求对组织业绩持续改进的组织的最高管理者提供了指南，然而，用于认证和合同不是本标准的目的。

2. 质量管理体系基础

GB/T 19000—2008 标准在"质量管理体系基础"中列出了 12 条，包括两大部分内容：一部分是八项质量管理原则具体应用于质量管理体系的说明；另一部分是对其他问题的说明。

对其他问题的说明主要包括以下几方面。

（1）质量管理体系要求与产品要求。质量管理体系要求与产品要求是不同的，两者具有不同的性质。GB/T 19001—2008 标准是对质量管理体系的要求。这种要求是通用的，适用于各种行业或经济部门的，提供各种类别的产品，包括硬件、软件、服务和流程性材料的，各种规模的组织。但是，每个组织为符合质量管理体系标准的要求而采取的措施却是不同的。因此，每个组织要根据自己的具体情况建立质量管理体系。

GB/T 19001—2009 标准并未对产品提出具体的要求。组织应按照标准"与产品有关的要求的确定"的要求确定对产品的要求。一般来说，对产品的要求在技术规范、产品标准、过程标准或规范、合同协议以及法律法规中规定。

对每一个组织来说，产品要求与质量管理体系要求缺一不可，不能互相取代，只能相辅相成。

（2）质量管理体系方法。质量管理体系方法是管理的系统方法的原则在建立和实施质量管理体系中的具体应用，包括系统分析、系统工程和系统管理。GB/T 19000—2008 标准列举了建立和实施质量管理体系的八个步骤。

1）确定顾客和相关方的需求和期望。

2）建立组织的质量方针和质量目标。

3）确定实现质量目标必需的过程和职责。

4）确定和提供实现质量目标必需的资源。

5）规定测量每个过程的有效性和效率的方法。

6）应用规定的方法确定每个过程的有效性和效率。

7）确定防止不合格并消除产生原因的措施。

8）建立和应用持续改进质量管理体系的过程。

（3）质量方针和质量目标。质量方针是指"由组织的最高管理者正式发布的该组织总的质量宗旨和方向"。质量目标则是指"在质量方面所追求的目的"。

质量方针和质量目标指出了组织在质量方面的方向和追求的目标,使组织的各项质量活动都能围绕该方针和目标进行,使全体员工都关注它的实施和实现。质量方针指出了组织满足顾客要求的意图和策略。而质量目标则是实现这些意图和策略的具体要求。两者都确定了要达到的预期结果,使组织利用其资源实现这些结果。这两者应保持一致,不能互相脱节和偏离。

质量方针和质量目标一般都以简明的文字表述,是企业质量管理的方向目标,应反映用户及社会对项目质量的要求及企业相应的质量水平和服务承诺,也是企业质量经营理念的反映。

例如,某建筑工程公司确定的质量方针和质量目标分别如下。

质量方针:遵纪守法,交优良工程;信守合同,让业主满意;坚持改进,达行业先进。

质量目标:单位工程竣工一次验收合格率达 100%;单位工程优良品率达 90%;工期履约率 100%;顾客满意率 100%;每年开发 1~2 项新的施工方法。

该公司所确定的质量方针中包含了对遵守法规、对产品实物质量的承诺、对顾客服务及持续改进的承诺。质量目标与方针相对应,交优良工程的具体目标是一次验收合格率及工程优良品率的要求;顾客满意体现在工期履约和顾客满意率上;每年开发新的施工方法体现了持续改进。

(4)质量管理体系文件。文件是"信息及其承载媒体"。质量管理体系文件的用途是:满足顾客要求和质量改进;提供适宜的培训;重复性和可追溯性;提供客观证据;评价质量管理体系的有效性和持续改进适宜性。

质量管理体系文件按其作用可分为法规性文件和见证件文件两类。

质量管理体系法规性文件是用以规定质量管理工作的原则,阐述质量管理体系的构成,明确有关部门和人员的质量职能,规定各项活动的目的要求、内容和程序的文件。在合同环境下这些文件是供方向需方证实质量管理体系适用性的证据。

质量管理体系的见证性文件是用以表明质量管理体系的运行情况和证实其有效性的文件(如质量记录、报告等)。这些文件记载了各质量管理体系的运行状态,是质量管理体系运行的见证。

质量管理体系中使用的文件类型主要有以下几种。

1)质量手册。质量手册是"规定组织质量管理体系的文件",它向组织内部和外部提供关于质量管理体系的一致信息。质量手册对企业质量管理体系作系统、完整和概要的描述。其内容一般包括:企业的质量方针、质量目标;组织机构及质量职责；体系要素或基本控制程序；质量手册的评审、修改和控制的管理办法。

质量手册是企业质量管理系统的纲领性文件，应具有指令性、系统性、协调性、先进性、可行性和可检查性等特点。

2）质量计划。质量计划是"对特定的项目、产品、过程或合同，规定由谁及何时应使用哪些程序和相关资源的文件"。

3）规范。规范是"阐明要求的文件"。

4）指南。指南是阐明推荐的方法或建议的文件。

5）程序、作业指导书和图样。程序性文件是质量手册的支持性文件，是提供如何一致地完成活动和过程的信息的文件，是企业各职能部门为落实质量手册要求而规定的细则。企业为落实质量工作而建立的各项管理标准、规章制度都属于程序性文件范畴。项目各相关方程序性文件的内容及详略程度不完全相同，可视各相关企业的情况而定。通用性的管理程序一般包括：文件控制程序；质量记录管理程序；内部审核程序；不合格品控制程序；纠正措施控制程序；预防措施控制程序。

此外，项目相关方还应视质量控制的需要制定涉及项目质量形成过程各环节控制的程序文件，如生产过程、服务过程、管理过程、监督过程等管理程序文件。

为保证过程的有效运行和控制，在程序文件的指导下，项目各相关方还应编制作业指导书、图样等文件。

6）质量记录。记录是"阐明所取得的结果或提供所完成活动的证据的文件"，是项目质量水平和质量体系中各项质量活动过程及结果的客观反映。如实记录质量体系程序文件所规定的运行过程及控制测量检查的内容，用以证明项目质量达到合同要求及质量保证的满足程度。质量记录不仅需要反映质量偏差情况，而且应反映出针对不足之处所采取的纠正措施及纠正效果。

质量记录应完整地反映质量活动实施、验证和评审的情况，并记载关键活动的过程参数，具有可追溯性的特点。质量记录以规定的形式和程序进行，并有实施、验证、审核等签署意见。

在质量体系的建立过程中，文件的编制是非常重要的，但编制文件并不是建立质量管理体系的最终目的。质量体系标准所要求的是建立一个形成文件的质量管理体系，并不要求将质量管理体系中所有的过程和活动都形成文件。文件的数量及详略程度取决于活动的复杂性、过程接口的多少、人员的技能水平等因素。文件的目的是使质量管理体系的过程得到有效的运作和实施。

（5）质量管理体系评价。质量管理体系建立并实施后可能会发现不完善或不适应环境变化的情况。因此，需要对质量管理体系的适宜性、充分性和有效性进行系统的、定期的评价。

质量管理体系评价是通过质量管理体系过程的评价、质量管理体系审核、质量管理体系评审和自我评定等环节实现的。

（6）统计技术的作用。为了提高质量管理的科学性和有效性，应采用统计技术。统计技术可以对质量变异进行测量、描述、分析、解释并建立数学模型。借助于统计技术，可以更好地理解变异的性质、程度和产生变异的原因，有助于决策，以便采取措施，解决已出现的问题。

3. 质量管理体系的建立

一个组织在完成某项目以前，可能已存在一个质量体系，但这种质量体系不一定符合将要进行的项目要求，也不一定具有足够的保证能力。所以，建立质量体系并不意味着将现有体系一律废止，而是改造、更新和完善现有体系，使之符合新项目的要求。

项目相关方质量管理体系的建立，是在确定市场及顾客需求的前提下，按照八项质量管理原则制定企业的质量方针、质量目标、质量手册、程序文件及质量记录等体系文件，并将质量目标分解落实到相关层次、相关岗位的职能和职责中，形成企业质量管理体系的执行系统。

建立质量体系主要包括以下环节。

（1）统一认识及决策。组织的决策层应认真学习有关标准和文件，统一认识，在此基础上进行决策：建立质量体系。项目相关组织的决策者要下决心走质量效益的发展道路，有建立质量管理体系的迫切需要。建立质量管理体系是涉及一个组织内部很多部门参加的一项全面性的工作，如果没有组织的主要领导亲自领导、亲自实践和统筹安排，是很难搞好这项工作的。因此，决策层真心实意地要求建立质量管理体系，是建立、健全质量管理体系的首要条件。

（2）组织落实。成立领导小组或工作委员会，领导质量体系的建立和运行工作；同时组织一个既懂技术又懂管理，有较强分析能力和文字表达能力的技术人员组成的工作组，具体执行质量体系的建立和运行任务。

（3）培训。在组织内部广泛宣传建立质量体系的意义，使全体员工能充分理解这项工作的重要性，并对这项工作予以支持与配合。

分别对中层人员及工作组人员、质量控制人员、全体员工进行分层次培训，以提高其素质。

（4）制订工作计划。建立质量体系是一项系统工程，应分步推进。为使该工作能有条不紊地进行，应编制工作计划。该计划应明确规定各阶段或某项工作的时间进度和内容，并明确各有关部门和人员的协调和配合。

（5）制定质量方针和质量目标。组织应在第一责任人的主持下，由领导层负责制定质量方针和质量目标。

（6）明确过程。过程方法是质量管理原则之一。为贯彻这一原则，应识别质量管理体系所需要的过程，包括管理活动、资源管理、产品实现和测量等有关过程，并明确这些过程的顺序和相互作用。

（7）质量体系设计。在对本组织现有质量体系进行全面分析研究的基础上，根据 GB/T 19001—2008 标准，对将要建立的质量体系进行统筹规划、系统分析、总体设计。

项目相关方的最高管理者应确保对质量管理体系进行策划，以满足组织确定的质量目标的要求及质量管理体系的总体要求。项目相关方应根据所承担的项目特点对自身的质量管理体系进行更新和完善，从组织的实际出发进行体系的策划和实施，明确质量管理体系剪裁的需求并确保其合理性。

一般来说，一个组织只需建立一个质量管理体系，其下属基层单位的质量管理和质量保证活动以及质量机构和质量职能只是企业质量管理体系的组成部分，是该组织质量管理体系在特定范围的体现。对项目实施的基层单位，则应根据项目活动和环境特点补充和调整体系要素，使其在该范围能发挥项目质量保证的最佳效果。

（8）编制质量体系文件。针对质量体系的具体情况，确定应编制的文件种类，并进行编制。

4. 质量管理体系的运行

建立质量体系的根本目的是使之有效运行，以达到保证质量和提高组织业绩的目的。企业质量管理体系的运行是在项目实施及服务的全过程，按质量管理体系文件所制定的程序、标准、工作要求及目标分解的岗位职责进行运作。

（1）运行准备。运行准备主要包括：正式颁布质量体系文件；进行各职能部门的职责分配；制订运行计划；进行全员培训；建立质量信息系统等。

（2）运行。各部门、全体员工按照质量体系的要求开展工作，并建立相应的控制机制。

质量管理体系有效运行要依靠相应的组织机构网络。这个机构要严密完善，充分体现各项质量职能的有效控制。对项目型企业来讲，一般有集团（总公司）、公司、分公司、项目经理部等管理组织，但由于其管理职责不同，所建立的质量管理体系的侧重点可能有所不同，但其组织机构应上下贯通，形成一体。特别是直接承担项目任务的实体公司的质量管理体系更要形成覆盖全公司的组织网络，该网络系统要形成一个纵向统一指挥、分级管理，横向分工合作、协调一致、职责分明的统一整体。

保持质量管理体系的正常运行和持续实用有效，是项目质量管理的一项重要任务，是质量管理体系发挥实际效能、实现质量目标的主要途径。

质量管理体系的有效运行是依靠体系的组织机构进行组织协调、实施质量监督、开展信息反馈、进行质量管理体系审核和复审实现的。

1）组织协调。质量管理体系的运行是借助于质量管理体系组织结构的组织和协调来进行的。组织和协调工作是维护质量管理体系运行的动力。质量管理体系的运行涉及组织众多部门的活动。这就需要在目标、分工、时间和联系方面协调一致，责任范围不能出现空档，保持体系的有序性。这些都需要通过组织和协调工作来实现。

2）质量监督。质量管理体系在运行过程中，各项活动及其结果不可避免地会有发生偏离标准的可能。为此，必须实施质量监督。质量监督有组织内部监督和外部监督两种，需方或第三方对组织进行的监督是外部质量监督。质量监督是符合性监督。质量监督的任务是对项目进行连续性的监视和验证。发现偏离管理标准和技术标准的情况时及时反馈，要求组织采取纠正措施。从而促使组织的质量活动和项目质量符合标准所规定的要求。

实施质量监督是保证质量管理体系正常运行的手段。外部质量监督应与组织本身的质量监督考核工作相结合，杜绝重大质量事故的发生，促进组织各部门认真贯彻各项规定。

3）质量信息管理。质量信息是质量管理体系的神经系统，是保证质量体系正常运行的重要系统。在质量管理体系的运行中，组织通过质量信息反馈系统对异常信息的反馈和处理进行动态控制，从而使各项质量活动和项目质量保持受控状态。

质量信息管理和质量监督、组织协调工作是密切联系在一起的，异常信息一般来自质量监督，异常信息的处理要依靠组织协调工作，三者的有机结合是使质量管理体系有效运行的保证。

4）质量管理体系审核与评审。组织应进行定期的质量管理体系审核与评审，一是要对质量管理体系进行审核、评价、确定其有效性；二是对运行中出现的问题采取纠正措施，对体系的运行进行管理，保持体系的有效性；三是评价质量体系对环境的适应性，对体系结构采取改进措施。质量管理体系审核和评审是保持质量管理体系持续有效运行的主要手段。

5.3.3　质量管理体系的认证

企业质量管理体系认证程序如图 5-5 所示。

图 5-5　企业质量管理体系认证程序

（1）申请和受理。申请者应具备以下条件。

1）具有法人资格。

2）已按 GB/T 19000—2008 系统标准或其他国际公认的质量体系规范建立了文件化的质量管理体系。

3）在项目实施过程中已全面贯彻执行该质量管理体系。

申请企业按要求填写申请书，认证机构经审查符合要求后接受申请。

（2）审核。认证机构派出审核组对申请方质量管理体系进行检查和评定，包括文件审查、现场审核，并提出审核报告。

（3）审批与注册发证。认证机构对审核组提出的审核报告进行全面审查，对符合标准者予以批准并注册，发给认证证书。

复习思考题

一、判断题（正确的打"√"，错误的打"×"）

1. 质量保证是质量控制的一部分，致力于提供质量要求会得到满足的信任。（　　）

2. 质量保证与保证质量说法不同，其内涵是相同的。（　　）

3. 组织（企业）是否建立质量管理体系及建立的质量管理体系能否有效运行将直接关系到项目质量的保证程度。（　　）

4. 质量目标是实现质量方针的具体要求。（　　）

5. 规定组织质量管理体系的文件是质量方针。（　　）

二、单项选择题（请在题后的括号内填上选中项的序号）

1. 保证满足质量要求是（　　）的任务。

A. 质量管理　　　B. 质量控制　　　C. 质量规划　　　D. 质量保证

2. 下列各项，（　　）不属于实施质量保证的依据。

　　A. 质量管理计划　　　　　　　　B. 质量测量指标

　　C. 质量审计结果　　　　　　　　D. 工作绩效信息

3. 组织建立质量管理体系并进行质量管理体系认证工作的主要依据是（　　）。

　　A. ISO 9001　　B. ISO 9000　　C. ISO 9004　　D. ISO 8402

4. 根据 ISO 9000 系列标准所建立的质量管理体系是针对（　　）。

　　A. 组织　　　　B. 项目　　　　C. 产品　　　　D. 人员

5. 由组织的最高管理者正式发布的该组织总的质量宗旨和方向称为（　　）。

　　A. 质量目标　　B. 质量方向　　C. 质量方针　　D. 质量宗旨

6. 企业质量管理体系的纲领性文件是（　　）。

　　A. 质量计划　　B. 质量手册　　C. 质量方针　　D. 质量记录

三、多项选择题（请在题后的括号内填上选中项的序号）

1. 项目质量保证工作的基本内容包括（　　）。

　　A. 制定质量标准　　　　　　　　B. 建立质量保证体系并使之有效运行

　　C. 制订质量计划　　　　　　　　D. 制定质量控制流程

2. 实施质量保证的工具与技术包括（　　）。

　　A. 质量规划工具与技术　　　　　B. 质量审计

　　C. 质量控制工具和技术　　　　　D. 质量核对表

3. 下列各项，属于质量管理体系法规性文件的是（　　）。

　　A. 质量手册　　B. 质量记录　　C. 质量计划　　D. 作业指导书

4. 以下各项，属于质量管理手册的内容包括（　　）。

　　A. 质量方针　　　　　　　　　　B. 质量目标

　　C. 组织机构及质量职责　　　　　C. 质量计划

5. 质量管理体系的有效运行是依靠体系的组织机构进行（　　）实现的。

　　A. 质量管理活动　　　　　　　　B. 实施质量监督

　　C. 组织协调　　　　　　　　　　D. 质量管理体系审核和复审

四、简答题

1. 什么是质量保证？

2. 什么是保证质量？

3. 什么是内部质量保证？

4. 什么是质量审计？

5. 什么是质量管理体系？

五、案例分析

A 公司质量管理体系的建立

A 公司是项目型公司，公司领导充分认识到项目质量的重要性，采取措施提升员工的质量意识和能力，但公司项目的质量仍然不尽如人意，项目需求方仍然难以相信 A 公司的质量保证能力。其原因就在于 A 公司未建立质量管理体系并使之有效运行，于是公司在确定市场及顾客需求的前提下，根据"质量第一"的原则制定企业的质量方针、质量目标、质量手册、程序文件及质量记录等体系文件。公司领导宣布：本公司质量管理体系已经建立。

思考：A 公司质量管理体系建立所存在的问题。

第 6 章

项目质量控制

引导性案例

  由于 A 公司项目的质量不高，项目需求方难以相信 A 公司的质量保证能力，于是公司在确定市场及顾客需求的前提下，依据 ISO 9000 系列标准建立了公司的质量管理体系，并通过了认证。质量管理体系运行一段时间后，其结果是：公司项目的质量有提高，但仍然不太理想。

  思考：原因何在？

本章学习目标

  重点掌握：理解项目质量控制；项目质量控制的基本原理；项目质量控制体系。

  一般掌握：质量控制依据；质量控制的方法与技术；质量控制点的设置与管理。

  了解：质量控制成果。

本章学习导航

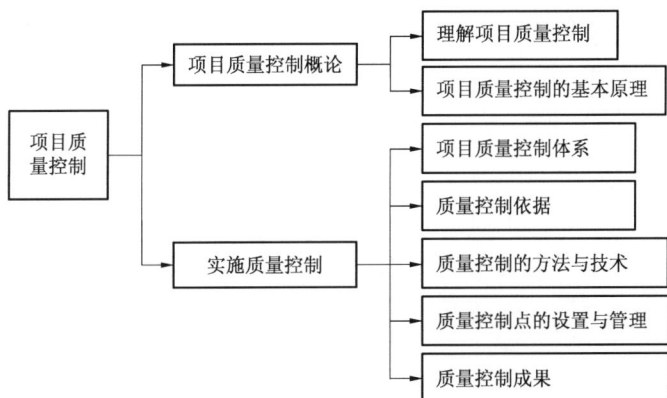

```
                                          ┌─────────────────┐
                           ┌────────────→│ 理解项目质量控制    │
              ┌──────────────┐            └─────────────────┘
         ┌──→│ 项目质量控制概论 │                ┌─────────────────┐
         │    └──────────────┘  └────────────→│ 项目质量控制的基本原理│
┌────────┐│                                    └─────────────────┘
│项目质  ││                           ┌─────────────────┐
│量控制  │┤                  ┌───────→│ 项目质量控制体系    │
└────────┘│                  │         └─────────────────┘
         │                  │         ┌─────────────────┐
         │                  ├───────→│ 质量控制依据        │
         │   ┌──────────────┐│         └─────────────────┘
         └──→│ 实施质量控制   │┤         ┌─────────────────┐
             └──────────────┘├───────→│ 质量控制的方法与技术 │
                              │         └─────────────────┘
                              │         ┌─────────────────┐
                              ├───────→│ 质量控制点的设置与管理│
                              │         └─────────────────┘
                              │         ┌─────────────────┐
                              └───────→│ 质量控制成果        │
                                        └─────────────────┘
```

6.1 项目质量控制概论

6.1.1 理解项目质量控制

1. 项目质量控制概念

项目的质量,是项目使用价值的集中表现,只有符合质量要求的项目才具有使用价值,也才能交付使用,才能真正发挥投资效果。否则,将会造成极大的损失和浪费。就项目而言,一方面要加快进度,实现工期目标;另一方面必须提高质量,并降低成本,实现质量、费用目标。在工期、质量、费用三大目标中,质量目标是项目的根本利益所在。在项目实施中,应牢固树立"质量第一"的思想,做到"好中求快,好中求省"。

项目质量控制,是通过认真规划,不断进行观测检查,以及采取必要的纠正措施,鉴定或维持预期的项目质量或工序质量水平的一种系统。是为了达到质量要求所采取的作业技术和活动。项目质量控制不仅包括检验,而且包括诸如质量规划、工序控制、验收控制、异常因素的分析与消除等工作。质量控制不是局限在质量本身这种狭窄的范围内,而是包括为保证和提高项目质量的理想水平而进行的一切工作。

项目质量控制是项目质量管理的一部分而非全部。项目质量控制是在明确的项目质量目标和具体的条件下,通过行动方案和资源配置的计划、实施、检查和监督,进行质量目标的事前控制、事中控制和事后控制,实现预期目标的系统过程。

项目质量控制的理论基础是控制论、系统论、概率论和统计学原理。

项目质量控制的对象为项目所需要的生产要素、工序、计划、验收、决策等一切与项目有关的要素。

2. 项目质量控制所要解决的主要问题

项目质量控制所要解决的主要问题包括以下几点。

（1）项目质量的最优策划。

（2）采取措施，尽量避免异常因素的发生。

（3）及时发现异常因素的存在，并采取措施加以消除。

（4）正确评价项目质量水平。

项目质量控制的最终目标是保证和提高项目质量。

3. 项目质量控制的步骤

保证和提高项目质量的一个重要途径就是有效进行项目的质量控制。控制，是指为实现规定的质量标准而采用的方法、措施。这种方法、措施，包括对项目实施情况进行观测，并将观测的结果与计划或标准相比较，如果所观测的实际情况与标准或计划相比有明显差异，则应采取相应对策。这种控制过程具有一种无限循环的性质，一般都需要经历以下基本步骤。

（1）选择控制对象。在项目进展的不同时期、不同阶段，质量控制的对象和重点也不相同，这需要在项目实施过程中加以识别和选择。质量控制的对象可以是某个因素、某个环节、某项工作或工序、某项阶段成果等一切与项目质量有关的要素。

（2）为控制对象确定标准或目标。

（3）制订实施计划，确定保证措施。

（4）按计划执行。

（5）跟踪观测、检查。

（6）发现、分析偏差。

（7）根据偏差采取对策。

上述这些连续步骤不仅是普遍适用于项目质量控制，而且也适用于任何一种控制。

4. 项目质量控制的特点

项目的质量控制不同于一般产品的质量控制，其主要特点如下。

（1）影响质量的因素多。项目的进行是动态的，影响项目质量的因素也是动态的。在项目的不同阶段、不同环节、不同过程，影响因素也不尽相同；这些因素有些是可知的，有些是不可预见的；有些因素对项目质量的影响程度较小，有些对项目质量的影响程度则较大，有些对项目质量的影响则可能是致命性的。所有这些，都给项目的质量控制造成了难度。所以，加强对影响质量的因素的管理和控制是项目质量控制的一项重要内容。

（2）质量控制的阶段性。项目需经历不同的阶段，各阶段的工作内容、工作结果都不相同，所以每阶段的质量控制内容和控制重点亦不相同。

（3）易产生质量变异。质量变异就是项目质量数据表现出的不一致性。产生这种变异的原因有两种：偶然因素和系统因素。偶然因素是随机发生的，客观存在的，是正常的；系统因素是人为的，异常的。偶然因素造成的变异称为偶然变异，这种变异对项目质量的影响较小，是经常发生的，难以避免，难以识别，也难以消除；系统因素所造成的变异称为系统变异，这类变异对项目质量的影响较大，易识别，通过采取措施可以避免，也可以消除。由于项目的特殊性，在项目进行过程中，易产生这两类变异。所以在项目的质量控制中，应采取相应的方法和手段对质量变异加以识别和控制。

（4）易产生判断错误。在项目质量控制中，经常需要根据质量数据对项目实施的过程或结果进行判断。由于项目的复杂性、不确定性，造成质量数据的采集、处理和判断的复杂性，项目管理者往往会对项目的质量状况作出错误判断。如将合格判为不合格，或将不合格判为合格；将稳定判为不稳定，或将不稳定判为稳定；将正常判为不正常，或将不正常判为正常。这就需要在项目的质量控制中，采用更加科学、更加可靠的方法，尽量减少判断错误。

（5）项目质量受费用、工期的制约。项目的质量不是独立存在的，它受费用和工期的制约。在对项目进行质量控制的同时，必须考虑其对费用和工期的影响，同样应考虑费用和工期对质量的制约，使项目的质量、费用、工期都能实现预期目标。

6.1.2　项目质量控制的基本原理

1. 基于控制论的项目质量控制原理

控制论的研究对象，主要是指具有复杂性和或然性的系统，而项目作为一个系统，正具有这些特征。因此，对于项目质量控制系统的研究，可以采用控制论的思想和方法。

控制论对控制所下的定义是：控制，是指一定的主体，为保证在变化着的外部条件下实现其目标，按照事先拟订的计划和标准，通过各种方式对被控对象进行监督、检查、引导、纠正的行为过程。任何系统的控制，都需要充分适应系统环境条件的变化，从输出得到反馈，并将其与设计出的计划、标准相对比，这是控制过程的重要特征。输入、变换、反馈、分析与纠正措施等，是系统控制的基本步骤。

根据上述理论，要实现控制，首先必须满足两个条件：① 有合格的控制主体；② 有明确的控制目标。

控制主体是指承担控制责任的人员或组织。根据控制的任务、责任不同，可将控制主体分为不同的层次，一般可划分为两个层次。

（1）直接控制层，是指直接履行控制任务的人员或组织。在项目质量控制中，项目经理部或项目团队、QC 小组等均属于直接控制层。

（2）间接控制层，也称为战略控制层，是指间接履行控制任务的人员或组织。间接控制层主要根据直接控制层的反馈信息进行控制。在项目质量控制中，项目团队所在公司的决策层、职能层等都属于间接控制层。

控制目标是指控制主体针对其被控制对象实施控制所要达到的目的。任何一个控制系统都必须有明确的控制目标，否则就失去了控制的意义。在项目质量控制中，根据控制对象、控制范围的不同，有若干控制子系统，每一个子系统都有其相应的控制目标。

有了合格的控制主体和明确的控制目标，还必须有理想的控制机制。在项目质量控制中可采用同态调节机制。所谓同态调节，就是将质量特征值保持在规定限度内的机制。调节，是指用于将质量特性保持在一定轨道上的过程，控制系统中用于实现调节的部分称为调节器。在调节时，不仅要将系统引入一定的轨道，而且要确定这个轨道，这就是控制。所以，控制有两个重要要素，① 确定系统的轨迹，即控制目标。② 用调节的方法使系统保持在这条轨道上。

在项目质量控制中，调节可分为三种类型。

（1）通过消除控制对象的实际状态与标准或计划的偏差所进行的调节。

（2）通过避免异常因素的干扰所进行的调节。

（3）通过发现并消除异常因素的影响所进行的调节。

项目质量控制系统，可以相对地分为被控子系统（即控制对象）和控制子系统（称为控制单元）。这两个子系统通过信息流彼此联系起来。项目质量控制机制如图6-1 所示。

综上所述，为了实施项目质量控制，首先必须明确控制目标，其次应建立控制机制，同时必须重视和加强信息的传递与反馈。

控制，是就被控系统的整体而言的，既要控制被控系统从输入到输出的全过程，也要控制被控系统的所有要素。在项目质量控制中，根据被控系统全过程的不同阶段可分为三类。

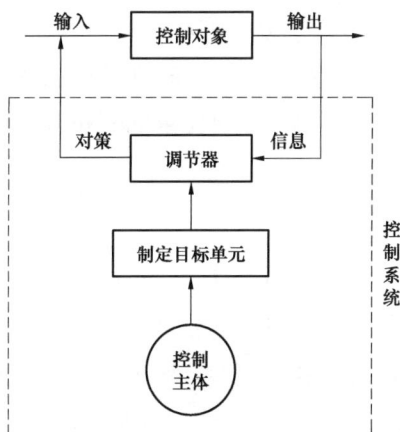

图 6-1 项目质量控制机制示意图

（1）事前控制，又称为预先控制或事先控制，即在投入阶段所进行的控制，其实质上是一种预防性控制，如质量预控就属于事前控制。

事前控制的主要环节包括：编制项目质量计划、明确项目质量目标、制定项目实施方案、设置项目质量管理点、落实质量责任、分析可能导致项目质量目标偏离的各种影响因素，针对这些影响因素制定有效的预防措施。

（2）事中控制，也称为过程控制，即在转化阶段所进行的控制，如工序质量控制就属于事中控制。

事中控制是指在项目质量形成过程中，对影响项目质量的各种因素进行全面的动态控制。事中控制也称为作业活动过程质量控制，包括质量活动主体的自我控制和他人监控的控制方式。自我控制是指作业者在作业过程中对自己质量活动行为的约束和技术能力的发挥，以完成符合预定质量目标的作业任务。自我控制是第一位的。他人监控是指来自企业内部管理者和企业外部有关方面的监督，如政府质量监督部门的监控。

（3）事后控制，即在输出阶段所进行的控制，如项目交验阶段所进行的质量控制，这种控制实质上是一种合格控制。

事后控制的主要环节包括：对质量活动结果的评价和认定、对质量偏差的纠正、对不合格品的整改和处理。

事后控制的重点是发现项目质量方面的缺陷，通过分析提出改进措施。

事前控制、事中控制、事后控制相互联系、相互协调，共同组成有机的系统控制过程。

2. 基本"朱兰三部曲"的项目质量控制原理

朱兰认为，质量控制包含三个重要步骤（也称为朱兰三部曲）：确立标准；衡量成效；纠正偏差。

根据朱兰三部曲，项目质量控制的重要步骤包括以下几点。

1）确立项目质量标准和目标。项目如果没有质量标准和目标，就没有衡量实际工作情况的根据，就无法进行控制工作。项目质量控制以实现质量标准和目标为中心。

2）衡量成效。在项目实施全过程，应加强监督、检查，及时获得质量信息，进行成效衡量。项目每隔一段时间及完成后也应进行成效衡量。

3）纠正偏差。将实际测量结果与质量标准和目标相比较，发现偏差，分析偏差，采取相应的措施处理偏差。

6.2　实施质量控制

6.2.1　项目质量控制体系

1. 项目质量控制体系概念

项目质量控制体系是以项目为对象，面向项目的质量控制而建立的一个工作系统。项目质量控制体系随着项目的开始而建立，随着项目的完成而消失。所以项目质量体系是一个一次性的质量控制工作体系，不同于企业的质量管理体系。项目质量控制体系是项目管理组织的一个目标控制体系，与项目的进度控制、费用控制等目标控制体系共同依托于同一项目管理的组织机构。

2. 项目质量控制体系与企业质量管理体系的不同点

项目质量控制体系与企业依据 GB/T 19000—2008 标准所建立的质量管理体系是不同的，其主要区别如下。

（1）作用不同。项目质量控制体系用于特定项目的质量控制，而非用于企业或组织的质量管理。

（2）目标不同。项目质量控制体系的控制目标是项目的质量目标，而非某企业或组织的质量管理目标。

（3）时效不同。项目质量控制体系伴随项目始终，是一次性的质量工作体系，而非永久性的质量管理体系。

（4）评价方式不同。项目质量控制体系的有效性由项目管理组织自我评价，而非第三方认证。

3. 项目质量控制体系的建立

项目各主要相关方都应建立各自的项目质量控制体系。为了保证项目质量控制体系的科学性和有效性应依据一定的原则和程序。

（1）项目质量控制体系建立的原则。

1）分层次规划原则。项目的各主要相关方应分别进行不同层次和范围的项目质量控制体系的规划。

2）目标分解原则。根据控制系统内项目分解结构，将项目的质量总体目标分解到项目各相关方，由各相关方制订相应的质量计划，确定具体的控制方式和控制措施。

3）质量责任制原则。应根据相关规定，明确界定各相关方的质量责任范围和控制要求。

4）系统有效性原则。应针对项目实际情况，建立有效的项目控制体系，并形成有效的体系运行机制。

（2）项目质量控制体系建立的程序。项目质量控制体系建立程序如图 6-2 所示。

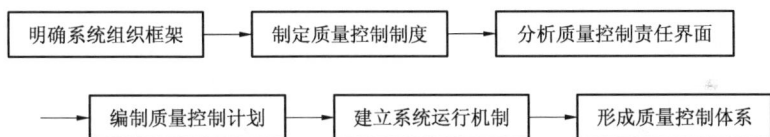

图 6-2　项目质量控制体系建立程序

1）明确系统组织框架。控制必须有组织保障。所以，首先应明确质量控制负责人，其次需要明确质量控制组织体系。

2）制定质量控制制度。制度是体系的基础。所以应制定与质量控制相关的各项制度，如质量控制例会制度、协调制度、报告审批制度、质量检查验收制度、质量信息管理制度等。最终形成项目质量控制体系的管理文件或管理手册。

3）分析质量控制责任界面。项目质量控制体系的质量责任界面，包括静态界面和动态界面。静态界面根据相关法规、合同条件、组织内部职能分工确定。动态界面是指项目各相关方之间的衔接关系及其责任划分。

4）编制质量控制计划。项目各相关方应编制与其所承担的任务相符的质量计划，并按规定完成质量计划的审批，以作为自身质量控制的依据。

5）建立系统运行机制。项目质量体系运行机制是由一系列质量管理制度所形成的内在能力。运行机制是质量控制体系的生命，具体包括：动力机制、约束机制、反馈机制和持续改进机制。

动力机制：是指公正、公开、公平的竞争机制和利益机制的制度设计。动力机制是项目质量控制体系的核心机制。

约束机制：是指项目质量控制过程中的制衡机制，取决于项目各相关方内部的自我约束能力和外部监控效力。

反馈机制：是指对项目运行状态和结果的信息反馈，对质量控制系统的能力和运行效果进行评价的机制。项目应有相应的制度，保证项目质量信息反馈的及时性和准确性。

持续改进机制：是指应用 PDCA 循环原理开展质量控制，使得项目质量控制体系不断完善和持续改进的机制。目的是不断提高质量控制能力和控制水平。

6）形成质量控制体系。经过上述各步骤，最终形成质量控制体系。质量控制体系是一个有机整体，是实的，而不是虚的。质量控制体系必须由相应的组织体系、资源、规章制度、运行机制等要素所组成。

4. 项目质量控制体系的运行

项目质量控制体系建立的目的是运行，只有有效运行，才能发挥体系的功能，才能有效控制项目质量。体系的运行依靠良好的运行环境和有效的运行机制来保障。

6.2.2　质量控制依据

质量控制依据主要包括：质量管理计划、质量测量指标、质量核对表、组织过程资产、工作绩效信息、批准的变更请求及可交付成果。

1. 质量管理计划

质量管理计划是质量控制的指南，也是质量控制的依据。质量控制中，应将实际发生的情况与计划进行比较，以发现偏差并及时处置。

2. 质量测量指标

质量测量指标系指质量实际值，通过质量检查、检测、测量等过程获得。只有掌握实际状态，才能将其与计划进行比较，以发现偏差。

3. 质量核对表

质量核对表是一种结构性工具，用于核实所要求进行的各个步骤是否已经完成。质量核对表是质量控制的一种常用表格，是一种质量偏差分析的方法。质量核对表通常因事项而异，表 6-1 是某项目的一种质量核对表。

表 6-1　质量核对表

序号	核对项目	核对依据	核对时间	核对结果	不良内容	处理意见

4. 组织过程资产

组织过程资产是指影响项目成功的资产。组织过程资产的组织方式因行业、组织和应用领域的类型而异。一般来说，组织过程资产可以归纳为如下两类。

（1）组织进行工作的过程与程序。包括：标准、方针与程序；标准指导原则、工作指令、建议评价标准与实施效果评价准则；模板（如风险模板、工作分解结构模板与项目进度网络图模板）；根据项目的具体需要修改组织标准过程的指导原则与准则；组织沟通要求；项目收尾指导原则或要求；财务控制程序；确定问题与缺陷控制、问题与缺陷识别和解决，以及行动追踪的问题与缺陷管理程序；变更控制程序；风险控制程序，包括风险类型、概率的确定与后果，以及概率与后果矩阵；批准与签发工作授权的程序等。

（2）组织整体信息存储检索知识库。包括：过程测量数据库，用于搜集与提供过程与产品实测数据；项目档案（如范围、费用、进度，以及质量基准、实施效果测量基准、项目日历、项目进度网络图、风险登记册、计划的应对行动，以及确定的风险后果）；历史信息与教训知识库（如项目记录与文件，所有的项目收尾资料与文件记录，以前项目选择决策结果与绩效的信息，以及风险管理努力的信息）；问题与缺陷管理数据库，包括问题与缺陷状态、控制信息、问题与缺陷解决和行动结果；财务数据库，包括如工时、发生的费用、预算以及任何项目费用超支等信息。

组织过程资产是项目质量控制的基础。

5. 工作绩效信息

工作绩效信息是指为了完成项目工作而进行的项目活动工作状态的信息和数据，包括技术性能值、项目可交付成果状态、需要的纠正措施、绩效报告等。工作绩效信息是质量控制的重要依据，可用于质量审计、质量审查和过程分析等。

6. 批准的变更请求

批准的变更请求是指为了扩大或缩小项目范围而批准并形成文件的变更。批准的变更请求还可能修改方针、项目管理计划、程序、费用或预算，或修改进度表。项目变更是经常发生的，在质量控制中，应根据项目变更状态调整项目质量计划、质量指标、控制方案等。

7. 可交付成果

可交付成果是任何在项目管理规划文件中记录，并为了完成项目而必须生成和提交的独特并可核实的产品、成果或提供服务的能力。项目质量控制的最终目标是提交满足要求的可交付成果，因此，质量控制者应充分了解项目可交付成果的要求，使得质量控制具有针对性。

6.2.3 质量控制的方法与技术

质量控制常用方法与技术主要包括：因果分析图、控制图、流程图、直方图、排列图、趋势图、散点图等。

（1）因果分析图用于查找、分析影响项目质量的因素。

（2）控制图用于判断项目质量状态。

（3）流程图用于分析问题发生的缘由。它以图形的形式展示一个过程，可以使用多种格式，但所有过程流程图都具有几项基本要素，即活动、决策点和过程顺序。它表明一个系统的各种要素之间的交互关系，如图 6-3 所示。流程图可协助项目团队预测质量问题将在何时、何地发生，有助于应对方法的制定。

（4）直方图用于分析质量数据的分布状态。

（5）排列图用于将影响项目质量的因素进行归类，划分为主要因素、次要因素和一般因素，以确定控制重点。

（6）趋势图可反映质量偏差的历史和规律。根据质量数据发生的先后顺序将其以圆点形式绘制成线形图图

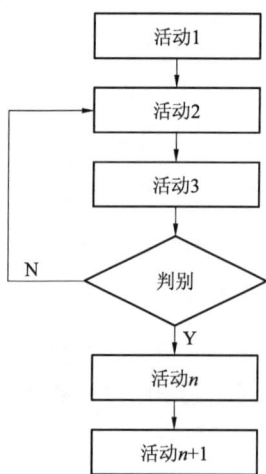

图 6-3　流程图

形，可反映质量数据在一定时间段的趋势、偏差情况以及过程的状态。

（7）散点图用于显示两个变量之间的关系和规律。将独立变量和非独立变量以圆点绘制成图形。利用散点图，质量团队可以研究并确定两个变量的变更之间可能存在的潜在关系。

6.2.4　质量控制点的设置与管理

1. 质量控制点定义

质量控制千头万绪，需要控制的因素很多，但这些因素中必然有些很重要，需要重点控制；有些较次要，可以放松控制。需要重点控制的因素称为质量控制点，是质量控制的重点对象。

2. 质量控制点的设置

质量控制点应选择要求高、难度大、对项目质量影响大或发生质量问题时危害大的对象进行设置。一般包括以下几点。

（1）对项目质量形成过程产生直接影响的关键部位、环节及工序。

（2）项目实施过程中的薄弱环节或者质量不稳定的工序或对象。

（3）对下道工序或工作有较大影响的上道工序或工作。

（4）采用新技术、新工艺、新材料的工序或环节。

（5）质量无把握、实施条件困难或技术难度大的工序或环节。

（6）用户不满意的不良工序。

3. 质量控制点的重点控制对象

准确选择质量控制点是前提，对每个质量控制点还应根据对重要质量特性进行重点控制的要求，选择质量控制点的重要的质量因素作为质量控制点的控制对象，进行重点预控和监控。

质量控制点的重点控制对象主要包括以下几种。

（1）人的行为。

（2）材料的质量与性能。

（3）方法与关键操作。

（4）技术参数。

（5）必要的技术间隙。

（6）工作的先后次序。

4. 质量控制点的管理

质量控制点的管理有以下几方面。

（1）质量预控。明确质量控制的目标和控制参数；编制作业指导书和质量控制措施；确定质量检查方式及抽样的数量与方法；明确检查结果的判断标准及质量记录与信息反馈要求等。

（2）交底。向相关人员进行交底，使其明确质量控制点的要求及标准。

（3）动态设置与动态管理。对质量控制点应进行动态设置与动态管理。

1）动态设置：在项目开始前，可以确定项目的一批质量控制点，但随着项目的展开、条件的变化等，应随时或定期进行质量控制点的调整或更新。

2）动态控制：应用动态控制原理，跟踪质量控制点的状态，并及时反馈质量控制信息，以使质量控制点处于受控状态。

6.2.5 质量控制成果

质量控制的主要成果包括以下内容。

1. 质量控制衡量

通过质量检查，测得质量数据后，将其与质量标准和控制水平进行比较，即可度量质量偏差。度量质量偏差是为了进行偏差分析，其结果可能是偏差超出了允许的范围，也可能是偏差虽未超过允许范围，但其发展下去有可能超过允许范围。如果已经超过允许范围，应立即分析原因，采取相应措施予以纠正；如果是向不利趋势发展，也应分析原因，采取预防措施，使项目处于稳定状态。

质量控制衡量是质量控制活动的结果，用以对实施组织的质量标准和过程进行重新评估和分析。

2. 缺陷补救

对项目缺陷进行补救，对被补救项目进行重新检验，决定是否接受或拒绝。被拒绝的项目需要进一步处理。

3. 质量基准更新

质量基准记录了项目的质量目标，是绩效衡量基准的组成部分。但基准并非不变，应根据项目质量控制的结果而更新。

4. 纠正措施

质量控制结果度量体现了项目质量状态，应根据其结果采取纠正措施。

5. 预防措施

为预防项目实施过程超出既定参数（可通过质量控制量度结果反映）而采取的行动。

6. 变更

如果根据纠正措施或预防措施，需要对项目进行变更，则应按照既定的整体变更控制过程启动变更请求。

7. 缺陷补救

对项目缺陷需进行识别并进行补救或替换。

8. 组织过程资产更新

根据质量控制的结果对组织过程资产进行更新。

9. 确认的可交付成果

质量控制的目的在于确定可交付成果的正确性。实施质量控制过程的结果是可交付成果得以验证。

10. 项目管理计划更新

根据质量控制的结果对项目管理计划进行更新，以反映实施质量控制过程产生的质量管理计划变更。

复习思考题

一、判断题（正确的打"√"，错误的打"×"）

1. 项目质量控制是在明确的项目质量目标和具体的条件下进行的。 （　　　）

2. 项目质量控制的对象为项目所需要的生产要素。 （　　　）

3. 项目质量控制体系是面向组织而建立的。 （　　　）

4. 偶然变异对项目质量的影响较大，但可以避免。 （　　　）

5. 组织过程资产是项目质量控制的基础。 （　　　）

二、单项选择题（请在题后的括号内填上选中项的序号）

1. 项目质量目标与费用目标之间的关系是（　　　）。

　　A. 对立的　　　　　B. 统一的　　　　　C. 对立统一的　　　D. 矛盾的

2. 项目质量控制是以（　　　）为中心。

　　A. 提高项目质量　　　　　　　　B. 保证项目质量

  C. 人   D. 实现质量标准和目标

3. 项目质量控制体系的控制目标是（   ）。

  A. 组织的质量管理目标   B. 项目的质量目标

  C. 项目团队的质量目标   D. 顾客的质量目标

4. 项目质量控制体系的生命在于（   ）。

  A. 组织机制   B. 运行机制   C. 控制机制   D. 反馈机制

5. 项目质量控制体系的核心机制（   ）。

  A. 反馈机制   B. 动力机制   C. 持续改进机制   D. 约束机制

6. （   ）用于分析问题发生的缘由。

  A. 排列图   B. 直方图   C. 控制图   D. 流程图

三、多项选择题（请在题后的括号内填上选中项的序号）

1. 要实现控制，首先必须满足的条件是（   ）。

  A. 有效的控制机制   B. 合格的控制主体

  C. 科学的控制方法   D. 明确的控制目标

2. 事前控制的主要环节其中包括（   ）。

  A. 编制项目质量计划   B. 明确项目质量目标

  C. 落实质量责任   D. 控制项目质量状态

3. 事后控制的主要环节包括（   ）。

  A. 对质量活动结果的评价和认定   B. 对质量偏差的纠正

  C. 对不合格品的整改和处理   D. 对质量目标的调整

4. 项目质量控制体系建立的原则包括（   ）。

  A. 分层次规划原则   B. 目标分解原则

  C. 质量责任制原则   D. 以顾客为关注焦点原则

5. 质量控制点的重点控制对象主要包括（   ）。

  A. 人的行为   B. 材料的质量与性能

  C. 方法与关键操作   D. 环境因素

四、简答题

1. 什么是项目质量控制？

2. 什么是质量变异？

3. 什么是同态调节？

4. 什么是事中控制？

5. 什么是项目质量控制体系？

6. 什么是 PDCA 循环？

五、案例分析

A 公司项目的质量控制

由于 A 公司项目的质量不高，项目需求方难以相信 A 公司的质量保证能力，于是公司在确定市场及顾客需求的前提下，依据 ISO 9000 系列标准建立了公司的质量管理体系，并通过了认证。质量管理体系运行一段时间后，其结果是：公司项目的质量有提高，但仍然不太理想。

思考：

（1）原因是什么？

（2）应如何改进？

第 7 章

项目质量形成过程管理

引 言

就一个项目而言，要经历概念、开发、实施、收尾等各个不同的阶段，每个阶段对项目质量都会产生影响。项目质量是通过各个阶段、各个环节、各项活动的展开而形成的。根据全面质量管理的观点，为保证或提高项目质量，必须对项目质量形成全过程进行有效管理。

本章学习目标

重点掌握：项目不同阶段的质量管理；项目质量标准化工作；项目质量责任制。

一般掌握：项目质量计量工作；项目质量信息工作；项目项目质量的监督与监理。

了解：项目质量教育工作；项目质量文化。

本章学习导航

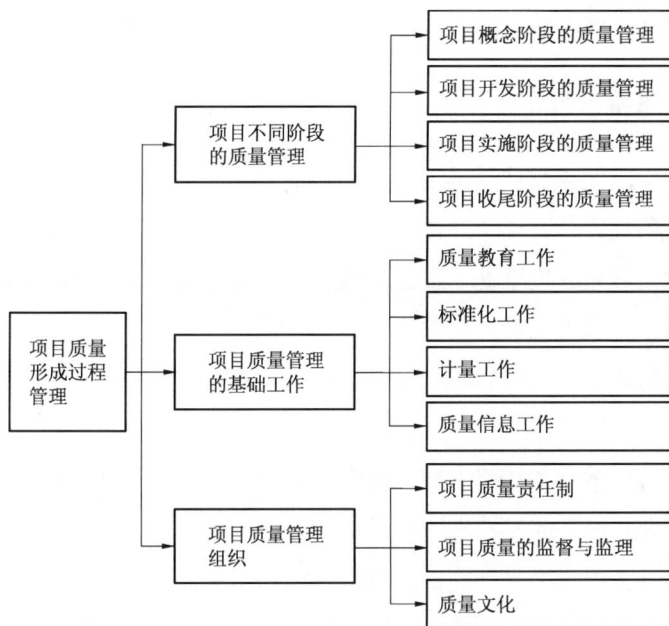

```
                                              ┌─────────────────────┐
                                         ┌────┤ 项目概念阶段的质量管理 │
                                         │    └─────────────────────┘
                                         │    ┌─────────────────────┐
                          ┌──────────┐   ├────┤ 项目开发阶段的质量管理 │
                       ┌──┤ 项目不同阶段 ├───┤    └─────────────────────┘
                       │  │ 的质量管理  │   │    ┌─────────────────────┐
                       │  └──────────┘   ├────┤ 项目实施阶段的质量管理 │
                       │                 │    └─────────────────────┘
                       │                 │    ┌─────────────────────┐
                       │                 └────┤ 项目收尾阶段的质量管理 │
                       │                      └─────────────────────┘
                       │                      ┌─────────────────────┐
                       │                 ┌────┤ 质量教育工作          │
            ┌────────┐ │  ┌──────────┐   │    └─────────────────────┘
            │ 项目质量 │ │  │          │   │    ┌─────────────────────┐
            │形成过程 ├─┼──┤ 项目质量管理 ├───┤────┤ 标准化工作           │
            │  管理   │ │  │ 的基础工作  │   │    └─────────────────────┘
            └────────┘ │  └──────────┘   │    ┌─────────────────────┐
                       │                 ├────┤ 计量工作             │
                       │                 │    └─────────────────────┘
                       │                 │    ┌─────────────────────┐
                       │                 └────┤ 质量信息工作          │
                       │                      └─────────────────────┘
                       │                      ┌─────────────────────┐
                       │                 ┌────┤ 项目质量责任制        │
                       │  ┌──────────┐   │    └─────────────────────┘
                       │  │ 项目质量管理 │   │    ┌─────────────────────┐
                       └──┤   组织    ├───┤────┤ 项目质量的监督与监理   │
                          └──────────┘   │    └─────────────────────┘
                                         │    ┌─────────────────────┐
                                         └────┤ 质量文化             │
                                              └─────────────────────┘
```

7.1　项目不同阶段的质量管理

7.1.1　项目概念阶段的质量管理

项目概念阶段主要包括项目的可行性研究和项目决策。

项目的可行性研究直接影响项目的决策质量和设计质量。所以，在项目的可行性研究中，应进行方案比较，提出对项目质量的总体要求，使项目的质量要求和标准符合项目所有者的意图，并与项目的其他目标相协调，与项目环境相协调。

项目概念阶段是影响项目质量的关键阶段，项目决策的结果应能充分反映项目所有者对质量的要求和意愿。在项目决策过程中，应充分考虑项目费用、时间、质量等目标之间的对立统一关系，确定项目应达到的质量目标和水平。

项目概念阶段是项目整个生命周期的起始阶段，这一阶段工作的好坏关系到项目全局。概念阶段的主要工作是确定项目的可行性，对项目所涉及的领域、投资、技术可行性、环境情况、融资等进行全方位的评估。在概念阶段，围绕项目质量问题所进行的主要工作是项目总体方案的策划及项目总体质量水平的确定。因此，可以说在概念阶段，从总体上明确了项目的质量方向。显然，概念阶段的成果将会影响项目总体质量，概念阶段所进行的质量控制工作是一种质量战略管理。

7.1.2 项目开发阶段的质量管理

项目开发阶段是项目实施的前期阶段，需要对项目进行全面、系统的安排。

无论什么项目，都需要经过开发、设计过程。项目质量是否能够满足用户需要及满足的程度，首先取决于这一过程。显然，如果项目开发、设计工作质量差，质量设计草率从事，就会给项目质量留下许多"隐患"。"先天不足"，必将导致"后患无穷"。"质量是设计出来的，而不是加工出来的"充分表达了项目开发阶段质量控制的重要性。

项目开发阶段的质量管理，是项目质量管理的起点，是项目质量管理的关键阶段。没有高质量的设计就没有高质量的项目。在项目开发、设计过程中，应针对项目特点，根据项目概念阶段已确定的质量目标和水平，使其具体化。设计质量是一种适合性质量。即通过质量设计，应使项目质量适应项目使用的要求，以实现项目的使用价值和功能；应使项目质量适应项目环境的要求，使项目在其生命周期内安全、可靠；应使项目质量适应用户的要求，使用户满意。在项目开发、设计阶段实施质量控制的主要方法有方案优选、价值工程等。

项目开发阶段的质量管理，主要包括三大内容：① 质量设计；② 控制项目设计质量；③ 质量预控。

1. 质量设计

项目开发人员应根据项目的使用要求，制定能够满足"性能"要求的设计方案，其中包括项目质量指标，进行质量设计。质量设计应能做到使项目安全可靠，以及万一出现故障能够便于维修（可靠性和可维修性）；在项目实施期间尽可能经济可行（可操作性）。也就是说，质量设计既要考虑项目的使用要求，也要考虑项目实施的可能性和经济性。操作难度小，投资少，但性能差是不合理的；同样，性能很好，但实施难度大，投资高，也是不合理的。项目开发人员必须进行综合平衡，以确定最佳的设计方案。

2. 控制项目设计质量

要控制项目的质量目标与水平，需要通过设计使其具体化。设计质量的优劣关系到设计工作对项目质量的保证程度。设计质量包含两层意思：① 设计应满足用户所需要的功能和使用价值，符合用户的意图，而用户所需的功能和使用价值，又必然要受到经济、资源、技术、环境等因素的制约，从而使项目的质量目标与水平受到限制；② 设计必须遵守有关标准、规范、规程等相关法规。设计方案确定后，项目开发、设计人员就必须严格按方案要求进行设计，保证设计质量。为此，在设计过程中，应采取有效措施严加控制。

（1）设计评审。在设计的每一阶段，都要组织有关人员对设计结果进行正式、系统、严格的评审并将结果形成文件，目的在于评价设计质量，并找出问题，提出解决方案，使设计的过程达到可靠、合理、经济、可行的质量效果。

设计评审的基本意图，是根据专家与群众相结合的原则，广泛发动项目参与者，共同把好设计质量关，以使设计人员作出最佳设计。设计评审是一项旨在提高设计质量的重要活动，是项目设计过程中十分必要的。

设计评审包括所有与质量有关的参数以及其他内容。

（2）经济分析。项目设计是技术问题，更是一个经济问题。项目设计在技术上的变化，都不可避免地会引起质量、费用的变化。项目设计不仅在技术上必须合理，在经济上也必须合理。考虑经济性，讲求经济效果，是衡量项目质量特性的关键因素之一。

项目设计的经济分析，主要研究项目设计的变化与费用，成本变化之间的关系。其主要内容是计算项目成本。这里的项目成本是指项目寿命周期费用，既包括项目投资，也包括项目在使用阶段所发生的相关费用，如维修费等。项目寿命周期费用是评价项目设计质量的重要经济指标。在项目设计过程中，可采用价值分析方法对设计进行技术经济分析，即将项目的性能（使用价值）与项目寿命周期费用相比较，以提高项目质量、降低项目成本为目标，对项目进行系统的分析研究，比较各种设计方案，使得一定的单位成本取得最佳的质量效果。

（3）严格遵守设计过程的工作程序。项目设计必须遵循科学技术工作的客观规律，严格按照科学的设计程序进行，这是保证设计质量的客观需要。

（4）设计跟踪。为了有效地控制设计质量，必须对设计进行质量跟踪。设计质量跟踪并非监督设计人员，而是要定期对设计文件进行检查、审核，发现问题及时纠正。

3. 质量预控

质量预控，就是针对控制对象预测造成质量问题的因素，拟订质量控制计划，设计控制程序，制定检验评定标准，提出解决有关问题的对策，编制质量控制手册等。这是一种科学的管理方法。通过采用这种方法，可以达到提高操作者的技术水平，有目的、有预见地采取有效措施，将项目实施过程中常见的质量问题和质量事故消灭在萌芽状态之中。做到心中有标准、项目实施有准则，项目完成能达标，达到"预防为主"的目的，为保证和提高项目质量打下坚实的基础。可见，质量预控不仅是要在项目开发阶段进行的质量管理工作，而且也是在需要项目实施阶段进行的质量管理工作。

（1）影响因素预测。在项目实施前，针对项目的特点和拟采用的工艺、方法、设备等，通过因素分析并参照以往的经验等途径，对在项目实施中可能出现的影响质量的因素加以分析、整理，并绘制成因果分析图。

（2）拟订质量控制计划。一个可行的质量控制计划必须有效而经济，为此，在制订计划时必须考虑项目质量目标，实施条件、工艺、方法和设备，操作者的技术水平，项目投资等因素，并争取在这些因素间达到最佳平衡。

质量控制计划的拟订一般应包括以下内容。

1）明确项目质量目标。

2）明确项目质量要求和特性。

3）评定项目过程能力。

4）确定拟控制的质量特性和控制内容。

5）确定质量水平。

6）制定质量控制指南、规程和文件。

7）规定检查、监督职责。

8）设计质量控制图。

9）规定不合格材料的处理方法。

10）规定对库存和易过期材料使用的控制。

11）确定质量检测设备和方法。

12）明确项目质量控制组织和责任者。

（3）设计控制程序。控制程序规定了在项目实施过程中，不同的阶段所需进行的质量控制内容和方法，图7-1是针对某钢筋工程设计的质量控制程序。

（4）制定检验评定标准。检验评定标准是判断项目质量状况的依据，应根据有关规范、标准，结合具体情况加以制定。检验评定标准的内容主要包括检验项目、检验方法、评定标准等。表7-1是某钢筋混凝土工程的质量检验评定标准。

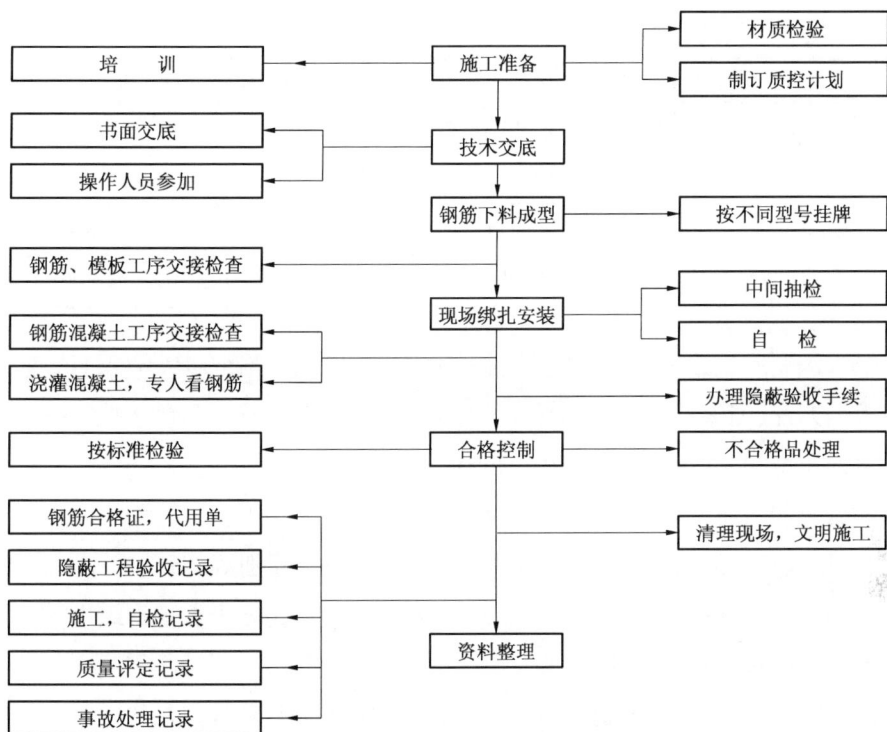

图 7-1　某钢筋工程设计的质量控制程序

表 7-1　某钢筋混凝土工程的质量检验评定标准

序号	检验项目	评定标准	检验方法
1	混凝土厚度	局部厚度的偏差不小于设计厚度 50mm	量测
2	表面不平整度	不超过 10mm/m²	量测
3	表面缺陷	不得有露筋、裂缝、蜂窝	观测

（5）确定对策。根据所预测的影响项目质量的因素，提出对策，并归纳为对策表。

例如，根据预测得知可能影响钢结构安装工程项目的质量因素，对每一个可能发生的因素提出对策，并绘制对策表，见表 7-2。

表 7-2　钢结构安装工程项目质量对策表

影响因素		对　策
材料	焊条型号、规格与设计不符	先核对，符合要求再用
施工方法	吊点不正确	不能随意更改吊点
	无出厂证明就安装	必须有证明才能安装

续表

影响因素		对　策
施工方法	焊接质量不能满足要求	返工、补焊
施工人员	违章指挥	严格执行操作规程
	奖罚不明	严格标准、奖罚分明
	疲劳操作	合理分工、合理安排作业时间

（6）编制质量控制手册。质量控制手册是项目质量控制的指导性文件，它涉及质量控制方针、依据、组织、方法、程序等多方面内容。在项目质量控制中，应根据项目的类型和具体情况编制相应的质量控制手册。

质量控制手册所包括的典型内容如下。

1）质量控制的依据。包括所采用的规范、标准、手册等。

2）管理、组织及人员。应明确质量管理组织机构，质量保证组织机构，分管人员及各种组织、管理制度。

3）质量控制规程。包括质量控制方针、质量控制规程的拟订和发布、质量检查制度、抽样检验方案、质量控制图等。

质量控制规程是针对具体的控制对象所编制的，主要包括以下内容。

工序流程：明确工序的主要工作环节及其相互关系，明确最佳工序流程。

工作内容：每道工序都由若干具体工作内容，在质量控制规程中，应列出主要工作内容，并提出适应该项工作需要的措施性内容。

标准：对每道工序、每项工作，都应列出规定的标准，这些标准应具体，并尽量用数据表示，以利于执行和检查。

控制点：工序中存在着对项目质量有直接影响的关键点；技术上有特殊要求，对后续工序有影响的部位；质量控制的难点等。对这些须加强管理，消除失控状态。为此，应设置相应的控制点。所谓控制点是指质量控制的重点。对控制点，应确定具体的控制目标、控制方法。控制点一定是工序的关键所在，数量不宜太多。

质量信息交流：规定工序间所提供的质量信息内容及其交流方式。

质量评价及考核：明确质量评价及考核方法，使工序质量的优劣与经济奖惩挂钩。

质量控制规程是质量控制的指南，是一项不同于作业规程的重要技术文件，要本着既具体又简明扼要的原则进行编写，以便于执行。

4）质量控制文件。包括试验程序、检验规程、作业指导书、各项质量保证程序、补救措施的申请等文件。

5）质量控制记录及保存。明确纪录的内容及记录的保存等有关问题。

6）培训大纲。包括采用的培训教材、培训方法，明确参加培训的人员。

7）原材料控制。包括原材料的采购程序、货源的选择、采购订货的审查与批准、进料检查、原材料的保管及质量控制等内容。

8）项目实施过程控制与工序控制。包括控制要点、控制方法、控制效果与评价方法等。

9）合格控制。包括合格质量标准、合格控制方法等。

10）故障分析与补救措施。包括故障分析、故障排除方法和技术等。

7.1.3　项目实施阶段的质量管理

项目实施是项目形成的重要阶段，是项目质量管理的重点。项目实施阶段所实现的质量是一种符合性质量，即实施阶段所形成的项目质量应符合质量要求。

项目实施阶段是一个从输入、转化到输出的系统过程。项目实施阶段的质量管理，也是一个从对投入品的质量管理开始，到对产出品的质量管理为止的系统管理过程，如图 7-2 所示。

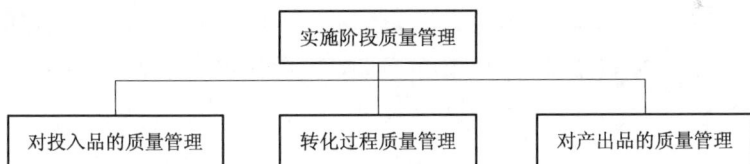

图 7-2　项目实施阶段质量管理过程

在项目实施阶段的不同环节，其质量管理的工作内容不同。根据项目实施的不同时间阶段，可以将项目实施阶段的质量管理分为事前质量管理、事中质量管理和事后质量管理。

（1）事前质量管理。在项目实施前所进行的质量管理就称为事前质量管理，其管理的重点是做好项目实施的准备工作，且该项工作应贯穿于项目实施全过程。其主要工作内容如下。

技术准备：熟悉和审查项目的有关资料、图纸；调查分析项目的自然条件、技术经济条件；确定项目实施方案及质量保证措施；确定计量方法和质量检测技术等。

物质准备：对项目所需材料、构配件的质量进行检查与控制；对永久性生产设备或装置进行检查与验收；对项目实施中所使用的设备或装置应检查其技术性能，不符合质量要求的不能使用；准备必备的质量检测设备、机具及质量控制所需的其他物质。

组织准备：建立项目组织机构及质量保证体系；对项目参与人员分层次进行培训教育，提高其质量意识和素质；建立与保证质量有关的岗位责任制等。

现场准备：不同的项目，现场准备的内容亦不相同。例如，建筑施工项目的现场准备包括控制网、水准点标桩的测量；"五通一平"，生产、生活临时设施等的准备；组织机具、材料进场；拟订有关试验、试制和技术进步项目计划等。

（2）事中质量管理。在项目实施过程中所进行的质量管理就是事中管理。事中质量管理的策略是：全面管理实施过程，重点管理工序或工作质量。其具体措施是：工序交接有检查；质量预控有对策；项目实施有方案；质量保证措施有交底；动态控制有方法；配制材料有试验；项目变更有手续；质量处理有复查；行使质控有否决；质量文件有档案。

（3）事后质量管理。对一个项目、工序或工作完成形成的成品或半成品的质量管理称为事后质量管理。事后质量管理的重点是进行质量检查、验收及评定。

1. 项目实施准备阶段的质量管理

准备是项目实施的前奏。准备工作的好坏，不仅对项目的高速、优质完成产生直接影响，而且对项目质量起到一定的预防、预控作用。因此，应重视准备阶段的质量管理工作，其重点是：开展技术培训、严把原材料质量关，进行必要的模拟试验。

（1）开展技术培训。针对项目的具体情况，事先组织各种类型的技术培训和技术讲座，让操作者了解项目实施中可能遇到的质量问题、影响因素、处理方法、预防措施等，以提高操作者的素质，为开展质量管理小组活动打下良好的基础。

（2）严把材料质量关。提供满足质量要求的原材料或半成品，是保证项目质量的前提。为防止低质原料或半成品用于项目，就必须严格控制其质量，这是减少异常因素发生的重要环节。严把材料质量关，需要注重以下环节。

1）原材料（半成品）质量检验。检验原材料和半成品质量是指：针对不同的原材料，选择代表其质量的特性进行检验，根据检验结果，取优去劣。一般来说，原材料或半成品的质量检验要把住三关。

入库（场）检验关：原材料（半成品）进场入库应按质量标准验收和检查，对不合格者采取拒收或退货的办法，以避免不合格品进场入库。检验方法分全数检验和抽样检验两种，可根据具体情况选取。

定期检查关：原材料在库存期间，由于管理不善或其他原因，有可能出现变质等情况。因此，应定期检查，发现问题，及时处理。

使用前检验关：对将要使用的材料，要进行用前检验，合格者准予使用，不合格者不能用于项目。

2）原材料（半成品）质量管理。加强原材料、半成品的质量检验，固然可以起到对外购物资的把关作用，防止对项目质量的影响。但是，这种传统的质量管理方法还不足以从根本上保证质量。因此，应进一步采取科学管理办法，将质量检验与积极的事先预防结合起来，这就是将材料供应的质量控制引申到供货单位。具体做法是：协助、监督供货方建立健全质量控制和质量保证体系；在签订订货合同前，根据择优的原则，除比较各供货方价格外，主要还应了解供货方历来供货质量信誉，全面了解其质量保证体系，考核其质量保证能力，确定其是否具备保证质量、按期供货的能力，能否稳定提供符合质量要求的材料或半成品；在合同执行期间，应定期对供货方进行检验考核和监督，检定其生产技术装备是否能继续保证质量，对存在的问题及时提出改进意见；使用方质检人员与供货方质检人员之间应建立密切的合作关系，及时沟通情况，根据出厂检验的可靠程度，调整和简化入场（库）检验手续，改变抽检方案。

在材料（半成品）库存期间，亦应采用控制手段控制其质量。

（3）进行必要的模拟试验。对新工艺、新材料、新技术的使用，应预先进行模拟试验，通过实践掌握基本操作要领，以保证在使用中不影响项目质量。

2. 项目实施过程质量管理

项目实施过程是形成项目实体的重要阶段，也是形成项目质量的重要阶段。所以，项目实施过程是项目质量管理的重点。项目能否保证达到所要求的质量标准，在很大程度上取决于项目参与者的技术能力及实施过程的质量管理工作水平。可见，加强项目实施过程的质量管理，是保证和提高项目质量的关键，是项目质量管理的中心环节。

项目实施过程质量管理的主要任务是：建立能够保证和提高项目质量的完整体系，抓好每一环节的质量控制，保证工程质量全面达到或超过质量标准的要求。

项目实施过程质量管理的重点是：影响项目质量的因素、工艺和工序。

（1）质量因素的管理。影响项目质量的因素主要有五大方面：人、材料、设备、方法和环境。对这五方面因素的控制，是保证项目质量的关键。

1）人的管理。人，是指直接参与项目的组织者、指挥者和操作者。人，作为管理的对象，要避免产生失误；作为控制的动力，要充分调动人的积极性，发挥人的主导作用。因此，应提高人的素质，健全岗位责任制，改善劳动条件，公平合理地激励劳动热情；应根据项目特点，从确保质量出发，在人的技术水平、人的生理缺陷、人的心理行为、人的错误行为等方面控制人的使用；更为重要的是提高人的质量意识，形成人人重视质量的项目环境。

2）材料的管理。材料主要包括原材料、成品、半成品、构配件等。对材料的管理主要通过严格检查验收，正确合理地使用，进行收、发、储、运的技术管理，杜绝使用不合格材料等环节进行。

3）设备管理。设备包括项目使用的机械设备、工具等。对设备的管理，应根据项目的不同特点，合理选择，正确使用、管理和保养。

4）方法管理。这里所指的方法，包括项目实施方案、工艺、组织设计、技术措施等。对方法的管理，主要通过合理选择、动态管理等环节加以实现。合理选择就是根据项目特点选择技术可行、经济合理、有利于保证项目质量、加快项目进度、降低项目费用的实施方法。动态管理就是在项目进行过程中正确应用实施方法，并随着条件的变化不断进行调整。

5）环境管理。影响项目质量的环境因素较多，有项目技术环境，如地质、水文、气象等；项目管理环境，如质量保证体系、质量管理制度等；劳动环境，如劳动组合、作业场所等。根据项目特点和具体条件，应采取有效措施对影响质量的环境因素进行管理。例如在建筑工程项目中，就应建立文明施工和文明生产的环境，保持材料工件堆放有序，道路畅通，工作场所清洁整齐，施工程序井井有条，为确保工程质量、安全创造良好条件。

（2）工艺质量管理。工艺是直接加工或改造劳动对象的技术设施和方法。在项目实施过程中，各种因素都将会对工艺过程产生影响，这种影响将会导致项目质量的变化。所以，工艺过程本身也有个质量问题，即工艺质量。工艺质量稳定良好，可以提高项目质量的稳定性，因此，必须加强对工艺的质量管理。工艺质量管理要重点抓好以下几项工作。

1）预先向操作者进行工艺过程的技术交底，说明工艺质量要求以及操作技术规程。

2）严格按工艺要求作业。

① 加强监督检查，及时发现问题、解决问题。

② 不断进行技术革新，改进工艺，采用新工艺，提高技术水平。

③ 使工艺的质量控制标准化、规范化、制度化。

（3）工序质量管理。工序是指一个（或一组）工人在一个工作地（如一台机床）对一个（或若干个）劳动对象连续完成的各项生产活动的总和。项目就是由一系列相互关联、相互制约的工序所构成。要保证和提高项目质量，首先应管理好工序质量。

工序质量是项目质量的基础，工序质量的状况将直接影响项目的整体质量。因此，项目实施阶段质量管理的关键是加强对工序的质量管理。所谓工序质量管理，就是根据各工序的特点，按照事先拟订的工序质量标准，运用质量控制的各种方法，对工序进行管理的过程。

工序质量包含两方面内容：① 工序活动条件的质量；② 工序活动效果的质量。从质量控制的角度看，这两者是互为关联的，一方面要控制工序活动条件的质量，使每道工序投入品的质量都符合要求；另一方面，要控制活动效果的质量，使每道工序所形成的产品都能达到相关的质量标准。

工序质量管理，就是实施对工序活动条件的质量管理和对活动效果的质量管理，以实现对整个项目实施过程的质量管理。

进行工序质量管理，主要应注重以下几方面的工作。

1）严格遵守操作规程。操作规程是项目实施的依据之一，是确保项目质量的前提，必须严格执行。

2）主动管理工序活动条件的质量。工序活动条件包括的内容较多，主要是指影响项目质量的五大因素，即人、材料、方法、设备和环境等。只要将这些因素有效地加以控制，使其处于被控制状态，确保工序投入品的质量，避免系统因素变异发生，就能保证每道工序质量正常、稳定。

3）及时检验工序活动效果的质量。工序活动效果是评价工作质量是否符合标准的尺度。因此，应加强质量检验工作，对质量状况进行综合统计与分析，及时掌握质量动态，并针对所出现的质量问题及时采取对策，自始至终使工序活动效果的质量满足相关要求。

4）设置工序质量控制点。控制点是为了保证工序质量而需要进行控制的重点或关键部位或薄弱环节，以便在一定时期内、一定条件下进行强化管理，使工序处于良好的控制状态。

　　工序质量控制点是指在一定时期内、一定条件下，需要特别加强监督和控制的重点工序、重点部位或反映工序质量的重点质量指标，明确列为质量控制的重点对象，并采用各种必要的手段、方法和工具对其实施控制。

　　正确设置控制点，抓住关键，是有效进行工序质量控制的前提。就一个项目、一道工序来说，究竟应设置多少个控制点，需要在对项目、工序进行系统分析的基础上加以选择。

　　质量控制点设置的原则，是根据项目的重要程度，即质量特性值对整个项目质量的影响程度加以确定。因此，在设置质量控制点时，首先应对项目进行全面分析、比较，以明确质量控制点；其次应进一步分析所设置的质量控制点在项目实施过程中可能出现的质量问题或造成质量隐患的原因，针对原因，应采取相应的对策予以预防。可见，设置质量控制点，也是对项目质量进行预控的有力措施。

　　质量控制点的涉及面较为广泛，应根据项目特点，视其重要性、复杂性、精确性、质量标准和要求加以确定。无论是操作、材料、设备、流程、技术参数、自然条件、环境等，均可作为质量控制点来设置。重要的是视其对质量特征影响的大小及危害程度而定。就一个项目而言，应选择影响项目质量的关键工序、关键部位，对下道工序的进行将会产生重大影响的工序，质量不稳定、出现质量问题较多的工序等作为控制点。就一道工序而言，应选择反映工序质量的关键要素作为控制点。

　　质量控制点的设置是保证项目质量的有力措施，也是进行质量控制的重要手段。在工序质量控制过程中，首先应对工序进行全面分析、比较，以明确质量控制点；然后应分析所设置的质量控制点在工序进行过程中可能出现的质量问题或造成质量隐患的因素并加以严格控制。

　　5）控制变量的确定。项目实施中各环节各工序有着各种质量指标，可以用来表示其作业效果，但是各种质量指标对作业效果的影响程度各不相同，有的敏感，有的则不敏感。工序质量控制，主要就是对影响作业效果的某些指标加以控制，这些用来控制的质量指标称为控制变量。控制变量的选取将直接影响控制效果，因此，合理选择控制变量同样是至关重要的。控制变量的选取应考虑下述原则。

　　① 控制变量限于本工序范围内的某些质量指标，而不是本工序以外的指标。

　　② 应以影响本工序质量的关键指标或当前存在严重问题的质量指标作为控制变量。

　　③ 所选择的控制变量应便于量化，能用数据表示。

④ 所选择的控制变量应易于测定。

6）控制程序。工序质量控制的基本原理是：采用数理统计方法，通过对工序一部分（子样）检验的数据，进行统计、分析，以判断工序的质量是否稳定、正常；若不稳定，有异常情况，则必须采取对策和措施予以改进，从而实现对工序质量的控制。工序质量控制的基本原理决定了工序质量控制的程序。

工序质量管理，可以简单归纳为计划—执行—检查—处理的管理控制循环系统，如图 7-3 所示。

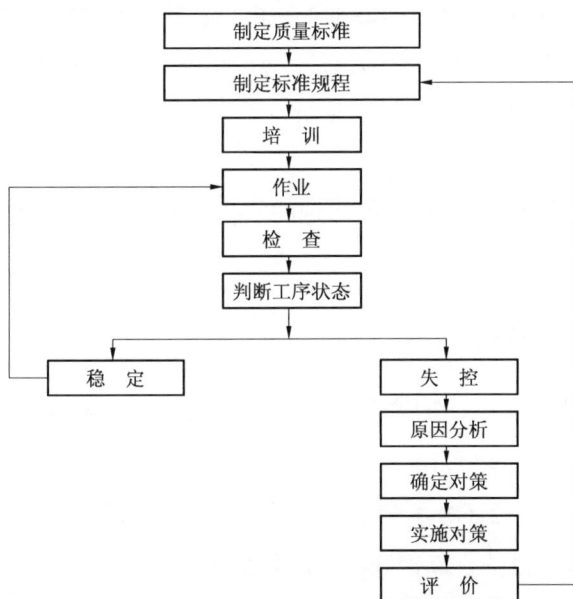

图 7-3　工序质量管理控制循环系统

① 确定各控制点的质量目标。根据质量方针（总的质量宗旨和质量方向）确定控制点应达到的质量水平。

② 制定标准、规程。对所控制的工序，应制定切实可行的质量标准、技术标准、作业规程等技术文件以指导作业。质量标准系指在充分考虑项目质量要求、质量目标和技术水平等基础上，对相应工序的质量提出的定量和定性要求；技术标准主要规定了为使工序质量达到质量目标应采取的技术途径和方法；作业规程则应明确具体的操作程序和要求。这些标准和规程的制定，主要依据工序特点、工序所具备的条件、工序所要达到的目标及质量控制手册等有关技术文件。工序的有关标准和规程既是项目实施的指南，也是进行工序质量控制的依据。

③ 培训。为使工序能够按规程进行，并满足相应的标准，操作者必须首先了

解并理解有关标准和规程，并贯彻到实际操作过程中。为此，必须根据各有关标准及规程，对所有操作者进行专门培训。

④ 作业。作业应在制定标准、规程并进行培训的基础上进行。实际操作应严格执行标准及规程，尽量避免异常因素的影响，使工序质量处于正常稳定状态。

⑤ 工序质量检查及判断。随着工序的进行，应认真采集反映工序质量的数据（控制变量），并采用相应的手段（主要是控制图法）加以处理，进而判断工序质量状态。

⑥ 寻找原因、制定对策。根据工序质量状态判断结果制定对策。若工序质量稳定，则可继续作业；如果工序质量失控，则应采用因果分析图、排列图等方法寻找失控原因，在此基础上制定对策，改善工序。工序质量控制的实际意义就在于此。

⑦ 标准、规程的修订。根据所出现的问题和采取的对策，对有关标准和规程进行必要的修订。

7.1.4 项目收尾阶段的质量管理

项目收尾阶段是项目生命周期的最后阶段，其目的是确认项目实施的结果是否达到了预期的要求，实现项目的移交与清算。项目收尾阶段的质量管理要点是合格控制。即对项目进行全面的质量检查评定，判断项目是否达到预期的质量目标，对不合格项目提出处理办法，以保证项目产品符合质量要求。

收尾阶段项目质量管理的重要手段是质量验收。

项目质量验收是依据质量计划中的范围划分、指标要求和采购合同中的质量条款，遵循相关的质量检验评定标准，对项目的质量进行质量认可评定和办理验收手续的过程。

项目质量验收的结果是产生质量验收评定报告和项目技术资料。

7.2 项目质量管理的基础工作

有效进行项目质量管理工作需要具备一定的条件，这个条件就是做好项目质量管理的基础工作。基础工作做得越好，项目质量管理的效果就越显著。项目质量管理的基础工作主要包括：质量教育工作，质量责任制，标准化工作，计量工作，质量信息工作，项目质量文化等。

7.2.1　质量教育工作

1. 质量教育的意义

质量管理的八项原则之一是全员参与。在项目质量管理中，人是最为重要的要素。全面质量管理的基本思想强调用人的质量来保证工作质量，用工作质量来保证产品质量。可见，人的素质是有效进行项目质量管理的根本保证。通过质量教育，增强项目参与者的质量意识，提高其思想觉悟和文化、科学、技术水平，才有可能高效、优质地完成项目。日本从 20 世纪 50 年代开始的质量革命，整整花了 10 年时间来开展从总经理、厂长直到工人的全员培训，他们的产品质量管理的成功是建立在人才质量管理成功的基础上的。因此，必须把质量教育作为项目质量管理中的第一道工序来抓，坚持做到"始于教育，终于教育"。

（1）展开质量教育的根本出发点。"百年大计，教育为本。"质量教育是国民教育的一个重要组成部分。从质量教育固有的职能及其内容来看，项目管理中的质量教育是直接为提高项目质量服务的，同时又有助于提高项目相关方职工的素质。因此，开展质量教育有利于提高项目质量，同时也有利于提高民族素质。

（2）质量教育是企业竞争的实力所在。当今世界质量竞争十分激烈。正如一位美国的质量管理专家根据竞争的激烈程度和涉及的范围之广，形象地比喻说，现在是相当于第三次世界大战（即质量大战）前夕，只不过战争的武器是产品质量，而不是原子弹；给世界人民带来的是益处，而不是灾难。我国随着改革开放和市场经济的逐步发展，竞争将会越来越激烈。企业之间竞争的焦点在于质量，而质量竞争也是企业技术水平与管理水平的竞争。技术水平与管理水平的高低，归根结底取决于企业职工的素质。实践证明，质量教育是企业竞争的实力所在，是提高员工素质的一条有效途径。如果企业领导、技术人员、管理人员和工人的质量意识淡薄，缺乏科学的质量管理知识，那么，即使有了先进的设备和技术，也不能完成高质量的项目。由此可见，企业之间的质量竞争，实质上是职工质量教育的竞争。"无教育即无质量"这句话具有深刻的含义。

（3）开展质量教育是进行项目质量管理的基础和先决条件。质量管理是一门综合的管理科学，项目质量管理的具体方法和措施又具有很强的针对性。因此，作为项目的参与者，必须"学而知之"。可以说质量教育是项目质量管理和质量保证的"第一道工序"。开展质量教育之所以是进行项目质量管理的基础和先决条件，一是因为通过教育才能提高项目参与者的质量意识，使他们牢固地树立起"质量第一"

的思想，强化其对质量管理的认识，从而提高推行质量管理的自觉性；二是因为掌握并运用好质量管理的科学思想、原理、技术和方法，才能不断提高项目参与者的工作质量和管理水平；三是因为要使项目质量管理真正取得成效，就要在推行中不断进行深化教育。

2. 质量教育的具体要求

（1）教育计划的系统性。质量教育计划应纳入项目实施过程中的教育培训计划，从时间、资金、师资、教材等给予其保证。要将质量教育作为项目管理系统中的一个子系统建设。

（2）教育对象的层次性。在质量教育中，要注意分层施教，对各类对象进行不同的教育。在掌握质量管理基本知识的广度、深度和重点上应有所不同。

例如，项目设计单位的质量教育一般可分成三个层次有区别地进行。

第一层次：要先抓对领导的教育。对领导的教育，重点是提高领导对"质量第一"的意义的认识，同时也要学习一定质量管理的理论和方法。

第二层次：培训一支开展质量管理的骨干队伍。

第三层次：对单位全体职工进行全面普及性教育。

质量教育不是一次完成的，要贯穿于项目的全过程。要做到"始于教育，终于教育"。为此，要建立员工教育档案及其他教育管理制度，严格学习制度，调动学习积极性。

（3）教育内容的针对性。针对不同对象、不同人员、不同目的、不同场合、不同专业选取不同的教育内容，有针对性地进行教育。内容要强调理论联系实际，强调与项目质量管理的具体实践相结合。

（4）教育方式的多样性。除办学习班、举办讲座、经验交流会等正规教育方式外，还可采取剖析项目实例、举办 TQC 知识竞赛、评选质量先进等其他教育方式。

3. 质量教育的基本内容

质量教育基本内容包括三方面：质量意识教育、质量管理知识教育与专业技术教育。

（1）质量意识教育。质量意识是人的意识总体中的一个方面。马克思主义认为，意识现象是人类特有的，就其本质而言，意识是存在的反映，也就是客观事物在人们头脑中的反映。由此可知，质量意识是质量这个客观事物在人们头脑中的反映。具体地说，质量意识是人们在经济活动对质量的重视程度。由于人们所处的社会地位、洞察能力、思维方法和对事物认识的基准不同，人们的质量意识存在着差异。

质量意识是质量管理的重要前提,它的强弱直接关系到质量管理的成败。因此,质量意识教育被视为质量教育的首要内容,质量教育必须以加强质量意识为前奏。

强化质量意识,顾名思义,就是要增强人们对质量的重要意义的认识。具体地说,就是要增强人们关心质量和改善质量的自觉性和紧迫感。强化项目参与者的质量意识,是项目质量管理中的一个十分值得研究而又急需解决的问题。

强化质量意识主要应当依靠六个方面的共同作用。

1)明确使命和责任。首先应根据项目的具体情况以及每个参与者的角色确定各自的使命和责任;而作为项目参与者,则应明确自己在项目质量管理中的使命和责任。

2)通过多种形式的教育,进行反复诱导和启迪,明确提高质量的重大意义,牢固树立“质量第一”的思想。

3)确立竞争机制,作为增强质量意识的内在动力,激发以质量求生存的自觉性。

4)依靠政府制定的有关质量政策、法规,引导和激励项目参与者增强质量意识。

5)通过社会舆论,敦促和推动员工增强质量意识。

6)通过质量工作使项目组织获得显著经济效益,使项目参与者获得更多利益,使质量意识进一步得到增强和巩固,并转化为重视质量的自觉行动。

质量意识并不只是抽象的,而是具体的、实际的,它可以根据人们行动上的反映来评价和衡量。

一个项目组织的质量意识如何,首先取决于组织领导的质量意识。因为组织领导的关键性的作用,其质量意识对每个员工都会产生重要影响。因此,领导的质量意识是至关重要的,正如一位优秀企业家所讲述的,“厂长的质量意识决定了企业的生命力,决定了企业跻身于世界市场的能力”。

项目组织领导质量意识的强弱,通常可从五个方面来衡量。

1)是否在思想上真正重视项目质量,是否真正重视项目质量管理,这是衡量项目组织领导质量意识强弱的重要标准。

2)能否在人、财、物方面支持质量工作,肯在质量上下大力气,亲自抓质量、主动抓质量。

3)能否坚持“质量第一”方针,当进度与质量、费用与质量发生矛盾时,坚决把质量摆在首位,并积极实施质量否决权。

4）能否把质量作为始终不渝的追求目标，具有不断改进和勇于探索的精神。

5）质量管理水平的高低，职工素质的好坏，项目质量的优劣，经济效益水平的高低。

项目组织领导的质量意识增强了，就会千方百计地通过各种方式强化全体职工的质量意识，并带领职工为提高质量、增加效益而共同奋斗。

（2）质量管理知识教育。质量管理知识的教育是质量教育的主体。质量管理知识教育应当本着因人制宜、分层施教的原则，针对不同人员进行不同内容的教育。通常分为三个层次，即领导干部、技术与管理人员和作业人员。对不同层次的人员在教育内容上各有侧重。

1）领导干部的教育内容。

① 质量管理概论。其内容包括：质量的地位；质量的概念；全面质量管理概念；全面质量管理中人的作用；全面质量管理的组织与推行；领导层在质量管理中的职责等。

② 质量职能。其内容包括：质量职能的概念；各主要质量职能的活动内容；质量职能的管理等。

③ 质量保证与质量保证体系，其内容包括：质量保证的概念；质量管理体系的概念；质量管理体系的内容及构成；建立质量管理体系的程序；质量管理体系的建立与运行；质量手册等。

④ 方针目标管理。其内容包括：方针目标管理概念；质量规划；方针目标管理构成与管理过程；方针目标的制定与展开；方针目标的实施、检查与诊断；方针目标管理效果的评价等。

⑤ 群众性质量管理活动。其内容包括：群众性质量管理活动的作用与形式；质量管理小组活动特点；质量管理小组的建立与管理；质量管理小组活动方法；质量管理小组活动的成果与评价等。

⑥ 全面质量管理的基础工作。其内容包括：质量教育；标准化工作；质量信息；计量测试；质量责任制；生产环境等。

⑦ 质量审核。其内容包括：质量审核的概念；项目质量审核；工序质量审核；质量保证体系审核等。

⑧ 质量改进。其内容包括：质量改进概念；质量改进的步骤；质量改进的计划与组织；质量改进的实施与效果评价等。

⑨ 质量成本管理。其内容包括：质量成本的基本概念；质量成本管理；质量效

益分析等。

⑩ 质量管理统计及分析方法。其内容包括：统计方法概述；数据整理方法；寻找质量问题及原因的方法；质量控制的方法；启发思维的方法；科学试验的方法；质量经济分析的方法等。

2）技术与管理人员的教育内容。除了上述教育内容外，尚需增加以下内容。

① 质量管理常用方法。例如，质量数据的收集；分层法；排列图法；因果图法；直方图法等。

② 概率分布与统计推断。例如，概率；随机变量与概率分布；随机变量的期望和方差；样本及其统计量的分布；参数估计；假设检验等。

③ 工序质量控制。例如，工序质量概念；工序能力的评价和调查；控制图；工序的诊断与调节等。

④ 感官检验。例如，感官检验的概念；感官检验的方法等。

⑤ 方差分析和正交试验设计。

⑥ 参数设计和容差设计。例如，三次设计的概念；参数设计；容差设计等。

⑦ 可靠性基础。例如，可靠性的概念；可靠性的主要指标；寿命分布基本类型；系统可靠度的计算与分配；寿命试验与可靠性抽样验收。

⑧ 质量咨询诊断。例如，质量咨询诊断的概念；质量咨询诊断的一般方法与程序等。

⑨ 质量的经济效益。例如，质量经济效益概述；质量成本；质量设计的经济分析等。

3）作业人员的教育内容。

① 质的概念。其内容包括：项目质量的概念；工作质量的概念；质量职能的概念等。

② 全面质量管理理论及基础工作。其内容包括：全面质量管理的基本概念；全面质量管理的基本要求；推行全面质量管理的要点等。

③ 质量管理体系及质量管理小组。其内容包括：质量保证和质量管理的概念；质量管理体系的概念；质量管理体系的内容；如何建立与完善质量管理体系；质量管理小组活动等。

④ 质量数据。其内容包括：质量波动的概念；数理统计方法在质量管理中的应用；数据与统计推断的关系；数据的分类；质量数据的搜集方法；数据的特征值等。

⑤ 质量管理工具的应用。其内容包括：排列图、因果图、散布图、直方图、控制图的概念、作图方法、步骤、分析和判断方法等。

⑥ 现场质量管理。其内容包括：现场质量管理的目标与任务，现场质量管理工作的具体内容等。

⑦ 工序质量。其内容包括：工序与工序能力的概念；工序质量分析和控制；工序能力指数的计算与评定等。

⑧ 质量改进。其内容包括：质量改进的基本概念；质量改进的程序和方法；作业人员参加质量改进的意义和途径等。

⑨ 质量控制点。其内容包括：质量控制点的概念；质量控制点的设置原则；落实和实施质量控制点的步骤；作业人员、检验员在质量控制中的职责等。

⑩ 质量检验。其内容包括：质量检验的概念及其重要性；质量检验工作的职能；质量检验的种类与方法；作业人员如何参与检验工作；专职检验人员的配备及其考核；质量检验部门的任务和要求等。

以上三个层次人员质量管理知识教育的基本内容，可根据项目的实际酌情增删。随着质量管理的不断深化和质量管理学科的不断发展，质量管理知识的教育内容也必须适时地进行调整与补充。

（3）专业技术教育。专业技术教育是指为保证和提高项目质量对相关人员所进行的必备的专业技术和操作技能的教育。它是质量教育中不可忽视的重要组成部分。因为人们即使有了提高质量的强烈愿望，并且熟练地掌握了全面质量管理的技术与手段，但是如果缺乏应有的专业知识和操作技能，仍然无法达到保证和提高项目质量的目的，提高质量如同一辆前进的推车，必须在质量意识的推动或牵引下，依靠专业技术和质量管理两个轮子的共同作用才能前进。这可以看作是质量教育三部分内容之间的内在联系。它们是相辅相成的，缺一不可。

专业技术教育内容门类繁多，十分广博，各行各业千差万别，因此，教育内容不可能一致，不同的项目和岗位需要的专业技术知识和操作技能也不同。然而，对于各个层次的人员来说，教育的要求则大致相同。

对于技术人员，主要应进行知识更新或补充，以适应日新月异的科学进步的要求。对于作业人员，要加强基础技术训练，掌握和了解项目性能、用途、工艺流程等，并不断进行提高操作技能的培训和开展岗位技术练兵，掌握有关的新技术，学会使用新设备。

对于领导干部，需要及时掌握以本项目为主的较为广博的专业知识，做到熟悉技术、精通业务，始终保持一个内行领导的水平。

对于各类专业管理人员，要结合本职工作，进行专业管理知识的补充与提高，并要有计划地学习与项目有关的专业技术知识，注意提高业务水平和技能，不断改进本职工作，提高工作质量。

质量教育的改善与强化有许多工作要做，这就要以制度作为保证。

总之，要使质量教育有效，应针对项目特点采取各种各样的措施。某项目组织就质量教育问题进行了总结，其经验是：领导重视是关键，制度措施要落实，奖惩分明应兑现，专职管理建卡片，教材适用是基础，师资培训走在前，因人施教分层办，学用结合见效快。

7.2.2 标准化工作

世界上许多国家和地区都把质量作为立国之本，提出了各自的质量战略。不少有远见的企业家也将质量作为企业经营的中心和主要因素，列入他们的企业方针之中。作为顾客，当然更关心质量，因为质量的优劣关系到生活的舒畅、美好和改善。标准化是现代科学管理的普遍原则，是我国的一项重大技术政策，也是全面质量管理的重要技术和管理基础工作。《中华人民共和国标准化管理条例》中明确规定："凡正式生产的工业产品、重要的农产品、各类工程建设、环境保护、安全和卫生条件，以及其他应当统一的技术要求，都必须制订标准，并贯彻执行。"

1. 标准与标准化

（1）标准及其分类。标准是对重复性事物和概念所做出的统一规定，它以科研、技术和实践经验的综合权威性成果为基础，经有关方面协商一致由主管机构批准，以特定形式发布，作为共同遵守的准则和依据。"规范"、"规程"就是标准的一种形式。

标准按等级不同分可分成国际标准、国家标准、专业标准、企业标准。按标准化对象的特性不同又分为技术标准、管理标准、服务标准。

1）技术标准，是对标准化领域需要协调统一的技术性事项制定的标准。它又可以分成基础标准、产品标准、方法标准、保护标准。

① 基础标准：指一定范围内作为其他标准的基础并普遍使用，具有广泛指导意义的标准。如建筑设计的工程制图标准、建筑模数标准、图例符号、代号标准、术语标准、量和单位标准等。

② 产品标准：指为保证产品的适应性，对产品必须达到的某些或全部要求所

制定的标准。如勘察设计规范、施工规范、设计成品质量等级标准，原材料标准，零部件标准，设计深度标准等。

③ 方法标准：指对以试验、检查、分析、测定、作业等各种方法为对象制定的标准。如岩土性质试验、分析、测定的有关规程。

④ 保护标准：指以保护人和物的安全为目的而制定的标准，包括安全、卫生、环境保护等标准。

2）管理标准，是对标准化领域中需要统一管理的事项所制定的标准，它是企业管理工作的一般规定和基本管理制度。具体来说，这类标准，就是把企业管理中常规性例行活动，经过观察、分析、研究、改进，按照它们的活动的客观规律，比如管理程序、所经过的路线、所需要的管理岗位、管理责权、管理要求以及工作方法等，一一加以明确规定，并用规章制度、职责条例固定下来，作为管理行动的准则。就像生产过程中为生产操作制定"工艺路线"和"操作规程"一样，为各项管理业务也制定出它们的"工艺路线"和"操作规程"，它具体表现为各种管理工作规程、业务守则、管理条例、规章制度等。全面质量管理不仅要求严格贯彻技术标准，而且要求实现管理业务标准。

3）服务标准，是对某项服务要达到的要求所制定的标准。

（2）标准化的范围和对象。标准化的范围和对象是经济技术、科学及管理等社会实践中的重复性事物和概念。现代企业活动的大量事物和概念都具有"重复性"。这些"重复性事物"，及"重复性概念"，都是标准化的对象。

（3）标准化在质量管理中的作用。标准化是质量管理四大支柱之一，对保证和提高项目质量具有重要作用。具体作用如下。

1）为质量管理提供目标和依据。标准是衡量质量的尺度，它为质量管理提供了目标和依据。质量管理的全过程，从质量目标的制定到具体贯彻和实施，检查总结，再到提出新的目标，每一步都离不开标准。从某种意义上说，提高项目质量的过程就是制定、实施和修订标准的过程。

2）建立项目实施的最佳秩序。从标准化定义可知，标准化的目的之一是获得最佳秩序，即获得最佳生产秩序、技术秩序、安全秩序、管理秩序。

3）实现科学管理，提高管理效率。项目质量问题的普遍存在，就是由于缺乏科学的、严格的、有效的管理造成的。要保证和提高项目质量，就必须将加强管理作为一个非常重要的问题来抓，在开展技术标准化的同时，逐步实现管理标准化、制度化、程序化，提高工作效率，改进项目质量。

4）增加企业竞争能力。项目质量是项目组织竞争力的直接关键因素。项目应具备使用户满意的适用性，同时应符合相关标准的要求。只有这样，才能提高项目组织的信誉，增强其竞争能力。

5）提高项目质量，获得最佳经济效益。项目实施过程中，遵循各种相关标准，可使得项目的实施标准化、程序化、规范化，提高项目质量；可简化实施过程，节省时间，提高效率。

6）推动技术进步。标准是总结多年的实践经验并吸取了大量科技成果而制定出来的，它是各种复杂科学技术的综合，国内外先进标准包含了许多先进技术和科研成果，采用和推广先进标准，是一种廉价的技术转让，有利于传播先进科学技术，从而推动技术进步。

（4）开展标准化工作要注意的问题。标准化的活动内容是"制定、发布和实施标准"。在项目实施过程中开展标准化工作要注意以下几点。

1）坚持标准的权威性。标准是上级部门和本单位颁布的规定。各类标准，特别是强制性标准，一经颁布，必须严肃执行，使之见效。为了保证标准化的贯彻执行，项目组织应设有专门部门或人员检查监督。

2）讲求标准的科学性。标准一经制定，应保持其相对稳定性，不能朝令夕改，随意变来变去，但也不能一成不变。随着科学技术的不断进步，管理水平的提高，项目质量的改进，标准也得推陈出新。否则，标准就会成为落后产品、落后管理方式的"护身符"。因此，应该定期复审、修订，保持标准的先进合理性。标准的制定、贯彻和修订，必须以科研成果和生产实践为依据。企业标准化的制定应努力比国家标准和国际标准更先进、更完善、更具体。

3）注意制定标准的群众性。标准的制定、修改，不仅是少数技术人员和管理人员的事，必须走群众路线。要认真总结已取得的技术成果和管理经验，依靠群众来修订标准。

4）实现标准的连贯性。标准应成龙配套，连贯一致，内容明确，要求具体，既有规范的原则要求，又有规程的具体方法，以保证项目实施过程中的技术活动和管理活动的高度统一，协调一致。

（5）企业标准的含义和对象。对于上级标准（国家、行业标准），项目组织只是严格贯彻执行的问题，在标准化工作中要自行制定的是企业标准，制定企业标准化是企业标准化活动的主要工作。

1）企业标准的含义。企业标准是指由企（事）业或其上级有关机构批准、发布的标准,定义为除国家标准、行业标准外的其他标准。我国的企业标准还包含省、市、自治区、地、县批准、发布的标准,这点是和国外不同的。

2)企业标准化的场合。在以下情况下需要制定企业标准。

① 没有国家标准、行业标准时,企业为建立正常生产、技术和管理秩序,要求制定企业标准。

② 虽说已有国家标准、行业标准,但为了更具体地贯彻国家标准、行业标准,需要制定企业标准。或者为了提高竞争力,赶超国内外先进水平,需要制定高于国家标准和行业标准的企业产品质量标准。企业标准的制定不能违背上级标准。

2. 标准中的质量要求

确保项目质量是项目管理永恒的主题。作为生产、工作、服务等各项活动的准则和依据的标准,需要明确提出一些应该达到的,并能够运用一定方法进行检验的质量要求,这些质量要求构成了标准的核心。

(1)质量要求的内容。不同类型的标准有着不同的质量要求,而其中每一个具体的标准的质量要求也是各异的,表7-3列举了产品标准中质量要求的示例。

表7-3 产品标准质量要求内容

质量特性	质量特性要求	示 例
性能	使用性能要求	功率、效率、速度、灵敏度、互换性等
	外观和感官性能要求	颜色、手感、视觉、嗅觉等
	理化性能要求	化学成分、杂质含量、强度、硬度、韧性、黏度、电容、电阻、电感、磁感等
可信性	可靠性要求	平均寿命(平均无故障工作时间)、失效率、可靠度等
	维修性要求	维修度、平均维修间隔时间、平均保养时间等
安全性	安全要求	防爆、防火、防触电、防辐射等
	卫生要求	药品、食品有害成分限制等
	环境保护要求	噪声限制、大气、水质、土壤污染限制等
适应性	环境条件要求	温度、湿度、烟雾、气压、冲击、振动、辐射等
	稳定性要求	对气候、酸碱、水等的反应,抗震、抗磁、抗老化、抗腐蚀性等
经济性	耗能要求	耗电、耗油、耗煤、耗热、耗水等
时间性	时间要求	交货期、等待时间等

（2）确定质量要求的注意事项。

1）标准中的质量要求应以使系统最佳为目标，标准中的各项质量要求可以看作一个系统，这个系统的目的或特定功能是由许多目标或指标形成的。因此，不能只从某一质量要求出发，要着重从系统的整体性对标准中的质量要求进行优化组合，选出最佳的方案。

2）标准中的质量要求应尽可能具体和量化。标准中的质量要求也就是规定的质量特性和特征，它们有的直接反映用户的要求，有的间接反映用户的要求。无论是直接反映用户要求的"真正特性"，还是间接反映用户要求的"代用特性"，它们在标准中的指标都需要以量化结果加以表示，形成质量特性值。

3）标准中的质量要求应能够测试和便于检验。标准中经过量化的质量要求，常常体现为一些计量或计数的质量特性值，这些质量特性值应达到：能够用检测手段和符合要求的检测技术和方法来完成试验和检验工作；应用的手段、技术和方法在经济上是合理的。在选择质量特性和确定质量特性值过程中，应同时制定质量特性值的检测方法和规则，并做到检测方便、费用少。

3. 标准化与质量管理的关系

（1）标准化是进行质量管理的依据和基础。在项目组织中用一系列标准来控制和指导项目实施全过程，这不仅和全面质量管理是一致的，也正是质量管理的基本内容。具体体现在以下几点。

1）标准在质量方面的指标，就是质量管理目标的具体化和定量化。实施标准，对项目质量的稳定，实现质量管理的目标具有决定性作用。

2）项目组织的管理标准、工作标准则是实现管理目标的保证条件。项目质量取决于项目组织各方面的工作质量，项目组织内部的各种管理标准、工作标准和规章制度的执行，都是为了促使每个职工在各自的工作岗位上提供优良的工作质量，从而有效地保证提高项目质量。

3）项目组织的检测、检验等各类方法标准是评价项目质量的准则和依据。质量管理要求"用数据说话"，就必须有统一的检测、检验方法。

由图 7-4 可见，标准化与质量管理形成了一个完整的体系。只有认真制定和贯彻管理标准和工作标准，才能有效地保证项目质量标准的执行，从而推动项目质量管理的开展和最终提供优质的项目。

（2）标准化活动贯穿于项目质量管理的始终。项目质量管理是全过程的管理。项目从概念阶段、开发阶段、实施阶段直到收尾阶段，是一个完整的过程，是项目

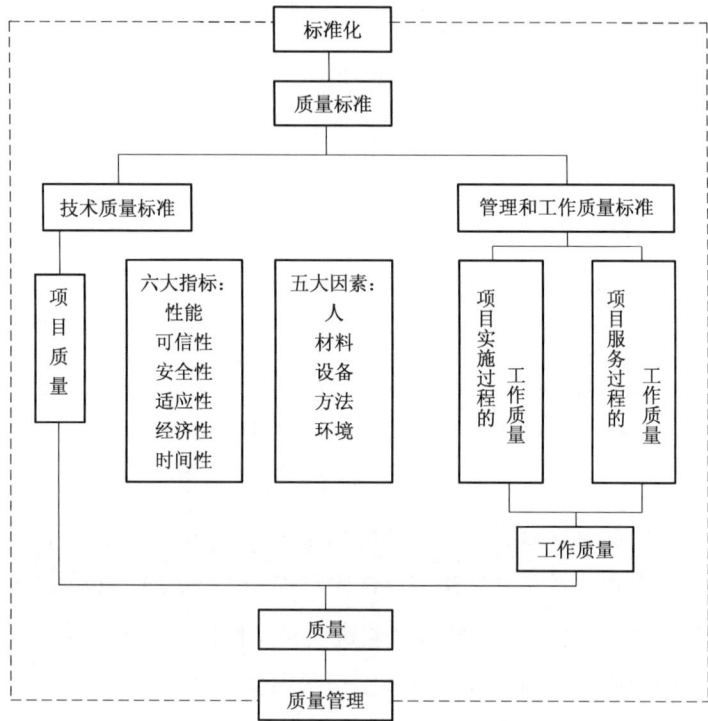

图 7-4　企业标准化与质量管理的关系

质量的形成过程，也是项目质量管理的一个系统过程。实践证明，这个质量的形成过程，也就是标准的制定、实施、验证、修订的过程。

（3）标准与质量在循环中互相推动，共同提高。标准循环如图 7-5 所示。

项目质量管理的基本过程是：计划（Plan）、实施（Do）、检查（Check）、处理（Action）四个阶段的循环。从计划阶段开始，根据用户要求和实际可能确定质量方针、目标和计划，并据此制定一套项目质量和工作质量标准，这些标准成为今后开展工作的依据，是影响项目成败的最重要的一环。因此，从某种意义上讲，项目质量管理始于标准的制定。在实施阶段，根据计划阶段制定的标准实施，使项目的实施过程按预定方针目标、计划和标准进行。在检查和处理两个阶段，按标准进行检查，找出明显的和潜在的质量问题，并根据检查的结果采取相应的措施解决问题，从而确认和修订标准。因此，也可以说，项目质量管理又终于标准的完善。

从以上循环和标准的动态关系中可以看出以下几点。

1）标准贯穿于项目质量管理的全过程，如图 7-5（a）所示。项目质量管理始于制定标准，再按标准实施和检查，最后确认、修订或重订标准。PDCA 循环中的每一个阶段都离不开标准，都是以标准为依据。因此，也是制定—实施—检查—处

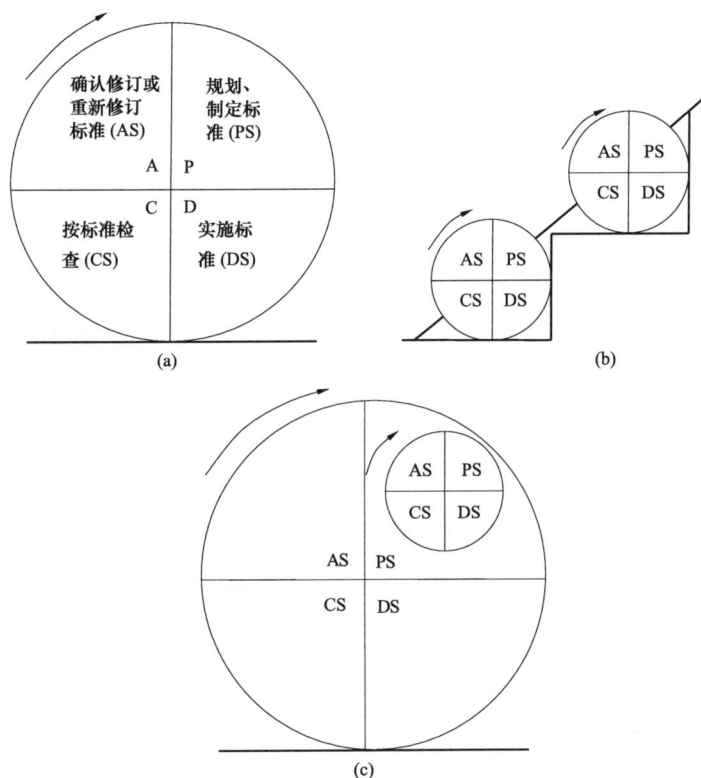

图 7-5　标准循环

理标准的循环。

2）标准在循环中不断得到改善，如图 7-5（b）所示。PDCA 循环是不断转动的过程，经过每一循环，更上一层楼。产品质量和工作质量的不断改善无不伴随着标准的改善，标准的改善也就意味着随着时间的推移，项目质量更加符合用户要求，工作质量更加符合客观需要。因此，标准是动态的。

3）标准循环中的每个阶段还有小的标准循环，如图 7-5（c）所示。PDCA 循环有"大环套小环"的特点，这也是标准循环的特点。为了保证循环的转动，还要制定相应的标准，并加以实施、检查和修订，这个小的标准循环使大的标准循环得以正常进行。例如，在图纸设计时还要对描图的工作质量进行控制，在项目质量检查中还要对量具和仪器进行控制等。这都需要有相应的标准循环作保证。

图 7-5 中，PS 表示根据目标和实际情况规划、选择和制定标准；DS 表示实施标准；CS 表示检查标准的实施状况；AS 表示对标准实施中所出现问题的处理，如确认、修订或重新制订标准。由图 7-5 可见，PDCA 循环伴随着 PS、DS、CS、AS 的标准循环。不进行 PDCA 循环，标准则可能处于静态而不能发挥作用。因此，

在项目实施过程中，需要通过标准的不断改善来达到提高质量的目的。

7.2.3 计量工作

1. 计量工作的意义

计量工作（包括测试、化验、分析等工作）是项目实施中的重要环节，是质量管理一项重要的技术基础工作。项目的实现过程是严格按照规定的技术要求进行的，在项目实现过程中要求得到各种技术参数，这些技术参数大多数是计量值数据。如应力、比重、面积、高度、强度、含水量等。要得到各种准确可靠的计量值数据，必须有先进的计量器具和科学的计量手段。因此，项目质量管理离不开计量这个技术基础。

计量工作也是项目组织技术监督系统的重要组成部分，没有准确可靠的计量数据信息，生产指挥会失误，成本核算会失真，质量检验更无法进行。因此，建立健全项目组织的计量保证体系、将组织的生产、经营管理、能源消耗、工艺质量检验过程中所必需的计量器具都配备起来，并符合有关标准，对项目组织的各项管理有效运行具有十分重要的现实意义。

计量工作是项目组织进行项目活动的基础，它对于提高项目质量、加强经济核算和科学管理、提高劳动生产率、搞好专业化协作以及保障安全生产等都具有重要的作用。具体体现在以下几方面。

（1）有利于对工艺的控制，实施计量检测，消除技术隐患，为确保项目质量提供可靠的科学依据。

（2）有利于节约资源、降低成本、加强科学的经济核算，达到提高经济效益的目的。

（3）有利于提高项目质量并为企业现代化改造和科技开发提供可靠的技术基础，推动企业不断进步与发展。

项目质量要得到保证，最终取决于项目实施的全过程以及每个工艺程序是否受控和控制的程度。显然，受控的前提是要具有与项目实施的不同阶段相适应的计量检测能力。

计量的作用和意义首先体现在对项目实施全过程的监控能力，只有提高这种监控能力，项目质量才能有效加以控制。

（4）有利于提高项目组织自身的管理素质，为本组织所完成的项目取得用户的信任和建立共同语言奠定基础。

被计量检测的项目,其性能和技术指标的量化程度以及能不能以测量数据评估项目质量,不仅有利于提高项目组织的管理水平,而且也能为用户客观评估项目质量提供共同语言。项目组织内部的计量保证应该为此做好必要的准备,并为此目标担负起责任。

项目组织计量工作的目标应该是:为保证项目质量、节约项目资源、加强经济核算、提高管理素质和组织的现代化技术改造提供可靠的技术保证,并成为组织生产经营活动中的一个重要组成部分。

2. 计量工作的任务

项目计量工作的首要任务是为保证项目质量提供有效的监督措施和技术保障。首先,项目组织应为建立一个能确保项目质量的计量确认体系做出努力,以实现对物料检测、工艺监控和质量检验的要求。其次,还要对安全防护、环境检测及经营核算等方面的计量测试工作实行有效的管理。

项目组织应建立起一种体系或制度,使之能够为项目所有涉及的计量数据,为项目的质量效益目标、质量保证体系和措施,为经济核算指标中的计量要素等的计量工作的科学性、法制性作出经济而有效的计量确认。

3. 计量工作主要环节

计量工作涉及许多重要的环节,而且不同的项目对计量工作的要求可能有所不同。但无论何种项目,以下几个环节是比较重要的。

(1)严格执行国家和有关部门统一的计量单位规定,保证量值传递的统一性。没有计量单位和量值的统一,项目实施过程就不能正常控制,项目也就无法进行,提高质量就成了一句空话。

(2)正确合理使用计量仪器和器具。对项目所使用的各种测量仪器和器具等,应做到合理使用,操作正确,保养良好,保持其可靠的精度,从而保证计量数据的准确性。否则,就会加快仪器和器具的损坏,降低其精度,影响数据的准确性。为此,必须经常对职工进行正确使用和爱护保养仪器、器具的宣传教育和有关技术培训,不断提高职工使用仪器、器具的技术水平,熟练地掌握仪器、器具的使用和保养等技能。为了保证计量仪器、器具的正确合理使用,必须制定有关使用和保养制度。

(3)定期对计量仪器、器具进行检定。为了使仪器、器具保持其应有的精度,必须定期对所有的仪器、器具进行检定。有国家检定规程的,严格按其规定的检定项目和时间进行检定。无国家检定规程的,要制定检定规程。

（4）及时修理和报废计量仪器、器具。检验不合格的，要及时进行修理，修复后重新检定。若经过认真修理仍不能正常使用，符合报废条件的应立即办理报废手续。

（5）建立健全计量管理制度。要建立健全仪器和器具的检定规程、操作规程、维护保养制度、送检制度、赔偿制度、鉴定制度、管理目录、计量人员岗位责任制、计量室工作制度等，并严格执行。

（6）改进计量仪器、器具及计量方法，实现计量手段现代化。

7.2.4 质量信息工作

管理的本质是信息流的活动，信息是管理活动的重要动力。

1. 质量信息含义、来源和作用

（1）质量信息的含义和来源。质量信息是指项目管理活动中和质量有关的各种数据、报表、资料、文件、文献、动向等。它的来源主要有4个方面。

1）从任务下达到项目交付的项目实施全过程中发生的各种质量信息，即内部信息。

2）来自项目各相关方的各种质量信息。

3）国内外与项目有关的质量、技术、方法、测试、装备、管理的先进成果和发展动向方面的信息。

4）国家、地方和上级主管部门有关项目质量的方针、政策、原则、意见等。

上述2）~4）方面的信息也称为外部信息。

（2）质量信息的作用。

1）进行决策、制定方针目标的依据。在质量管理中进行决策和制定方针目标，必须做到"心中有数"。要做到"心中有数"，就必须全面确切地掌握历史、现状的质量信息和预测未来的发展动向，以此作为决策依据。"心中无数"的决策是盲目的，盲目的决策必然会造成严重损失。

2）信息反馈是质量控制的最基本手段。反馈是控制论的一个极其重要的概念。系统控制功能的实现是以反馈作为基本手段的。控制过程可表述为：控制系统把信息输送出去，又把其作用结果反馈回来，并对信息的再输出发生影响，起到控制作用，以达到预期目标。项目需要经历概念、开发、实施和收尾四个阶段，每个阶段都需要经历若干工序。每个阶段、每道工序的完成过程中及完成后，都要进行相应的质量检查，并将质量检查的结果与有关计划、标准、目标等进行对比，找出质量偏差，然后将反映偏差的有关信息反馈到有关阶段或工序，有关阶段或工序根据质量偏差程度，及时采取对策，防止类似质量偏差再度发生，将不合格品消灭在项目形成和实现的过程中。显然，质量管理的核心是质量控制。质量控制需要信息支撑，没有信息，也就没有反馈，就不可能实现控制。

3）认识和掌握项目质量规律的原始资料。通过经常、全面、系统地收集和分析质量信息，可以及时了解影响项目质量诸因素的变化，正确认识项目质量波动的内在联系，从而掌握项目质量产生、形成和分布的规律。

4）考核评价质量的基础资料。项目质量和工作质量的考核评价都必须用事实说话，依据信息。

信息是项目质量管理的一根重要支柱。建立信息反馈网络，对于质量管理至关重要。历史上的许多事例证明，事业的失败与成功，往往和人们对反馈信息的认识和处理有关。有一个典型事例：1969 年，瑞士研制出世界上第一只石英电子手表。这本来是手表工业发展的一个重要信息，但瑞士有关方面却认为发展前途不大，未予重视。而日本人对这项发明十分敏感，在经过从技术到市场的调查研究后，认为大有可为，大力发展石英电子手表，结果在世界手表市场上取代了瑞士。而最先发明石英电子手表的瑞士，在 20 世纪 70 年代头 5 年，就有 187 家手表工厂因日本的石英电子手表大量进入国际市场而破产。

2. 质量信息反馈的基本要求

质量信息反馈过程包括三个环节：感受、分析和决断。面对着不断变化的客观实际，管理是否有效取决于对信息的灵敏的感受、正确的分析和有力的决断。

（1）感受灵敏、迅速。感受即对信息的反应和接收，其要求是必须灵敏和迅速。影响项目质量各方面的因素是在不断发展和变化的，只有把发展和变化中经常出现的新情况、新问题迅速地反映出来，反馈过去，才能及时采取措施，解决问题，消除缺陷，保证项目质量。否则，就会贻误时机，造成损失。据《国际市场》报道：日本企业 5～6 秒钟就可获得世界各地金融市场行情，3～5 分钟可查询调用国内 10 000 个重点公司企业当年或历年经营生产情况的时间系列数据；5～10 分钟可查询或调用政府制定的各种法律、法令和国会记录；5 分钟即可利用数量经济模型和计算机模拟画出国际、国内经济因素变化可能给经济带来影响的变动图和曲线。日本能有使许多国家咋舌的经济发展速度，其重要的原因是日本搜集和处理信息十分迅速。

（2）分析正确、全面。感受和收集到的信息并不是都是有用的，要使它们发挥作用，还必须进行科学过滤、分析和加工，"去粗取精，去伪存真，由此及彼，由表及里"。而分析加工的基本要求是正确和全面。切忌偏听偏信、片面推理。20世纪30年代，英国作家雅各布写了一本德军状况的书，其中详尽地描写了德军组织机构、参谋部人员配备情况。希特勒派人将雅各布抓来进行审讯。原来他的材料全部来自德国报刊上的零碎消息，他只不过是将消息作了科学的汇集、分析、综合、推理。

（3）决策果断、有力。信息的一个重要功能是为决策提供依据，将经过分析筛选的信息及时化为指挥中心强有力的行动，以修正原来的管理动作，使之更加符合实际情况。这就要求决策果断有力。

3. 质量信息的管理

为了发挥质量信息的作用，应当重点抓好下面几个方面的管理工作。

（1）建立质量信息反馈网络和信息系统。项目相关方需要根据项目特点建立从信息收集开始，经过汇总、贮存、传递、分析、处理等环节的全过程质量信息反馈网络，并设有专门的机构或人员负责，形成完整的质量信息系统，以保证信息流的运动畅通无阻。

（2）实行分级管理。项目涉及各个相关方，各个不同的部门和层次。不同的相关方、不同的部门和层次所掌握和需要的质量信息也不相同，因此应实行分级管理。

（3）加强对第一手质量信息的管理。第一手信息来源于项目实际，客观反映了项目质量状况，是项目质量管理最重要的信息来源，所以应加强管理，以确保信息提供的及时性和可靠性。

（4）建立信息管理制度。为了保证信息系统的正常运行，必须建立相应的管理制度。例如，建立组织网络，确定各级信息管理人员的职责，健全信息分级标准，统一信息反馈表格的形式和使用办法，制定信息的考核办法等。

7.3 项目质量管理组织

7.3.1 项目质量责任制

建立质量责任制是保证和提高项目质量的一项重要的组织措施，也是一项重要的组织基础工作。质量责任制实质上就是通过制定一系列的规定和制度，具体体现项目各相关部门、机构和人员在质量工作中的责权利。

1. 建立质量责任制的意义

（1）质量责任制是现代化大生产的需要。项目实施是多专业、多工种协同工作的现代化大生产劳动，项目要通过许许多多人的共同劳动才能实现，每个人在项目质量的形成过程中只承担一部分工作，然而这每一部分工作都是项目质量形成过程中所不可缺少的组成部分，都会通过不同的渠道、不同的方式，直接地或间接地影响项目质量。那么，与项目有关的各部门、机构、人员究竟应该做什么？应该怎样去做？应该负什么责任？又应该有哪些权力？这些问题都必须通过制度加以明确，这样才能为保证项目取得良好的质量打下良好的基础。

（2）质量责任制是建立技术经济责任制的首要环节。市场经济的重要准则是经济效益，而质量是经济效益的基础，没有质量也就没有经济效益，质量责任制应是技术经济责任的核心内容，建立技术经济责任制的首要环节是建立质量责任制。

（3）质量责任制是实行全员管理的必然要求。项目质量管理是全员参加的管理，每个人都有自己的质量管理任务、工作内容、责任、要求和权力，只有通过建立质量责任制，明确规定每个人在质量管理中的具体任务、责任、要求和权利，才能把质量管理各方面的任务和要求具体落实到每个部门和每个岗位，做到质量管理工作"事事有人管，人人有专责"，项目质量管理才能成为实实在在的全员管理活动。

2. 如何建立质量责任制

（1）质量责任制应成为岗位责任制和经济责任制的核心内容。岗位责任制是依据社会化大生产分工和协作要求，规定每个人在自己岗位上的任务、责任和权益。它包括各种不同人员（作业人员、技术人员、职能管理人员、领导干部等）的岗位责任制。其中又可细分成若干项具体制度，如作业人员岗位责任制可细分成安全生产责任制、质量责任制、设备维护保养责任制等。岗位责任制是维持项目正常秩序的一项基础制度，是使管理系统有机而协调运转的有力保证。由于质量管理是项目管理的重要环节，因此质量责任制也就成为岗位责任制的核心。

经济责任制是将部门、职工等所完成的任务和指标与职工、部门的经济利益挂钩的一种制度，用来处理和决定项目相关部门和人员之间的经济利益和相互关系。因此，要把质量责任制作为经济责任制的核心，以工作质量对项目质量的影响程度，作为实行经济手段的主要依据。

（2）符合封闭原理。封闭原理要求管理手段构成一个相互制约的封闭回路，使权力、责任、考核、惩罚融合一体。管理制度和规定是管理手段的一种，应该符合封闭原理的要求，使其具有相互制约的功能。责任是对权力的制约，没有责任就会造成权力滥用；考核是对责任的制约，没有考核，组织员工就不会认真履行责任；奖惩是对考核的制约，没有奖惩，考核就失去了动力，或者流于形式而失去考核的意义，起不到考核的作用。因此，必须使权力、责任、考核、奖惩四种管理制度融为一体，构成一个封闭回路，才能实施有效的管理。

（3）分层次、分专业、分对象制定质量责任制。层次性是系统论的一个重要概念，系统能否有效运动，效率高低，很大程度上取决于能否分清层次。因此要按照决策层、管理层、执行层、操作层，以及分专业、分对象制定质量责任制。

（4）系统原理。建立质量责任制要有系统观点，注意分工和协作的统一，使质量责任制成为社会化大生产分工协作体系中的一个重要组成部分。

7.3.2　项目质量的监督与监理

1. 项目质量监督

项目质量好坏，不仅关系到承发包双方的利益，也关系到国家和社会的公共利益，对项目质量进行监督管理是政府有关部门的重要职责。当然，不同类型的项目，监督、管理的内容、范围和任务也不相同。

下面就以工程项目为例，简述项目质量监督问题。就工程质量而言，建设主管部门的监督管理的主要任务如下。

（1）核查受监工程的勘察、设计、施工单位和建筑构件厂的资质等级和营业范围。

（2）监督勘察、设计、施工单位和建筑构件厂严格执行技术标准，检查其工程（产品）质量。

（3）核验工程的质量等级和建筑构件质量，参与评定本地区、本部门的优质工程。

（4）参与重大工程质量事故的处理。

（5）总结质量监督工作经验，掌握工程质量状况，定期向主管部门报告。

工程质量监督站就是代表政府对工程质量实施监督的部门。监督站的监督人员数量是按监督工作量配备的。房屋建筑工程一般按施工面积每平方米 3 万 ~ 5 万配备一人；工业、交通及市政公用工程监督要根据各自的工程特点配备相应的人员。

工程质量监督工作的基本程序如下。

建设单位在开工前一个月，到监督站办理监督手续，提交勘察设计资料等有关文件；监督站在接到文件、资料的两周内，确定该工程的监督员，通知建设、勘察、设计、施工单位，并提出监督计划。

质量监督工作的主要内容包括以下几点。

（1）工程开工前，监督员应对受监工程的勘察、设计、施工单位的资质等级和营业范围进行核查，凡不符合要求的不得开工。

施工图设计质量监督，主要审查建筑结构、安全、防火和卫生等，使之符合相应标准的要求。

（2）工程施工中，监督员必须按照监督计划对工程质量进行抽查。房屋建筑和构筑物工程的抽查重点是地基基础、主体结构和决定使用功能、安全性能的重要部位，其他工程的监督重点要根据工程的性质确定。建筑构件质量的监督重点是核查生产许可证、检测手段和构件质量。

（3）工程完工后，监督站在施工单位验收的基础上对工程质量等级进行核验。对委托建设的工程，质量监督站的工作主要是核查勘察设计、施工单位的资质和核定工程质量等级。

质量监督站的工作权限包括以下几点。

（1）对工程质量优良的单位，提请当地建设主管部门给予奖励。

（2）对不按技术标准和有关文件要求设计和施工的单位，给予警告或通报批评。

（3）对发生严重工程质量问题的单位令其及时妥善处理，对情节严重的，按有关规定进行罚款，在建工程应令其停工整顿。

（4）对于核验不合格的工程，做出返修加固的决定，直至达到合格方准交付使用。

（5）对造成重大质量事故的单位，按建设部颁发的《工程建设重大事故报告和调查程序规定》办理。

2. 项目质量监理

所谓项目质量监理是指具有相应资质的监理企业，接受委托人的委托，承担其项目管理工作，并代表委托单位对项目承担者的行为进行监控的专业化服务活动。目前，我国实现项目监理的主要是建设工程项目。以下主要介绍建设工程监理的有关问题。

（1）建设工程监理的概念与性质。

1）定义。建设工程监理是社会建设监理单位接受建设单位的委托和授权，进行的旨在实现建设项目投资目标的微观监督管理活动。

这个概念说明监理的主体是社会监理单位；监理的对象是建设项目；实施监理

要接受建设单位的委托；监理的目的是实现建设目的的投资目标；监理活动是微观监督管理活动。

2）建设项目监理的性质。

① 服务性：建设项目监理是指建设监理单位利用自己的知识、技能和经验，为建设单位提供高智能的监督管理服务，获得的报酬是脑力劳动的报酬，是技术服务性的报酬。

② 独立性：监理单位是参与建设项目实施的第三方当事人，与承建单位及建设单位的关系是平等的、横向的。监理单位作为独立的专业公司受聘进行服务。因此它要建立自己的组织，确定自己的工作准则，运用自己掌握的方法和手段，根据自己的判断，独立地开展工作。

③ 公正性：监理单位和监理工程师应当以公正的态度对待委托方和被监理方，站在第三方的立场上处理双方的矛盾，维护双方的合法权益。

④ 科学性：建设项目监理是一种高智能的技术服务，因此，要遵循科学准则，以科学态度、采用科学的方法进行工作。

（2）建设项目监理的准则。建设项目监理应当遵循：守法、诚信、公正、科学等准则。

1）守法。守法即依法监理。监理单位只能在核定的企业的业务范围内开展工作。监理单位不得伪造、涂改、出租、出借、转让、出卖《资质等级证书》。建设项目监理合同一经双方签订，即具有一定的法律约束力，监理单位应认真履行，不得无故或故意违背自己的承诺。

2）诚信。即忠诚老实，讲信用。要实事求是，认真履行监理合同规定的义务和职责。

3）公正。公正即在处理监理工作中所出现的矛盾时，对委托方和被监理方要平等。为此要做到：培养良好的职业道德，不为私利而违心地处理问题；坚持实事求是，不唯上级或业主的意见是从；提高综合分析问题的能力，善于发现本质；不断提高自己的专业技术能力，以熟练地处理问题。

4）科学。即依据科学方案，运用科学手段，采取科学方法，进行符合科学规律的监理。

（3）建设项目监理的依据和内容。

1）依据。根据《建筑法》的规定，进行建设项目监理主要有以下依据。

① 法律、行政法规。

② 技术标准。

③ 技术文件。

④ 合同。包括施工合同，采购合同，委托监理合同和其他相关合同。

2）内容。施工阶段的建设监理内容主要有以下几方面。

① 进行目标规划，即围绕项目的投资、进度、质量目标进行研究确定、分解综合、安排计划、风险分析与规划、制定措施，为目标控制提供前提或条件。

② 目标控制，即在项目实施过程中，通过对过程和目标的跟踪，全面、及时、准确地掌握信息，将实际达到的目标与计划目标（或标准）进行对比，发现偏差，采取措施纠正偏差，以促进总目标的实现。控制目标包括投资目标、进度目标与质量目标。

③ 组织协调，即疏通项目实施中的各种关系以解决矛盾排除干扰，促进控制，实现目标。

④ 信息管理，即在项目实施过程中，现场监理组织对需要的信息进行收集、整理、处理、储存、传递、应用等一系列工作，为目标控制提供基础。

⑤ 合同管理，即现场监理组织根据监理合同的要求对施工合同的签订、履行、变更和解除进行监督、检查，对合同双方的争议进行调解和处理，以保证合同依法签订和全面履行。

（4）建设项目监理程序。

1）制定监理工作程序的一般规定。《建设工程监理规范》第5章第1节对制定监理工作程序一般有以下规定。

① 制定监理工作总程序，根据专业工程特点，并按工作内容分别制定具体的监理工作程序。

② 制定监理工作程序应体现事先控制和主动控制的要求。

③ 制定监理工作程序应结合工程特点，注重监理工作效果。监理工作程序中应明确工作内容、行为主体、考核标准、工作时限。

④ 当涉及建设单位和承包单位的工作时，监理工作程序应符合委托监理合同和施工合同的规定。

⑤ 在监理工作实施过程中，应根据实际情况的变化对监理工作程序进行调整和完善。

2）建设项目实施建设监理程序。

① 确定项目总监理工程师，成立项目监理组织。总监理工作师是由监理单位

法定代表人书面授权，全面负责委托监理合同的履行、主持项目监理机构工作的监理工程师。监理单位应根据项目的规模、性质、建设单位对监理的要求，委派称职的人员担任项目的总监理工程师，代表监理单位全面负责该项目的监理工作。总监理工程师对内向监理单位负责，对外向业主负责。

在监理任务确定后，应在总监理工程师的主持下，组建项目监理机构，并根据签订的监理委托合同制订监理规划和具体的实施计划，开展监理工作。

② 搜集监理依据，编制项目监理规划。除上述监理依据外，主要应收集反映建设项目特征的有关资料，反映当地建设政策、法规的资料，反映工程所在地区技术经济状况等建设条件的资料，类似工程建设情况的有关资料。

监理规划是在监理工程师的主持下编制、经监理单位技术负责人批准，用来指导项目监理机构全面开展监理工作的指导文件。

③ 根据监理规划和监理实施细则，规范地开展监理工作，使监理工作的时序性、职责分工的严密性、工作目标的明确性均呈良好状态。

④ 参加项目的竣工预验收，签署监理意见。监理业务完成后，向业主提交监理档案资料，包括：监理设计变更，工程变更资料，监理指令文件，各科签证资料，其他约定提交的档案资料。

⑤ 进行监理工作总结，主要包括以下内容。

第一，向建设单位提交的工作总结，包括：监理委托合同履行情况，监理任务或监理目标的完成情况，由建设单位提供的用品清单，表明监理工作终结的说明。

第二，向监理单位提交的工作总结，包括：监理工作经验，监理方法经验，技术经济措施经验，协调关系的经验。

第三，存在的问题及改进意见。

（5）监理机构与承包人之间的关系。

1）承包单位的项目经理部有义务向项目监理机构报送有关方案。承包单位的项目经理部是代表承包单位履行施工合同的现场机构，它应该按照施工合同及监理规范的有关规定，向项目监理机构报送有关文件供监理机构审查，并接受项目监理机构的审查意见。

承包单位在完成了隐蔽工程施工、材料进场后，应报请项目监理机构进行现场验收。这是项目监理机构的义务和权力，也是保证监理工作效果的一个重要手段。

2）承包单位应接受项目监理机构的指令。《建筑法》第32、33条规定："工程监理人员认为工程不符合工程设计要求、施工技术标准或合同约定的，有权要建筑施工企业改正。""实施建筑工程监理前，建设单位应当将委托的工程监理单位、监理内容及监理的权限，书面通知被监理的建筑施工企业"，这就规定了在监理的内容范围和权限内，承包单位应当接受监理人员对于承包单位不履行合同约定、违反施工技术标准或设计要求所发出的有关监理工程师指令。应该强调，基本的监理服务内容是不能减少的，基本的监理权限也是不可缺少的。

对于项目监理机构中的总监理工程师代表或专业监理工程师发出的监理指令，承包单位的项目经理部认为不合理时，应在合同约定的时间内书面要求总监理工程师进行确认或修改。如果总监理工程师仍决定维持原指令，承包单位应执行监理指令。

3）项目监理机构与承包单位的项目管理机构是平等的。项目监理机构与承包单位的管理人员都是为了工程项目的建设而共同工作，承包单位的任务是提供工程建设产品，它对自己所生产或建设的产品（包括工程的质量、进度和合同造价）负责、监理单位提供的是针对工程项目建设的监理服务，它对自己所提供的监理服务水平和行为负责。双方只是分工不同而已，不存在地位高低的问题或谁领导谁的问题。

双方都应遵守工程建设的有关法律、行政法规和工程技术标准或规范、工程建设的有关合同。在施工阶段，都应该按照经过审查批准的施工设计文件组织施工或提供监理服务。

7.3.3 质量文化

1. 质量文化的含义

质量文化是指项目相关方在项目实施过程中所形成的质量意识、质量精神、质量行为、质量价值观和质量形象等"软件"以及所提供的项目或服务质量等"硬件"的总和。

质量文化所指的质量是广义的质量，包括项目或服务质量、过程质量、工作质量、环境质量等。

质量文化从结构上表现为三个基本层次：表层、幔层和深层。

① 表层，又称外层。表现为项目实施过程、结果及服务质量形象等，是质量文化的物质表现。

② 幔层，又称中层。表现为质量组织、质量标准、质量法规、质量体系等，是质量文化的规范性表现。

③ 深层，也称内层。表现为质量意识、质量观念、质量精神等，是质量文化的核心和精髓。埋藏于质量文化的深层，渗透于员工的心田，沉淀于员工的脑海。

质量文化的三种不同的表现形式之间存在着相互联系、相互制约的关系，一定的精神文化是特定条件下物质文化的反映。精神文化被员工接受后就会逐步形成制度文化，进而促进物质文化的发展。在新的物质文化的感染、制度文化的约束下又会产生新的精神文化，如此循环，使质量文化得到不断发展和完善。

2. 质量文化的特征

质量文化具有动态性和稳定性、群体性和差异性、融合性和排异性的特点。

质量文化的兴起、发展和传播是随着市场经济的发展而不断丰富和深化的。一种新的质量管理理论无不依托着一定的质量文化。质量文化与市场性质也密切相关，不同的市场性质，质量文化也表现出不同的特征。随着市场经济的不断完善，质量观念和行为已从对项目"合格"与"不合格"的评价转变为满足用户的需求，提供满意的项目和服务的主动观念上。所以，质量文化具有动态性。当然，一种意识、观念不会依其相随的生产方式、管理方式的转移而立即发生变化，其本身具有超前和滞后效应。所以，质量文化又具有稳定性。

质量文化只有被广大员工所认同才会形成，因此，它是作为一种整体的价值观来规范员工的行为。这就使质量文化具有群体性的特征。不过，质量文化在不同的群体之间还表现出明显的差异，不同行业、不同组织、不同项目均存在各具特色的质量文化，这就表现出质量文化的差异性。

质量文化在其发展进程中，完全不受外来文化的渗透，完全依靠自身封闭式的吐故纳新是不可能的。文化的融合与文化的排异或冲突是一种带有普遍性的发展规律，质量文化也是如此。质量文化的融合性表现在先进的质量观念、质量规范等可以超越国界而在全球普及和被采纳，形成共同的质量观念。同时，质量文化在传播和发展过程中，即使异源文化之间的性质相距甚远，但一旦融合后便会产生新的文化因素和信息，具有对各种文化进行比较和选择的功能，形成新的文化内核和凝聚点，成为文化发展的动因。质量文化的排异性，表现为任何一种被认同的质量文化都是本土文化对异源文化排异并吸收的结果。排异性也提示了质量文化只有扎根于本土才能生根、开花和结果，才会形成各具特色的质量文化。

3. 质量文化建设

质量文化建设离不开具体的项目组织。每个项目组织都应针对自己所承担的项目任务开展质量文化建设活动，其主要途径包括以下几点。

（1）努力提高项目和服务质量，塑造组织物质文化的良好形象。

（2）加强质量体系建设，推动质量管理的规范化、科学化，促进组织质量文化建设。

（3）实施质量文化工程。主要工作为：加强文化工程中的"硬件"建设，即文化设施建设，包括质量教育、图书资料等设施；利用组织文化设施开展培训、宣传、知识竞赛等活动，增强质量观念，提高质量管理和技术业务水平。

（4）加强组织质量心理环境建设。借助于某些事物或活动而达到创造良好的心理状态，使项目参与者心情舒畅，关系融洽，各尽其能，各得其所。

（5）发挥"示范效应"、"威望效应"，将组织的优秀质量文化形象、直观地展现在员工面前。

（6）加强质量文化交流；引进、吸收先进的质量理念、质量管理技术与方法；促进组织质量文化"融合提炼、吐故纳新"。

复习思考题

一、判断题（正确的打"√"，错误的打"×"）

1. 项目质量是设计出来的，而不是加工出来的。　　　　　　　　（　　）

2. 要保证和提高项目质量，首先应管理好工序质量。　　　　　　（　　）

3. 项目收尾阶段的质量管理要点是项目质量档案资料管理。　　　（　　）

4. 项目组织的管理标准、工作标准是实现管理目标的保证条件。　（　　）

5. 计量工作是项目组织进行项目活动的最基本手段。　　　　　　（　　）

6. 建立质量责任制是保证和提高项目质量的一项重要的管理措施。（　　）

二、单项选择题（请在题后的括号内填上选中项的序号）

1.（　　）所进行的质量管理工作是一种质量战略管理。

　　A. 开发阶段　　　　B. 概念阶段　　　　C. 实施阶段　　　　D. 收尾阶段

2. 项目（　　）阶段所实现的质量是一种适合性质量。

　　A. 概念　　　　　　B. 规划　　　　　　C. 实施　　　　　　D. 收尾

3. 项目（　　）阶段所实现的质量是一种符合性质量。

　　A. 概念　　　　　　B. 规划　　　　　　C. 实施　　　　　　D. 收尾

4.（　　）是项目质量的基础。

A. 工序质量　　　 B. 材料质量　　　 C. 设计质量　　　 D. 人员质量

5.（　　　）是质量控制的最基本手段。

A. 质量教育　　　 B. 计量工作　　　 C. 标准化　　　　 D. 信息反馈

三、多项选择题（请在题后的括号内填上选中项的序号）

1. 项目开发阶段的质量管理，主要包括（　　　）。

A. 质量设计　　　　　　　　　　 B. 控制设计质量

C. 控制工序质量　　　　　　　　 D. 质量预控

2. 在项目开发、设计阶段实施质量控制的主要方法是（　　　）。

A. 直方图　　　 B. 价值工程　　　 C. 控制图　　　　 D. 方案优选

3. 项目实施阶段事前质量管理的主要工作内容有（　　　）。

A. 技术准备　　　 B. 组织准备　　　 C. 物资准备　　　 D. 资金准备

4. 项目实施阶段质量管理的重点是（　　　）。

A. 影响项目质量的组织　　　　　 B. 影响项目质量的工艺和工序

C. 影响项目质量的资源　　　　　 C. 影响项目质量的因素

5. 工艺质量管理应重点抓好（　　　）几项工作。

A. 技术交底　　　　　　　　　　 B. 严格按工艺要求作业

C. 质量检验　　　　　　　　　　 D. 准备

6. 质量教育基本内容包括（　　　）。

A. 质量管理能力教育　　　　　　 B. 质量意识教育

C. 专业技术教育　　　　　　　　 D. 质量管理知识教育

7. 下列各项，属于技术标准的是（　　　）。

A. 基础标准　　　 B. 保护标准　　　 C. 方法标准　　　 D. 工作规程

四、简答题

1. 什么是质量预控?

2. 什么是工序质量?

3. 什么是工艺质量?

4. 什么是控制变量?

5. 什么是标准?

6. 什么是质量信息?

7. 什么是质量责任制？

8. 什么是项目质量监理？

9. 什么是质量文化？

五、思考题

1. 质量预控包括哪些工作内容？

2. 对影响项目质量的人员如何管理？

3. 如何设置工序质量控制点？

4. 计量工作的主要环节有哪些？

5. 简述工序质量控制的基本原理和程序。

6. 质量信息管理应当重点抓好哪几个方面的工作？

六、案例分析

D 项目实施过程质量管理

D 项目是某一工程总承包项目，项目经理深知项目实施过程质量管理的重要性，非常重视项目实施过程的质量管理。在该项目实施过程中，在项目经理的主持下，重点抓了以下两项工作：（1）建立该项目的质量管理体系，并进行贯彻落实；（2）对影响该项目质量的人、材料、设备、方法和环境等因素进行有效管理。

请分析 D 项目实施过程质量管理所存在的问题，并提出改进意见。

第 8 章
│项目质量精益管理

引导性案例

　　F公司非常重视项目质量的持续改进，通过分析、研究，提出本公司项目质量持续改进的基本思路：项目质量持续改进的主体是本公司项目经理部；项目质量持续改进的参与者是项目团队成员；项目质量持续改进的客体是项目、项目实施过程；持续改进所追求的总目标是满足需求方对项目质量的要求；持续改进所关注的是项目的符合性质量；持续改进的主要方法是直方图和控制图；持续改进分阶段进行；项目质量持续改进的工作方法是发现问题，解决问题；持续改进的最基本原理是系统原理；持续改进需要改进意识、质量意识和创新意识；持续改进需要适宜的外部环境和质量文化；项目质量持续改进的原则是过程的改进、持续的改进。

本章学习目标

　　重点掌握：项目质量持续改进的概念；项目质量持续改进与质量管理过程模式；项目质量持续改进需要的环境条件；项目质量持续改进的主要过程；项目质量持续改进概念模式。

　　一般掌握：项目质量持续改进的压力与观念的转变。

　　了解：6σ 项目质量管理。

本章学习导航

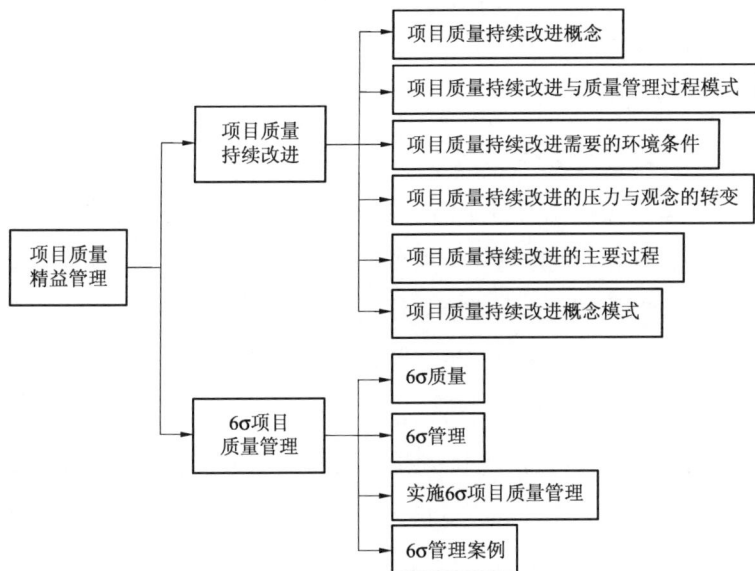

```
                                    ┌─────────────────────────┐
                                    │  项目质量持续改进概念    │
                                    ├─────────────────────────┤
                     ┌──────────┐   │项目质量持续改进与质量管理过程模式│
                     │          ├──►├─────────────────────────┤
                     │ 项目质量 │   │ 项目质量持续改进需要的环境条件│
                     │ 持续改进 ├──►├─────────────────────────┤
                     │          │   │项目质量持续改进的压力与观念的转变│
        ┌─────────┐  │          ├──►├─────────────────────────┤
        │ 项目质量│  │          │   │ 项目质量持续改进的主要过程│
        │ 精益管理├─►│          ├──►├─────────────────────────┤
        │         │  └──────────┘   │ 项目质量持续改进概念模式 │
        └────┬────┘                 └─────────────────────────┘
             │                      ┌─────────────────────────┐
             │                      │  6σ质量                 │
             │       ┌──────────┐   ├─────────────────────────┤
             │       │  6σ项目  │   │  6σ管理                 │
             └──────►│ 质量管理 ├──►├─────────────────────────┤
                     │          │   │ 实施6σ项目质量管理       │
                     └──────────┘   ├─────────────────────────┤
                                    │  6σ管理案例             │
                                    └─────────────────────────┘
```

8.1　项目质量持续改进

8.1.1　项目质量持续改进概念

《ISO 9000—2008 质量管理体系　基础和术语》给出了质量改进的定义：质量改进"是质量管理的一部分，致力于增强满足质量要求的能力"。而"要求"可以是多方面的，如有效性、效率或可追溯性。就项目而言，任何一个组织在项目实施过程中，都要对其所进行的项目、实施过程和管理进行或多或少的改进，这些改进可以称为质量改进。但是，这样的改进往往是就事论事的改进，是离散的、被动的。这样的改进不能称为持续改进。在上述标准中，关于持续改进是这样定义的：持续改进是"增强满足要求的能力的循环活动"。就一个组织而言，为了改进组织的整体业绩，组织应不断改进其产品质量，提高质量管理体系及过程的有效性和效率。坚持持续改进，组织才能不断进步。就一个项目来说，只有坚持持续改进，才能不断改进项目质量，才能满足顾客和其他相关方日益增长和不断变化的需求和期望。持续改进是永无止境的，因此，持续改进是项目永恒的追求、永恒的目标、永恒的活动。

　　持续改进是通过系统的改进过程得以实现的。持续改进需要以自觉的、有计划的、系统的质量改进为基础。只有不断地、广泛地、系统地开展质量改进活动，才能称为持续改进。从这个意义上来说，质量改进是组成持续改进的要素。要达到持续改进的要求，必须以广泛的质量改进活动为前提。

1. 项目质量持续改进的主要对象

　　项目质量持续改进的主要对象包括三个方面：对项目本身的改进；对项目实施过程的改进；对管理过程的改进。对项目本身的改进是一种技术改进，这种改进可能会使项目的质量得以提高，也可能会使项目的成本下降，甚至可以促成项目质量的创新。对项目实施过程的改进，是对项目实施方案、实施环节及实施过程中各种生产要素等方面的改进，这种改进可能会使项目质量提高，也可能会使项目成本下降，还可能提高实施过程的有效性。对管理过程的改进，是项目质量持续改进的最主要方面，它包括对质量方针、质量目标、组织机构、管理制度、管理方法等各方面的改进，这种改进会使项目质量保证能力得到增强，从而能使项目质量得以提高，可以提高质量管理效率，增加组织的活力。对管理过程实施改进往往能收到事半功倍的成效。

2. 项目质量持续改进的主体

　　一个项目涉及业主、项目承担方、供应单位等各方组织，这些组织构成了项目质量持续改进的主体。而这些组织的领导和管理人员是项目质量持续改进最直接，也是最主要的主体。这是因为任何一项改进活动都是由领导决策的，只有领导意识到改进并决定改进，改进才能实施并取得成功。当然，这些组织中的员工在项目质量持续改进中的重要地位和作用也是不可忽视的。无论是对项目本身的改进，还是对项目实施过程的改进或是对管理过程的改进，特别是涉及需要员工执行、实施的改进，从改进的策划、准备、论证，到实施、测量、认可和保持，都需要与员工协商，征求其意见，否则就可能会使质量改进脱离实际，甚至受到员工的抵制。因此，为了使项目质量持续改进有效，必须发挥各方组织、各类人员的作用，任何一方组织、任何一个人的作用都是不可忽视的。

3. 项目质量持续改进的原则

　　项目质量持续改进的原则是持续改进的原理及其实践内容的本质体现，同时也为正确地应用持续改进的理论和方法，有效进行持续改进的实践提供指南。持续改进是过程的改进、持续性的改进、积极的改进、预防性的改进，这是项目质量持续改进的基本原则。

（1）过程的改进。项目的所有工作都是通过过程完成的。项目的质量是由顾客的满意度确定的，但项目的质量却取决于形成和支持它的过程的效果和效率。顾客的不满意和需要的改变，意味着对项目及其服务质量改进的要求，而项目和服务质量的改进则要求形成及支持它的过程的质量改进。即使在质量要求一定的情况下，形成项目和服务及其质量的过程自身仍然有必要进行改进，以提高项目和服务形成过程的质量。例如，在项目和服务质量要求一定的情况下，过程的质量改进可降低过程对资源、时间的消耗，从而减少过程的成本，提高过程的效率。质量管理工作是通过过程实现的，质量管理工作本身的质量对形成和支持项目和服务的过程质量有着最直接的影响，进而影响项目和服务的质量，因此，质量管理过程的质量改进不仅是必要的，而且也是非常重要的。可见，项目质量持续改进的根本是过程的质量改进，质量的持续改进是通过持续改进过程而实现的。

从项目的相关方之间的关系来看，一个组织的过程是项目过程网络中的一个组成部分，如图 8-1 所示。承包方组织的过程的质量改进，包括输入、输出以及整个转换过程的改进。

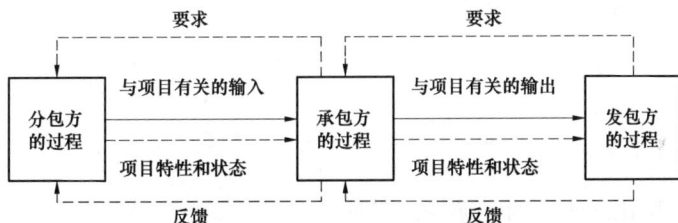

图 8-1　项目过程网络

从项目相关方组织自身看，组织由 3 个相互联系和相互作用的过程所构成。

1）形成项目和服务的过程。主要是指项目的质量环，是项目和服务及其质量形成的基本过程，该过程的质量直接影响和决定着项目和服务的质量。

2）支持项目和服务的过程。主要是指那些对项目和服务的形成起着支持和辅助作用的过程，例如，检验和试验设备的控制，不合格品的控制，统计方法的选择和应用等。这些过程并不形成项目和服务，但对项目和服务的质量起着重要的支持性、辅助性或基础性作用。

3）管理的过程。是指对项目和服务的形成和支持过程进行管理的过程。作为一个组织整体管理的一个组成部分，质量管理过程对项目和服务质量，以及形成和支持其过程的质量将会产生重要影响。质量管理的过程主要包括质量方针、质量目标的确定，质量策划，质量控制，质量保证等。良好的管理支撑着良好的项目和服务的形成过程，良好的形成过程产生良好的项目和服务。所以，持续改进应从改进管理过程入手。

综上所述，过程的持续改进应是项目和服务的形成过程，支持过程和管理过程的改进。实际上，上述三个过程往往是交织在一起进行，而以项目和服务的形成过程为其表现形式，其他两个过程则在其中渗透、展开、完成。因此，从这个意义上来说，过程的改进是对项目和服务形成的全过程的改进，进而是对质量形成中的每一个阶段、每一项活动和过程的改进。

（2）持续性的改进。质量改进是一种以追求更高的过程效果和效率为目标的持续活动。持续性的改进是客观要求。任何一个项目都具有一定的生命周期，在项目的生命周期中顾客的需求和期望在变化，项目的环境在变化，技术在发展，社会在进步，这些都决定着项目的质量和服务的质量，形成和支持项目和服务的过程质量必须随之变化和提高。顾客、社会通过项目的持续改进可以获得高质量的项目和服务；组织通过持续改进而获得更高的竞争能力和生存发展能力。

持续改进的一般模式如图 8-2 所示。

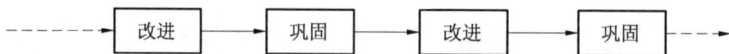

图 8-2 持续改进的一般模式

持续改进是扎扎实实的、循序渐进的。改进是以现有水平为基础，发现问题，解决问题，打破现状，提高水平；对改进的成果应予以巩固，并使其稳定，改进才算成功，进一步改进才有新的必要的基础。满足于现状，就不可能有改进；有了改进，但改进的成果未被充分地稳定和巩固，改进也不可能成功。

（3）积极的改进。改进是持续的、无穷的，改进的机会也是无穷的。抓住了改进的机会，改进才可能发生。所以，质量改进工作应不断地寻求改进的机会，并抓住机会，促使改进的发生，而不是坐等机会的出现。

改进的机会存在于项目的各项活动之中。已出现的问题和尚未出现的潜在问题大量存在，这些都是改进的机会所在。对于已出现的问题，应立即进行分析，而不能坐视不管；对于尚未出现的潜在问题，应积极地去感受、发现、分析各种各样的变化和差异，从而发现问题所在，发现或创造改进的机会。

改进的机会存在于顾客的需求和期望之中。已存在但尚未被发现或尚未被满足的需求和期望是一类改进机会，组织需要积极地去了解、寻找，以诱发改进来予以满足；目前不存在或顾客尚未意识到，但现在或将来是必然的潜在需求和期望，则可能导致一类重要而无限的改进机会。

改进的机会存在于科学技术的发展之中。项目和服务的质量与生产技术水平有关。项目的生产技术质量需要改进，改进也需要新的科学技术作基础。所以，现有的或将会出现的科学技术都会给项目的改进带来机会。例如，新材料、新方法、新设备、新工艺等都可能成为项目质量改进的机会。

改进的机会无处不在，无时不在，越是积极主动、充分开放，就越能够敏感、准确地捕捉到改进的机会。而积极主动的改进态度来源于"为顾客提供更好、质量更高的项目或服务"等强烈的质量改进意识。

（4）预防性的改进。持续改进的重点在于预防问题的再发生，而不仅仅是事后的检验和补救。单纯的事后检验和补救，只能使已产生的质量损失有所减少，但不能完全消除质量损失，更不能杜绝类似的质量损失的再发生。这种补救性质的改进，如返修、返工或调整不能保证在原有的质量水平上的稳定，更不能保证在原有质量水平上的提高。持续改进的关键问题之一是消除或减少产生质量问题的原因，即进行预防性改进。这种改进是永久性的、根本性的。

4. 项目质量持续改进的特征

项目持续改进具有以下主要特征。

（1）持续改进是质量改进的渐进过程。项目质量改进是无终点的，任何一项质量改进都不可能终止改进的机会。"渐进过程"就是一次一次不断进行的过程，而绝不是"毕其功于一役"。

（2）持续改进是积极、主动的。一般意义上的质量改进往往是出现质量问题后才进行，而持续改进应是积极、主动地去寻求改进的机会，而不是质量出了问题再进行。

（3）持续改进的内容是广泛的。持续改进不仅包括对项目或项目实施过程的改进，而且包括对管理的改进。因此，持续改进的内容包括影响项目质量的方方面面。

（4）项目质量的持续改进与相关组织的持续改进是密切相关的。与项目相关的组织包括投资方、使用方、承包方、供应方等，项目质量的持续改进是这些相关组织的持续改进所追求的目标之一，也是这些组织持续改进的主要内容。

（5）持续改进的目的是提高有效性和效率，确保实现预期目标。项目质量的提高是无止境的，而持续改进所追求的是项目的最佳质量，而不是最高质量；追求的是项目质量管理的有效性和效率，更加强调提高质量效益；追求的是确保项目质量预期目标的实现；追求的是项目相关方的满意和期望。持续改进强调发掘长处而不是减少错误。

5. 项目质量持续改进与传统项目质量管理

传统的项目质量管理以项目需求方提出质量要求，项目完成方通过采取措施满足其质量要求为主要特点。这是一种符合性质量管理，即作为需求方主要满足于提出质量要求，而作为完成方则满足于符合质量要求，而这种质量要求可能是静止不变的。有些项目尽管能符合质量要求，但不一定能使用户满意。传统的项目质量管理只满足于治标，而考虑治本不够；传统项目质量管理是就质量而抓质量，忽视了质量与其他目标、因素、过程之间的关系；传统的项目质量管理只强调项目完成方对项目质量应承担的责任，而忽视了其他相关方对项目质量管理的作用；传统的项目质量管理中所考虑的用户是狭义的，即用户就是需求方；传统的项目质量管理是一种间隙性的管理，系统性不足。当然，传统的项目质量管理还存在许多其他特点，这里不再一一列举。

项目质量持续改进是对传统项目质量管理模式的一种改进，是对传统项目质量管理的理论、观点、方法的一种根本性变革，是起源于传统项目质量管理但又与之不同的一种创新模式。项目质量持续改进是一种适合性质量管理，即项目质量要适合用户不断变化的要求和期望，适合项目环境、项目条件的不断变化，这些要求、期望、环境、条件等不是静止的，而是动态的；项目质量持续改进是一个完整的系统，它是通过系统分析、系统工程、系统管理实现对项目质量的持续改进；项目质量持续改进应考虑各相关方的作用，由项目的参与各方共同构成项目质量保证体系；持续改进所考虑的用户是广义的，它包括投资方、使用方、代表使用方或投资方利益的第三方、社会等与项目有关的各方，也包括项目本身上下工序或前后过程之间的关系，持续改进机会识别的途径之一就是对用户的要求和期望的分析。

8.1.2　项目质量持续改进与质量管理过程模式

ISO 9000—2008 族标准给出了质量管理过程模式，如图 8-3 所示。该过程模式将"管理职责"、"资源管理"、"产品实现"和"测量、分析和改进"作为质量管理体系的"四大板块"，描述了"四大板块"之间的关系，并以"顾客"（和其他相关方）的要求为输入，以提供给顾客（和其他相关方）满意的产品为输出，通过信息反馈测定顾客满意程度，从而评价质量管理体系的业绩。

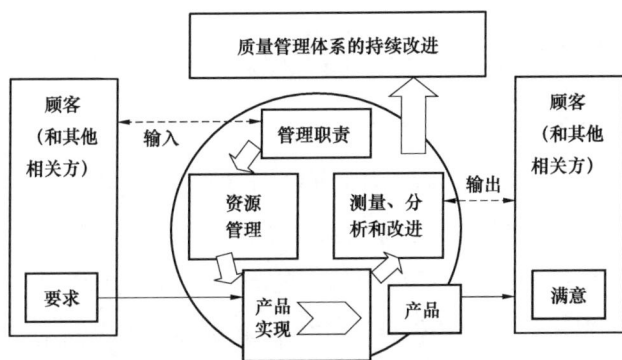

图 8-3　质量管理过程模式

注：增值活动 ———→ ；信息流 -----→

　　质量管理体系由管理职责、资源管理、产品实现及测量、分析和改进等"四大板块"所组成。改进是质量管理体系"四大板块"的内容之一。即改进是质量管理体系第一层次的要素。组织输出的产品经顾客和其他相关方接收后，是否满意的信息将反馈给组织，组织根据其满意情况决定是否进行改进，所以，改进的要求来自于顾客和其他相关方。在项目实现过程中，会存在各种问题，包括项目本身的和过程中的不合格、缺陷、不足和不期望出现的情况，以及可以改变得更好的情况等。通过测量和分析，可以获得这些信息，从而进行改进。可见，改进的要求也来自于组织内部。测量、分析和改进的情况作为"管理职责"的输入，对"管理职责"的改进也提出了要求。如果说"四大板块"中的"改进"可能是一般性的质量改进，则"管理职责"中的"管理评审"就可能涉及对整个质量管理体系的改进，包括对质量方针、质量目标、职责权限、质量文件以及对"资源管理"、"产品实现"、"测量、分析和改进"的改进。这种改进是更高层次的改进。质量管理体系的"四大板块"是一个整体，周而复始地处于运动过程中，改进也应是周而复始地进行。从质量管理过程模式可见，持续改进实际上是对整个质量管理体系的要求，持续改进与顾客要求、顾客满意构成了三个方面，共同对组织的质量管理体系进行"监督"。组织的质量管理体系是在这三个方面提供的条件和环境中运行的，不能背弃，不能忽视。可见，就项目质量持续改进而言，持续改进是对相关组织质量管理体系的基本要求，是质量管理体系得以正常运行的基本条件，是质量管理体系的重要内容，是满足顾客和其他相关方的要求和期望的动力，持续改进融入了质量管理体系全部要素和全部要求之中。

8.1.3 项目质量持续改进需要的环境条件

项目质量持续改进需要在适应的环境条件中进行，也就是说，环境条件应有利于项目质量持续改进的进行。而这种环境条件主要是指人的因素和物质因素的组合。这些因素影响员工的能动性、满意度和业绩，进而影响项目质量的持续改进。而这些因素中的最主要因素是环境中的人的因素。ISO 9000 系列标准指出：对于人的因素，应当考虑"创造性的工作方法和更多的参与机会，以发挥组织内人员的潜能"。这种环境称为人文环境。

项目质量的持续改进不仅是项目参与各方组织的领导和管理者应尽的职责，也应是项目中每个参与者工作的一部分，如果没有每个员工的参与，项目质量的持续改进就难以奏效。所以项目参与各方组织可以将改进纳入项目参与人员的职责中。但是，改进什么，如何改进，改进的结果如何等，组织往往难以形成工作任务指标下达给员工，因此也就难以测量、评价和考核。项目质量持续改进的效果从某种程度上来说取决于员工的主观能动性、态度和自觉性。而员工的这种主观能动性和自觉性来源于一个有利于持续改进的环境条件。而这种持续改进的环境应具备以下条件。

1. 组织的最高管理者的支持和领导

无论是投资方、使用方还是承包方，其最高管理者对持续改进的认识具有决定意义。认识正确，就会对所有的改进活动给予支持，并领导工程项目的持续改进活动，从而使持续改进成为组织的一个基本目标，形成一种基本任务或要求。领导者和管理者在持续改进中应做到以下几点。

（1）明确持续改进的目的和目标。围绕着项目质量的保证和提高，各相关方的领导者和管理者都应明确持续改进的目的和目标，并将这些目的和目标融入组织的质量方针和质量目标之中。

（2）贯彻持续改进的目的和目标。各相关方的领导者和管理者应通过各种形式向所有的项目参与者传达持续改进的目的和目标，并不断地将持续改进的目的和目标具体化，作为任务下达到有关部门直至相关人员。

（3）持续改进自己的工作过程。持续改进涉及项目的每个参与者，任何人的工作都存在可以改进的方面。而作为项目的领导者和管理者，更应该对自己的工作不断加以改进，以形成人人思改进，个个想改进的良好氛围。

（4）培育一种沟通、合作、发挥自我的环境。在项目质量持续改进过程中，发挥每一个人的作用是至关重要的。作为项目的管理者，一方面要求所有人员都要严格执行标准、规程和计划；另一方面，又应给予员工不断改进自己的工作过程的权力。这就需要创造一种发挥自我的环境。但应该注意到，在项目实施过程中，每个人都不是独立存在的，任何一项改进都可能涉及众多方面、众多人员、众多因素，这就需要有一种良好的沟通、合作的环境。无论是沟通、合作还是发挥自我的环境都需要由相关组织的领导者和管理者加以培育。

（5）进行质量改进策划。围绕着项目质量，改进什么，如何改进，这不应是盲目的，应该有计划、系统地进行。这就需要领导者和管理者认真进行质量改进策划，以使质量改进活动有条不紊地进行。

（6）为持续改进提供必要的资源。项目质量的持续改进需要人力、设备、材料、场地、资金等资源。所需资源的种类、数量、时间等均应在质量改进策划或质量改进计划中体现出来，并按计划及时提供，以保证质量改进活动顺利进行。

（7）测量、评定和激励。树立"改进无过错"的思想，鼓励改进。对改进过程中遇到的困难、挫折应及时协调，寻找解决办法。对改进的结果及时加以测量、评定，成功的加以奖励，不成功的帮助总结经验，查找原因。

（8）巩固成果。持续改进不是就事论事，每次改进的成果都应该作为项目在今后运行中的基准。作为领导者或管理者应及时将质量改进的成果纳入有关标准、制度或规程之中，以巩固改进成果。

上述八条概括了在项目质量持续改进过程中，作为项目参与各方组织的领导者和管理者应承担的责任和应创造的环境。这些工作贯穿于整个项目的实施过程中，是一个完整的系统，是一个循环往复的过程。如图 8-4 所示。

2. 管理者以身作则、持之以恒和配置资源

管理者应参与改进，持之以恒地支持和领导改进，并培育一种广泛交流、相互合作、尊重个人的环境；应为持续改进提供相应的资源。

3. 创造持续改进的质量文化

持续改进的文化环境要求有一套共同的价值观、态度和行为，其核心是强调满足顾客和其他相关方的需求和期望，并不断追求更高的目标。

持续改进所需的价值观、态度和行为主要包括以下几点。

（1）重视满足内部和外部顾客的需要和期望。项目的顾客是广义的，既包括外部顾客，也包括内部顾客。项目质量的持续改进，不仅应考虑外部顾客的需要和期望，同时应考虑内部顾客的需要和期望。

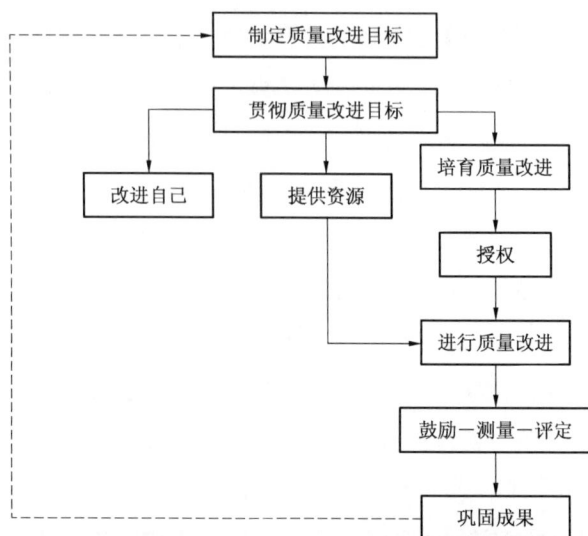

图 8-4　项目质量持续改进和创造的环境

（2）使质量改进贯穿于从发包方到承包方的整个供应链。项目质量持续改进不仅是承包方的责任，也是发包方的责任，是项目的所有相关方的责任。

（3）体现管理者应尽的义务、领导职责和参与情况。持续改进是项目管理者应尽的义务，管理者应承担持续改进的领导职责，并参与改进活动。

（4）强调质量改进始终是每个人员工作的一部分。持续改进离不开参与项目的每个人员，项目的参与者应时刻关注并参与质量的持续改进，并从不断改进自身的工作做起。员工自身工作的不断改进应视为项目质量持续改进的一部分。

（5）通过质量改进过程解决存在的问题。问题会伴随着项目的进行不断产生，而项目质量持续改进的目的之一就是不断解决所存在的问题，每成功地解决一个问题，就可能使质量或效率提高一步。

（6）持续地改进所有过程。项目是通过一个个过程所形成的，每一过程都会对项目质量产生直接的或间接的影响。所以，项目质量持续改进是针对所有过程的。

（7）建立广泛的数据和信息交流渠道。持续改进离不开数据和信息，所以，在项目进行过程中，应建立持续改进信息系统，形成从信息的收集、分析，到信息的传递和反馈的完整体系。

（8）促进合作和尊重个人的首创精神。持续改进活动往往是一种团队行为，需要团队成员的密切合作；改进是一种创新，离不开团队成员的首创精神。合作和个人的首创精神是相辅相成的。

（9）依据数据分析进行决策。决策是持续改进中的重要活动之一。正确的决策需要用科学的态度，以事实或正确的信息为基础，通过合乎逻辑的分析，作出正确的决断。在持续改进活动中，事实或正确的信息的主要来源是对数据的分析。

（10）不断寻求改进机会，而不是等待。持续改进是连续的，而不是间断的；是主动的，而不是被动的。这就需要不断寻求改进的机会，而不是等待机会的到来。

（11）交流、合作和相互间的信任。如前所述，持续改进是一种团队行为，交流、合作和相互间的信任是团队精神的一种体现，也是改进取得成效的基本条件。

（12）必要的教育和培训。持续改进需要项目的参与者树立一种全新的质量意识，创新意识；需要具备相应的素质。这些都有赖于必要的教育和培训。

4. 有明确的质量改进目标

质量改进目标明确了质量改进的方向，明确的质量改进目标是进行质量改进的前提。质量改进目标一般具有以下作用：方向作用；激励作用；评价作用。工程项目进展过程中，不同的相关方，不同的阶段应有不同的质量改进目标。组织的质量改进目标经过展开，还可以形成部门、班组、个人的质量改进目标。质量改进目标是形成持续改进环境的重要因素。为使质量改进目标产生应有的作用，在确定目标时，应注意以下几个方面。

（1）质量改进目标应与项目总的质量目标相协调。

（2）目标应有利于提高顾客满意程度及过程的效果和效率。

（3）目标应尽量具体化、定量化，以便于测量。

（4）目标应明确易懂，便于记忆。

（5）目标应具有挑战性但经过努力能够实现。

（6）应使相关人员理解目标，理解实现目标的策略和措施，并达成共识。

（7）定期进行测量和评审。

（8）按目标管理的方法管理质量改进目标。

5. 营造持续改进的内部环境

营造持续改进的内部环境需要做到以下几点。

（1）充分吸纳和运用八项质量管理原则，转变管理观念。持续改进的管理理念对于许多管理者原来的管理思想和管理习惯是一个有力的挑战。所以，要实施持续改进的战略，需要管理者，尤其是组织的最高管理者在管理思想、管理观念和管理行为上能够得到转变。2000 版 ISO 9000 标准充分体现了质量管理的八项原则，即：以顾客为关注焦点；领导作用；全员参与；过程方法；管理的系统方法；持续改进；

基于事实的决策方法；与供方互利的关系。通过对这八项质量管理原则的充分吸纳和运用，将有助于营造一个持续改进的良好氛围。

（2）创建与各相关方共享利益的理念和机制。一个项目涉及多方组织，一个组织能否获得成功，取决于能否使该组织的所有相关方都获益。因此，组织在对项目质量管理过程的策划、实施和改进中，都应始终考虑到顾客和其他相关方的需求和期望，要创建能主动并及时地识别、理解并满足相关方的需求和期望的理念和机制。

（3）树立并培养以有效和高效方式做事的观念和习惯。在进行项目质量管理和控制过程中，开展的每项活动和工作都应考虑到有效性和效率问题，既要确保其符合策划的要求，又要节约资源的投入，坚持"做正确的事和正确地做事"的原则，养成"第一次就将事情做对和每一次都将事情做对"的习惯，以确保用有效和高效的方式管理和改进项目进展过程。

（4）倡导问题意识、改进意识和创新意识。鼓励项目的所有参与者发现项目进行过程中存在的问题，并能积极参与改进活动；应创造条件鼓励创新，树立创新意识。

6. 不断追求新的更高的目标

项目质量持续改进是一个连续的过程，不能中断，也无终点。因此，应不断设置新的更高的目标，以引导相关方组织和人员不断追求，使持续改进能持续进行。

上述项目质量持续改进环境条件不是互相独立的，而是一个有机整体。要使持续改进能持续进行，各相关方组织必须创造这些环境条件。

8.1.4　项目质量持续改进的压力与观念的转变

对项目质量进行持续改进的最直接的压力之一是对项目质量提出的新要求。对项目质量的新要求来自于项目和服务的用户，也来自于社会公众、国家和自然环境，还来自于项目参与各方组织。对项目质量进行持续改进的压力之二来源于参与项目的组织自身和竞争。组织要生存、要发展，要在激烈的市场竞争中获胜是进行质量持续改进的动机，质量改进已成为组织生存和发展的重要手段。

从项目质量管理的发展历史中，可以归纳出有关项目质量持续改进的一些重要观念的转变。

（1）从事后检验到事前预防。事后检验的实质是将不合格品检查出来，防止将不合格品交给用户。事后检验可以在一定程度上保证项目质量，但这只是一种被动管理。采用数理统计、过程控制、过程能力研究等方法进行质量管理，能在一定程度上减少不合格品的出现，这是一种预防控制，可以将质量改进工作的重点放在项目形成的过程之中，实现真正意义上的质量改进。

（2）从项目到过程、再到全过程。对已产生的不合格品进行返工、调整等并不是实质上的质量改进，因为它既不能防止也不能减少以后不合格品的出现。项目质量产生于项目形成的过程，只有改进过程，才能最终实现项目质量或提高项目质量。

著名质量管理专家朱兰用一条螺旋式上升的曲线表达了产品质量产生、形成和实现的过程或产品质量形成的规律，该曲线被称为"朱兰螺旋曲线"。项目的形成过程同样符合这一规律，该规律表明，项目质量的形成由许多过程组成，它们相互联系、相互作用、相互促进，该过程不断循环、不断上升，项目质量在循环中形成，在上升中提高。所以，要改进项目质量，必须改进项目形成的全过程。

（3）从部分人员到全体人员。项目形成的全过程与所有人员有关，他们都承担有相应的质量责任。只有每个成员都进行高质量的工作，才有高质量的过程和全过程，最终才有高质量的项目。人是一切事务中最积极、最重要、最宝贵的因素，是决定过程和项目质量的第一要素，质量管理和质量改进应该是也必须是全员的质量管理和质量改进。

改进是一项创造性活动、最符合人的本性。创造性的质量改进，能发挥人的主观能动性，能施展人的才智与聪明，能实现人的个性和全面发展。从这个意义上来说，全员性的质量管理和质量改进是质量管理的一次革命。

（4）从项目到顾客、再到社会和环境的需要。是以自己的需要实现项目，还是以顾客的需要实现项目？是以现有的生产技术标准或规范来度量质量，还是以顾客的需求度量质量？这是传统质量管理和现代质量管理的一个根本区别。现在和未来必须将顾客的需求放在第一位，顾客的需求或要求是衡量项目质量的唯一标准，而无论其是否达到或超过了某个既定的标准，只要顾客满意即是高质量。因此，质量的标准已从项目本身转到了外部需要，顾客的概念成了质量改进的首要概念。

顾客首先是项目的直接用户，但在项目进行过程中，前一个过程向后一个过程提供构件、原材料，以及其他需要的条件，则后一个过程也就成了前一个过程的顾客或用户，前一个过程的生产或活动必须能够满足后一个过程的要求。于是，项目质量形成的全过程便成了一个顾客链，外部顾客的需求是第一位的，是最终用户，内部顾客的需求同样需要考虑。依次满足各自顾客的需要，使得形成项目质量的所有过程彼此有机协调地、合乎最终目标地、拉动式地动作起来。

项目的使用不仅对直接用户产生影响或作用,而且同时也可能对社会和环境产生影响。项目的实施者不得不进行越来越多的关注社会公众的舆论、各种民间组织和运动、政府的条例和法规、世界性组织的活动等。项目的实施及其质量要求势必更加外部化,组织必须通过质量改进来满足这种日益外部化的广泛而苛刻的要求。顾客更加外部化、广泛化为进行质量改进带来了更多的机会,同时也带来了更大的困难或挑战。

(5)从控制到改进、再到进步。质量控制是使被控制项目或过程达到和维持在某个标准状态的活动。质量控制的基础是标准,即某个既定的标准或规范、规程。例如,设计混凝土强度等级为 40MPa,只要符合该设计要求就是合格的。采用统计控制方法可进行预防性的质量控制,它较单纯的检验有很大的进步,但以标准为基础的质量控制存在很多弱点。

① 滞后性:标准往往是过去实践经验的总结,反映不了新的变化,所以,现有标准是落后的。

② 不完善性:标准可能有缺陷,甚至不适用。

③ 惰性:标准的存在易形成一种固定或僵化的状态,一切按标准进行会抑制人的主观能动性和创造性,人们被动地依赖标准,而不是积极地、有创造性地开展工作。

可见,质量控制的结果是在原有水平上的继续,充其量也只是对造成脱离既定标准的问题或原因实施改进,但并不是实质性的质量改进。

质量改进是对项目或过程进行改进,使其从一个旧的标准达到一个新的标准的活动。所以,质量改进比质量控制更主动、更积极,有强烈的问题意识、改进意识和质量意识。质量控制解决了"做什么"的问题,而质量改进解决了"如何做"的问题,弥补了质量控制的不足,但质量控制仍是质量改进的基础,标准仍是改进的前提。质量管理专家朱兰强调了质量改进的重要性和进步性,必须在质量控制的基础上进行质量改进,质量才能有实质性的提高。

8.1.5 项目质量持续改进的主要过程

项目质量持续改进的主要过程如图 8-5 所示。

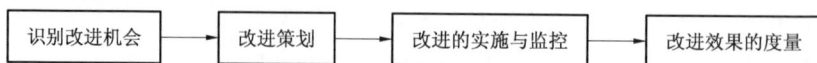

识别改进机会 → 改进策划 → 改进的实施与监控 → 改进效果的度量

图 8-5 项目质量持续改进的主要过程

1. 识别改进机会

若质量改进没有对象，改进就是一句空话。所以，要持续改进项目质量，一个很重要的问题就是要不断确定并获取持续改进的机会。一般来说，在项目实施过程中，需要改进的问题随处可见，似乎不需要对改进的机会进行特别确定。但是应该意识到，类似的改进往往难以纳入质量改进计划，即使纳入了，往往也是不自觉的、无长远计划的、零碎的、不成系统的。这样的改进也可能解决某些问题，但其综合效果并不突出。ISO 9000 系列标准要求的持续改进，是有计划的、系统的、不断进行的，因此就必然存在一个确定并获取机会的过程。这一过程就是识别改进机会。识别的途径主要包括三方面：从监视和测量中识别改进机会；从广泛的信息来源中识别改进机会；从质量改进的过程或结果中识别改进机会。在项目进展过程中，要不断识别顾客的需求与期望；要不断测量顾客的满意度；要对项目质量进行诊断并对项目过程能力进行分析。通过这些环节识别质量改进机会。

2. 改进策划

改进策划主要解决如何改进的问题。这里涉及改进的目标、方案、措施、组织、方法等一系列策划问题。其中改进目标策划是最为重要的策划，以下将简单介绍目标策划的有关问题。

在项目质量持续改进过程中，为做到有的放矢，并准确把握改进的程度，以保证持续改进的有效性，首要的问题是合理确定持续改进的目标。目标的合理性是改进有效性的前提。

根据持续改进目标所包括的范围，可分为项目总体改进目标和具体改进目标。项目相关方都需要对其所承担的项目进行总体改进目标和具体改进目标的策划。

项目总体质量改进目标是就总体项目而言的，主要包括以下内容。

（1）项目质量应达到的质量水平，项目一次验收合格率，优良品率，工期履约率，顾客满意率。

（2）质量损失应降低到的水平。

（3）项目的质量管理应达到的水平。

总体质量改进目标属于战略性目标。总体质量改进目标的策划应考虑以下要素。

（1）顾客和其他相关方的需求和期望。

（2）竞争对手的情况。

（3）科学技术的发展以及本组织掌握新的科学技术的可能性。

（4）项目的现有状况，特别是持续改进的机会。

（5）项目的人员情况，特别是对稀有人才的需求及可能得到满足的情况。

（6）项目的资源状况及可能为持续改进提供资源的情况。

质量改进目标是分等级的——多层次或多级别的。这种等级就好比一个金字塔，塔的顶部有少数几个目标，每个目标都是最重要的，质量改进的总体目标就属于这一类。但仅有总体目标是不够的，也是难以实现的。为使总体目标能够实现，做到可以操作，可以控制，必须将总体目分解成第二级、第三级，一直细分到每个目标都可以从技术上定义为止。项目的具体改进目标就是总体改进目标的细分结果，是总体目标的具体化，属于战术性目标。主要包括以下内容。

（1）顾客的需求引起的质量改进目标。

（2）项目特征引起的质量改进目标。

（3）项目的过程特征引起的质量改进目标。

（4）过程控制特征引起的质量改进目标。

如果目标定义为射击瞄准的靶的——努力所要达到的目的。应用于质量，质量改进目标就是一个射击瞄准的质量靶的。质量改进目标是不断变动的，以便对变化的环境作出反应。所以，质量改进目标是一个不断移动的靶的。项目管理人要做的是提供评价这些变化产生影响的手段和相应修改目标的手段。

不同类型的项目，其持续改进目标策划的输入有所不同，但基本上都包括以下几个方面。

（1）质量方针。持续改进目标应建立在组织的质量方针基础上。一般来说，项目的总体质量改进目标应与组织的质量方针相适应，具体的质量改进目标也应遵循质量方针所规定的原则。

（2）上一级质量改进目标。质量改进目标的等级性包括两个方面：① 就层次而言的上一级；② 就时间而言的上一级，例如，年度质量改进目标相对于季度质量改进目标而言就是上一级目标。下一级质量改进目标必须为上一级质量改进目标的完成提供保证。

（3）存在的问题点。为实现项目质量目标所必须解决的主要问题就称为问题点，如不合格、缺陷、不足、与先进水平的差距等。可以说，未能满足项目质量目标要求或有碍于质量目标实现的资源、过程、程序等都可能成为问题点。

（4）现状和未来的需求。现状和未来的需求是实现质量目标的基础，实现质量目标可以改变现状并满足未来的需求。对现状和未来的需求的把握，可以使持续改进目标更符合实际。

（5）自我评定的结果。自我评定是项目组织自身对项目质量状态的意见或判断，这种评定的结果是持续改进目标策划的重要依据。

（6）现有的业绩。考虑项目现状不仅考虑存在的问题，而且应考虑业绩。持续改进目标应在现有业绩的基础上得到进一步提升。

（7）所有相关方的满意程度。持续改进目标的策划应充分考虑所有相关方的利益，力求增加他们的满意程度。

为使项目质量持续改进目标切实可行，在目标策划过程中应考虑以下原则。

（1）应满足质量方针和上一级质量改进目标的要求。无论是针对现有质量状况提出的持续改进目标还是在特定情况下策划的持续改进目标，都不能违背质量方针所规定的原则，都应为上一级质量改进目标的实现提供保证。

（2）必须针对问题点。持续改进是对现有问题的改进，是对现有水平的提高。所以，持续改进目标必须有针对性。高于现状是持续改进目标的性质所决定的。

（3）必须考虑质量的经济性。项目的质量改进是无止境的，但受项目费用的约束。所以，任何一项改进目标的策划都应考虑经济问题。持续改进所追求的是项目的更高质量，而不是最高质量。

（4）应是经过努力能够达到的。持续改进目标应切实可行。所谓切实，就是要切合实际，有针对性；所谓可行，就是经过努力能够达到。高于现状是一个方面，但其程度却值得研究。

（5）必须有针对性措施。持续改进目标是质量改进所要达到的目的，需要通过采取一系列措施才能实现。没有目标的质量改进是盲目的、无效的；同样，没有配套措施的质量改进目标也是空洞的、无法实现的。所以，对于每一个持续改进目标都必须考虑必要的作业过程和相关资源，并落实人员和时间。

（6）持续改进目标应是可测量的。持续改进目标应该尽可能以定量的方式出现，不能定量的也要可测量。

（7）应制定评价标准。在确定目标的同时，应制定相应的价值准则和评价标准。

3. 改进的实施与监控

项目质量持续改进重在实施。为了保证持续改进能达到预期效果，必须采用科学的实施方法，并在实施过程中加强监督和控制。

持续改进的实施过程实际上可以归纳为 PDCA 循环过程。

（1）P 阶段——策划阶段。

该阶段的主要工作是改进机会识别；制定改进目标；确定达到这些目标的措施和方法。包括四个步骤。

① 机会识别。通过对顾客的需求和期望进行分析以识别改进机会；通过对顾客的满意度的分析识别改进机会；通过对项目进行质量诊断识别改进机会；通过进行过程能力分析识别改进机会；通过对改进结果的分析评审识别改进机会。

② 因素分析。根据识别的结果，分析改进因素。

③ 明确改进的主要对象。就某个改进问题来说，可能存在着许多需要改进的因素。从总体来说，可能包括操作者（人）、机械设备（机）、原材料（料）、工艺方法（法）、环境条件（环）以及检测工具和检测方法等。就管理问题而言，其影响因素也是多方面的，如管理者、管理对象、管理方法、管理工具等。每项大的影响因素中又包括许多小的因素。持续改进，不可能考虑所有因素，而只能抓主要矛盾。这就需要明确改进的主要对象。

④ 制订改进计划。针对需要改进的主要对象，拟订改进措施，策划改进课题，并形成改进计划。制订的改进计划应切实可行。

制订改进计划的过程应考虑 5W1H 问题：Why（为什么），说明为什么要制订该计划或措施；Where（哪里干），说明在何地实施该计划；What（改进到何种程度），说明要达到的目的；Who（谁来干），说明改进计划实施的负责人；When（何时完成），说明完成改进计划的时间；How（如何干），说明如何完成改进任务。

（2）D 阶段——实施阶段。

这一阶段的主要任务就是实施改进计划。任何一项改进计划的实施都需要一个过程，需要技术、方法、管理、工具、人员、资金等要素的支撑，因此，在改进计划实施过程中，要从这些方面创造有利于改进的环境；同时，改进的过程又是一个动态过程，应不断根据条件的变化及改进中发现的新问题及时调整改进措施。

（3）C 阶段——检查阶段。

质量改进追求效果，而改进的效果如何需要检查、分析才能作出判断。检查就是根据所制订的改进计划检查改进的进度和效果，检查是否达到预期的目的。根据检查的结果，可以更进一步为改进提供机会。

（4）A 阶段——处理阶段。

处理阶段主要进行两项工作：一是总结经验，巩固改进成果。即根据检查的结果进行总结，将成功的经验和失败的教训纳入有关的标准、规定和制度。二是将遗留问题转入下一个循环。即根据检查找到未解决的问题，找出原因，转入下一个

PDCA 循环，作为下一个循环制订改进计划的资料和依据。对遗留问题应进行分析，要充分看到改进的成果，不能因为遗留问题的存在而削弱了改进的积极性；但也不能盲目乐观，对遗留问题视而不见，不能设想一次改进能解决所有的质量问题。质量改进之所以是持续的、不间断的，就在于任何质量改进都可能存在遗留问题。一次质量改进成功后，又可能产生新的问题。因此进一步改进的可能性总是存在的。这也是持续改进的原因或理论基础之一。质量改进也可能失败，不仅没有解决原来的质量问题，而且可能产生新的质量问题，因此，要不断总结经验，坚持改进，才能获得成功。

根据 PDCA 循环原理，可将持续改进归纳为如图 8-6 所示的基本流程。

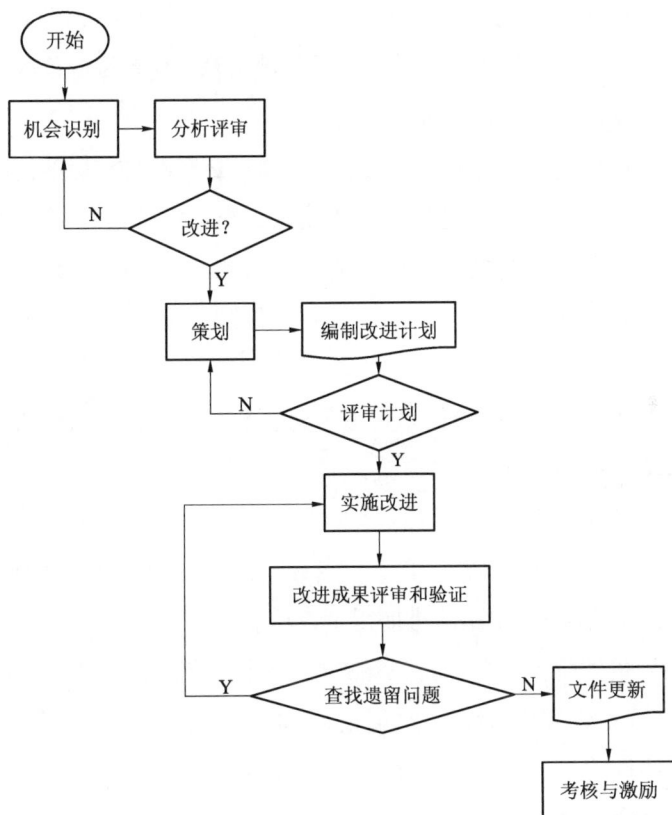

图 8-6　持续改进基本流程

4. 改进效果的度量

在处理阶段所需要进行另一项重要工作是通过采用一定的测量、分析和评价技术对改进的效果进行度量，这是项目质量持续改进所必需的。通过这一过程，一方面可以分析、判断改进的成效；另一方面可以为进一步改进提供依据。

为了掌握项目质量持续改进的效果，应及时对改进的结果加以度量、分析与评审。

为了识别和诊断以确定改进机会，为了量测持续改进活动的结果，在项目质量持续改进过程中，需建立一个客观的量测系统。GB/T 19001—2000 和 GB/T 19004—2000 都规定：组织质量管理体系应开发并建立一个与其运作性质相适应的测量系统，并将"测量、分析和改进"作为质量管理体系的"四大板块"之一。组织的测量系统首先应满足日常测量的需要，同时应满足持续改进效果度量的需要。即组织的测量系统应具有满足持续改进测量的功能。一个良好的量测系统应能满足持续改进过程中机会识别和效果度量的需要，其量测对象主要包括以下内容。① 顾客和其他相关方的满意度。② 项目质量状态。③ 过程能力。④ 过程效率。

对上述量测内容应根据项目的特点设计量测方法，配备量测仪器，并根据机会识别和改进效果度量的需要随时进行量测。

对持续改进效果进行度量的主要方法是，通过量测改进前后的情况，以确定持续改进的效果。所以，为了度量持续改进效果，至少需要进行两次量测，一次是在改进之前，一次是在改进之后。改进前后的量测应在相同的条件下，用相同的方法进行，以增强结果的可比性。改进之后的量测是确定持续改进是否取得效果的关键。

根据量测的结果，应对持续改进的效果进行分析与评价，评价的方法有：单项分析评价和系统评价。

单项分析评价就是将改进之后的量测结果与改进之前的量测结果相比，如果前者优于后者，改进就取得了效果。例如，若改进之前的顾客满意度是 3，改进之后的顾客满意度提高为 4.5，说明改进取得了成功。

采用单项分析评价方法判断持续改进的效果比较简单，但考虑的因素比较单一，这种判断往往难以评价持续改进的综合效果。若需要评判持续改进的综合效果，则可采用系统评价的方法。系统评价的基本步骤如下。

（1）确定评价因素。就持续改进效果评价而言，评价因素有很多，但并非考虑所有因素，而应将事关改进效果全局的因素选择为评价因素。主要因素有：质量改善程度、顾客满意状况、改进对项目费用的影响、改进对工期的影响、改进对安全的影响。

（2）确定评价指标体系。评价指标应与评价因素相适应。

① 质量改善程度性指标：包括项目质量指标、项目性能指标、过程能力指

数等。

② 顾客满意度状况指标：主要是顾客满意度。

③ 改进对项目费用的影响指标：主要是项目或工作成本。

④ 改进对工期的影响指标：主要是项目工期或工作时间。

⑤ 改进对安全的影响指标：主要是项目的事故率。

（3）制定评价准则。评价准则涉及如何对每个指标进行评价的问题，这与所采用的评价方法是密切相关的。

（4）确定评价方法并进行分析评价。根据持续改进效果分析评价的特点，选用不同的方法进行分析评价。常用的方法有质量效益法、价值分析法、工效系数法等。

8.1.6　项目质量持续改进概念模式

综上所述，项目质量持续改进的主体是项目的相关各方；项目质量持续改进的参与者是参与项目的全体人员；项目质量持续改进的客体是项目、项目实施过程和项目管理过程；持续改进所追求的总目标是提高相关方的满意度与过程的效果和效率；持续改进所关注的是项目的更高质量；持续改进的主要方法是 PDCA 循环；持续改进的过程是连续的、不间断的；项目质量持续改进是一种适合性质量管理，是一种主动管理；持续改进的最基本原理是系统原理；持续改进需要改进意识、质量意识和创新意识；持续改进需要适宜的外部环境和内部环境，需要适宜的质量文化；项目质量持续改进的原则是过程的改进、持续的改进、积极的改进和预防性改进；项目质量持续改进是项目相关方组织持续改进的一部分。

8.2　6σ 项目质量管理

8.2.1　6σ 质量

"西格玛"源于统计学中标准差 σ 的概念，而标准差 σ 表示数据相对于平均值的分散程度。"西格玛水平"则将过程输出的平均值、标准差与顾客要求的目标值、规格限值联系起来并进行比较。其中，① 目标值是指顾客要求的理想值。② 规格限值（Specification Limits）是指顾客允许的质量特性的波动范围。

如果过程输出质量特性服从正态分布，并且过程输出质量特性的分布中心与目标值重合，那么 σ 越小，过程输出质量特性的分布就越靠近于目标值，同时该特性落到规格限值外的概率就越小，出现缺陷的可能性就越小。因此，过程满足顾客要求的能力就越强。

西格玛度量的是过程能够满足顾客要求的能力，它强调的是过程一次就能把事情做好的程度，而不是经过检验、返修、报废等补救措施后达到满足顾客要求的。因为任何补救措施都是资源和时间的浪费。

如图 8-7 所示，如果项目某质量指标的规格界限已经确定，则将"目标值 ±3σ"控制在规格界限之内的概率为 99.7%；将"目标值 ±6σ"控制在规格界限之内的概率为 99.999 999 8%。可见，6σ 意味着一个检验批中 99.999 999 8% 是合格的，不合格的只有十亿分之二。而要将 99.999 999 8% 的质量数据控制在规格界限之内，则"σ"值就需要大大降低，也就意味着需要大大提高项目精度，质量需要进一步精益化。

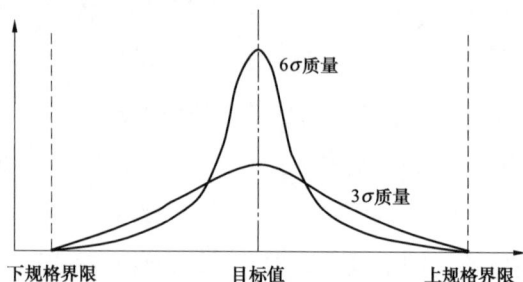

图 8-7 "6σ"质量的理解

用 3σ 控制原则控制生产，当生产过程处于受控状态时，产品的合格品率为 99.73%。如果一个设备由 100 个部件组成，即使每一个部件的合格率均为 99.73%，则该设备的合格品率却只有 76.31%。如果产品质量特性值的均值与规格中心不一致，如偏移 1.5σ，则产品的不合格品率是 6.68%，而不是 0.27%。

达到 6σ 控制原则时的不合格品率为十亿分之二。而作为最早推行了 6σ 质量计划的摩托罗拉公司，其 6σ 控制不合格率的控制目标是百万分之 3.4，而不是十亿分之二，因为他们允许分布中心与规格中心存在 1.5σ 的偏移。

6σ 质量的含义已经不仅局限在项目特性，还包括服务与工作质量。如果一个项目的质量特性能够达到 6σ 质量水平，则意味着该项目可以用精益的质量满足顾客要求。因此，6σ 质量是非常有竞争力的质量。

在以缺陷率计量质量特性时，用"σ"度量缺陷率。6σ 质量表示质量特性的缺陷率仅为十亿分之二。

8.2.2 6σ 管理

1. 6σ 管理的概念

关于 6σ 管理，目前没有统一的定义。下面是一些管理专家关于 6σ 的定义。

管理专家 Ronald Snee 先生将 6σ 管理定义为："寻求同时增加顾客满意和企业经济增长的经营战略途径。"

6σ 管理专家 Tom Pyzdek："6σ 管理是一种全新的管理企业的方式。6σ 主要不是技术项目，而是管理项目。"

韦尔奇先生在接受美国著名作家珍妮特·洛尔采访时谈到的 6σ 管理："品质的含义从字面上来看，乃是要提供一个超越顶级的事物，而不仅是比大多数的事物更好而已。"

6σ 就是应用数理统计来协助衡量价值流的每一过程、每一工序，协助衡量每一改善过程与结果。

6σ 管理是以数据为基础的管理方法，任何凭主观臆断的管理决策都不为 6σ 管理所利用。6σ 管理的基础是具备完整的数据，包括对数据的收集、分析和利用。由于 6σ 管理的客观性，统计分析方法在 6σ 管理的各个阶段有相当重要的作用。

6σ 管理是获得和保持项目成功的综合管理体系和发展战略，是寻求同时增加顾客满意和经济增长的经营战略途径，是使项目组织获得快速增长和竞争力的经营方式。它不是单纯的技术方法的引用，而是全新的管理模式。

2. 6σ 质量管理的概念

6σ 质量管理是建立在统计学基础上的全面质量管理方法，以追求完美为目标的管理理念。6σ 质量管理的重点是将所有工作作为一种流程，采用量化方法分析流程中影响质量的因素，找出关键的因素加以改进从而达到更高的顾客满意度。

6σ 质量管理强调"度量"的重要性，没有度量就没有管理。这里不仅要度量项目质量符合顾客要求的程度，还要度量服务乃至工作过程质量等。

6σ 质量管理是一项以数据为基础，追求几乎完美的质量管理方法，通过消除变异和缺陷来实现零差错率。

3. 6σ 管理的重要观点

任何过程都存在波动。而波动是影响顾客满意的"敌人"。

提高质量同时降低成本并缩短周期，取决于过程特别是核心业务过程的能力。这个能力可以表述为过程输出波动的大小。

过程能力用"西格玛"来度量，西格玛水平越大，过程的波动越小，过程满足顾客要求的能力越强。

如果一个过程的西格玛水平较低，那么表明它以较低的成本、较短的时间向顾客提供较高质量的产品与服务的能力较低，因此该过程的竞争力就较低。统计资料显示，如果一个 3σ 企业组织其所有资源改进过程，则提高一个 σ 水平，大约可获得下述收益：利润率增长 20%；产出能力提高 12%～18%；减少雇员 12%；资本投入减少 10%～30%。

4. 6σ 管理的产生与发展

6σ 管理法由摩托罗拉公司于 1987 年首创，经过多年的发展逐渐被众多一流公司采用，作为全面满足顾客需求的关键经营战略。

1996 年年初，GE（通用电器）将 6σ 作为一种管理战略列为其公司三大战略举措之首（另外两个是全球化和服务化）。

继摩托罗拉和 GE 之后，DELL、TOSHIBA、SONY、花旗银行等世界顶级跨国企业纷纷通过 6σ 管理战略来强化管理水平、降低成本、提高客户忠诚度。而 6σ 也逐渐从一种质量管理方法成为世界上追求管理卓越性的企业的最为重要的战略举措。6σ 的管理思想运用于企业管理的各个方面，为组织在全球化、信息化的竞争环境中处于不败之地建立了坚实的管理和领导基础。

20 世纪 90 年代中后期韦尔奇成为 6σ 品质热衷的追求者。1996 年，在弗吉尼亚夏洛特城举行的通用电器公司的年会上，韦尔奇说："在通用电器的进展过程中，我们有一项重大科技含量的品管任务，这项品管任务会在 4 年内将我们的生产方式引至一个卓越的层次，使我们无论是在产品制造还是在服务方面的缺陷或瑕疵都低于百万分之四。这是我们通用电器前所未有的大挑战，同时也是最具潜力和最有益处的一次出击。……我们推翻了老旧的品管组织，因为他们已经过时了。现代的品管属于领导者，属于经理人员，也属于员工——每一位公司成员的工作。……我们要改变我们的竞争能力，所依恃的是将自己的品质提升至一个全新的境界。我们要使自己的品质使消费者觉得极为特殊而有价值，并且对他们来说是相当重要的成功因素。如此一来，我们自然就会成为他们最有价值的唯一选择。"

6σ 是在 20 世纪 90 年代中期开始从一种全面质量管理方法演变成为一个高度有效的企业流程设计、改善和优化技术，并提供了一系列适用于设计、生产和服务的新产品开发工具，继而与全球化、产品服务和电子商务等战略齐头并进，成为全世界追求管理卓越性企业最为重要的战略举措。它的目标从最初的追求百万分之三点四的差错率，已发展到追求全球同行业的NO.1。并被企业作为取得企业核心竞争力的一项关键战略，成为全世界追求管理卓越性的企业核心竞争力的一项关键战略。

8.2.3 实施 6σ 项目质量管理

1. 6σ 项目质量管理组织

通常，6σ管理是由执行领导、倡导者、大黑带、黑带、绿带等关键角色和项目团队传递并实施的。

（1）关键角色及职责。

1）执行领导（Executives）。建立项目的6σ管理愿景；确定项目的战略目标和业绩的度量系统；确定项目的管理重点；在项目中建立促进应用6σ管理方法与工具的环境。

2）倡导者（Champion）。倡导者是实施6σ管理中的关键角色，他们负有以下职责：负责6σ管理的部署；构建6σ管理基础，如部署人员培训、制定6σ管理项目选择标准并批准项目、建立报告系统、提供实施资源等；向执行领导报告6σ管理的进展；负责6σ管理实施中的沟通与协调。

3）大黑带（Master Black Belt，MBB）。又称为黑带大师或黑带主管。一般来说，他们是6σ管理的专家。他们为倡导者提供6σ管理咨询，为黑带提供项目指导与技术支持。他们负有以下职责：对6σ管理理念和技术方法具有较深的了解与体验，并将他们传递到组织中；培训黑带和绿带，确保他们掌握了适用的工具和方法；为黑带和绿带的6σ项目提供指导；协调和指导跨职能的6σ项目；协助倡导者和管理层选择和管理6σ项目。

4）黑带（Black Belt，BB）。黑带是6σ管理中的关键角色。在一些组织中，他们是专职的并具有一定的技术与管理工作背景。在任职期间需完成一定数量的6σ项目并为组织带来相应经济效益。他们负有以下职责：领导6σ项目团队，实施并完成6σ项目；向团队成员提供适用的工具与方法的培训；识别过程改进机会并选择最有效的工具和技术实现改进；向团队传达6σ管理理念，建立对6σ管理的共识；向倡导者和管理层报告6σ项目的进展；将通过项目实施获得的知识传递给组织和其他黑带；为绿带提供项目指导。

5）绿带（Green Belt，GB）。绿带是项目中经过6σ管理方法与工具培训的、结合自己的本职工作完成6σ项目的人员。他们一般是黑带领导的项目团队的成员，或结合自己的工作开展涉及范围较小的6σ项目。

（2）6σ 项目团队（Six Sigma Team）。6σ 项目通常是通过团队合作完成的。项目团队由项目所涉及的有关职能（如技术、生产、工程、采购、销售、财务、管理等）人员构成，一般由 3~10 人组成，并且应包括对所改进的过程负有管理职责的人员和财务人员。

2. 6σ 的分析流程

6σ 是典型的定量决策系统，和传统方法相比，它更强调数据的作用，强调运用统计手段的各种技术去发现过程问题的本质规律，从而从根本上消除问题。一旦过程的所有变量得到提示和量化，比较和改善则顺理成章。

6σ 管理不仅是理念，同时也是一套业绩突破的方法。它是将理念变为行动，将目标变为现实的方法。这套方法就是 6σ 改进方法 DMAIC 和 6σ 设计方法 DFSS。

（1）"DMAIC"方法。DMAIC 是指定义（Define）、测量（Measure）、分析（Analyze）、改进（Improve）、控制（Control）五个阶段构成的过程改进方法，如图 8-8 所示。

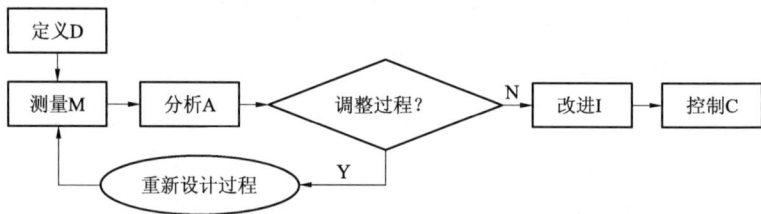

图 8-8　DMAIC 过程改进方法

该方法一般用于对现有流程的改进，包括实施过程、服务过程以及工作过程等。一个完整的 6σ 改进项目应完成"定义 D"、"测量 M"、"分析 A"、"改进 I"和"控制 C"5 个阶段的工作。每个阶段又由若干个工作步骤构成，如表 8-1 所示。

表 8-1　DMAIC 工作步骤

阶段	活动要点	主　要　工　作
D	项目启动	确定顾客的关键需求并识别需要改进的产品或过程，将改进项目界定在合理范围内
M	测量输出，确定基线	测量现有过程，确定过程的基线以及期望达到的目标，识别影响过程输出的因素，对测量系统的有效性进行评价
A	确定关键影响因素	通过数据分析，确定影响过程输出的关键因素
I	设计并验证改进方案	确定优化过程输出并消除或减少关键因素影响的方案，以减少过程缺陷或变异
C	保持	使改进后的过程程序化，并通过有效的监测方法保持过程改进的成果

（2）"DFSS"方法。DFSS 是 Design For Six Sigma 的缩写，是指对新流程、新产品的设计方法。

8.2.4　6σ 管理案例

某钢铁公司大型厂针对高线效益品种钢的订货量增长缓慢，用户对产品质量异议量有所增加等问题，决定将提高高线产品质量作为试点项目，采用 DMAIC 方法实施 6σ 管理。

1. 定义顾客需求（Define）

确定目标为：以降低中间轧废提高正品率和成材率，快速向用户交付产品，提高用户满意度。攻关目标值为：正品率由 < 93% 提高到 > 96%（合格率提升到 > 99.45% 的水平）。

2. 评估当前绩效（Measure）

搜集 2003 年高线轧钢废钢支数，并针对工艺废钢和设备废钢进行了分类统计。

分析结果：高线一级品率的 σ 绩效值为 3.21σ，属于中间层次的 σ 绩效值，亦说明在高线提高成材率上有许多工作可以做，用户满意度可以进一步提高。统计数据得出，设备因素所造成的废钢是次要的，占 34%。而主要的是工艺因素废钢，占 72%。

3. 原因分析（Analyze）

原因分析包括以下方面。

（1）人员经常变动，操作水平参差不齐，工作态度不认真，责任心不强。

（2）操作人员导卫安装方法不当，造成导卫磨损严重或搭铁，而又不能及时发现处理。

（3）操作人员在设置辊缝时不正确。后果是：辊缝大，轧件尺寸大，进口导卫损坏，堆钢；辊缝小，轧件尺寸偏小，下一机架进口导卫不能有效夹持倒坯堆钢。

（4）轧件变形量增大，变形阻抗力随之增大，造成辊环局部温度快速增高而爆裂堆钢。

（5）辊环的安装不正确，错辊，或者在轧制过程中卸压；冷却水中的夹杂堵塞冷却水管，致使冷却强度降低导致辊环爆裂而堆钢。

（6）设备问题：立式活套机构故障。侧活套进入口导轮的调整，油气润滑以及活套扫描仪（HMD）不正常。

4. 改进措施（Improve）

改进措施包括以下方面。

（1）实行竞争上岗制度，对岗位实施兼并和优化组合，形成工作上的互补。

（2）严格实行经济责任制考核，落实分解责任到岗位到个人。

（3）推行和全面实施标准化作业，制定和完善工艺调整办法，纳入标准管理。

（4）在全线岗位推行生产过程控制，落实公司工序控制点的检查。加强轧线各机架间变形量的控制，防止轧件变形阻力过大而堆钢。

（5）推行全面设备点检制度落实。正确安装辊环、导卫及冷却水管，并在停机时着重检查。

（6）长期性培训计划，锻炼大工种作业能力，配合机动。电气人员对立式活套等设备进行检查，确保其工作状态完好。

5. 控制（Control）

控制的内容包括以下方面。

（1）成立以车间主任为组长的培训小组，制订翔实的培训计划，提高轧钢人员的技术水平。

（2）车间技术人员加大对生产岗位的工艺纪律检查力度，保证生产过程的有效控制。

（3）落实上线的备品件的装配到位，导卫、水管、辊环质量符合轧线要求，完善统计台账。

（4）辊缝设置纳入综合管理，生产数据记录可查。

（5）加强控制和抽检，保证活套工作正常。

（6）实施全线生产过程控制，保证轧件走向顺畅。

实施 6σ 管理的成效如下。

（1）高线正品率由 92.26% 上升到 96.33%（合格率提升到 > 99.45% 的水平），工艺废钢比率由 72% 下降到 61%，绩效明显。

（2）高线设备的作业率和产品的成材率的质量指标得到进一步提高，产能优势得以进一步提高。

（3）质量指标的提升为合同兑现和及时迅速交货提供了保障，用户的满意度提高。

（4）轧制废品的减少使高线的生产成本降低，产品的市场竞争力加强，拓展了高线的市场占有率。

（5）以顾客为中心的策略和持续的 6σ 管理法的应用改进，市场反应良好，顾客回头率提高，高线的订货量持续增长。

复习思考题

一、判断题（正确的打"√"，错误的打"×"）

1. 要实现持续改进，必须以广泛的质量改进活动为前提。 （　　）

2. 项目质量的持续改进主要涉及项目需求方。 （　　）

3. 持续改进的重点在于发现质量问题并加以处理。 （　　）

4. 项目质量的持续改进与项目需求方的持续改进密切相关。 （　　）

5. 项目质量持续改进是一种符合性质量管理。 （　　）

6. 项目质量持续改进是一个连续的过程，不能中断，也无终点。 （　　）

7. 质量控制的结果是实质性的质量改进。 （　　）

二、单项选择题（请在题后的括号内填上选中项的序号）

1.（　　）是永久性的、根本性的。

　　A. 过程的改进　　　　　　　　　B. 预防性的改进

　　C. 积极性的改进　　　　　　　　D. 持续性的改进

2. 持续改进所追求的是项目（　　）。

　　A. 最高质量　　　　　　　　　　B. 最佳质量

　　C. 符合性质量　　　　　　　　　D. 适合性质量

3. 改进的要求来自于（　　）。

　　A. 需求方　　　　　　　　　　　B. 完成方

　　C. 决策层　　　　　　　　　　　D. 所有项目相关方

4. 持续改进环境条件中最主要的因素是（　　）。

　　A. 物质因素　　　　　　　　　　B. 人的因素

　　C. 资金因素　　　　　　　　　　D. 方法因素

5. 衡量项目质量的唯一标准是（　　）的需求或要求。

　　A. 领导　　　　　B. 合同　　　　　C. 项目章程　　　　D. 顾客

6. 项目质量持续改进的参与者是（　　）。

　　A. 需求方项目参与者　　　　　　　B. 完成方项目参与者

  C. 项目经理部全体人员   D. 参与项目的全体人员

三、多项选择题（请在题后的括号内填上选中项的序号）

1. 项目质量持续改进的主要对象包括（ ）。

  A. 对项目本身的改进   B. 对组织的质量管理体系的改进

  C. 对项目实施过程的改进   D. 对管理过程的改进

2. 对项目实施过程的改进，可能会（ ）。

  A. 使项目质量提高   B. 使项目成本下降

  C. 提高实施过程的有效性   D. 使项目质量状态受控

3. 项目质量持续改进的基本原则包括（ ）。

  A. 过程的改进   B. 持续性的改进

  C. 预防性的改进   D. 全面的改进

4. 对项目质量进行持续改进的压力来源于（ ）。

  A. 领导的要求   B. 对项目质量提出的新要求

  C. 参与项目的组织自身   C. 竞争

5. 识别改进机会的途径主要包括（ ）。

  A. 从合格控制的结果中识别   B. 从监视和测量中识别

  C. 从质量改进的过程或结果中识别 D. 从广泛的信息来源中识别

四、简答题

1. 什么是持续改进？

2. 什么是 6σ 质量？

3. 什么是 6σ 质量管理？

4. 什么是黑带？

5. 什么是 DMAIC？

五、思考题

1. 项目质量持续改进需要哪些环境条件？

2. 领导者和管理者在持续改进中应该如何做？

3. 持续改进所需的价值观、态度和行为主要包括哪些？

4. 项目质量持续改进的基本流程？

5. 如何运用 PDCA 循环原理对项目质量进行持续改进？

六、案例分析

F 公司项目质量的持续改进模式

F 公司非常重视项目质量的持续改进，通过分析、研究，提出本公司项目质量持续改进的基本思路：项目质量持续改进的主体是本公司项目经理部；项目质量持续改进的参与者是项目团队成员；项目质量持续改进的客体是项目、项目实施过程；持续改进所追求的总目标是满足需求方对项目质量的要求；持续改进所关注的是项目的符合性质量；持续改进的主要方法是直方图和控制图；持续改进分阶段进行；项目质量持续改进是发现问题、解决问题；持续改进的最基本原理是系统原理；持续改进需要改进意识、质量意识和创新意识；持续改进需要适宜的外部环境和质量文化；项目质量持续改进的原则是过程的改进、持续的改进。

请分析：F 公司所提出的项目质量持续改进的思路是否合适？如何完善？

附 录　正 态 分 布 表

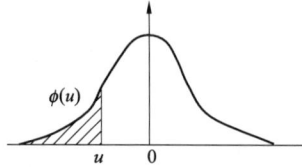

$$\phi(u) = \frac{1}{2\pi} \int_{-\infty}^{u} \mathrm{e}^{-\frac{x^2}{2}} \mathrm{d}x (u \leqslant 0)$$

u	0.00	0.01	0.02	0.03	0.04	0.05	0.06	0.07	0.08	0.09
−0.0	0.500 0	0.496 0	0.492 0	0.488 0	0.484 0	0.480 1	0.476 1	0.472 1	0.468 1	0.464 1
−0.1	0.460 2	0.456 2	0.452 2	0.448 3	0.444 3	0.440 4	0.436 4	0.432 5	0.428 6	0.424 7
−0.2	0.420 7	0.416 3	0.412 9	0.409 0	0.405 2	0.401 3	0.397 4	0.393 6	0.389 7	0.385 9
−0.3	0.382 1	0.378 3	0.374 5	0.370 7	0.366 9	0.363 2	0.359 4	0.355 7	0.352 0	0.348 3
−0.4	0.344 6	0.340 9	0.337 2	0.333 6	0.330 0	0.326 4	0.322 8	0.319 2	0.315 6	0.312 1
−0.5	0.308 5	0.305 0	0.301 5	0.298 1	0.294 6	0.291 2	0.287 7	0.284 3	0.281 0	0.277 6
−0.6	0.274 3	0.270 9	0.267 6	0.264 3	0.261 1	0.257 8	0.254 6	0.251 4	0.248 3	0.245 1
−0.7	0.242 0	0.238 9	0.235 8	0.232 7	0.229 7	0.226 6	0.223 6	0.220 6	0.217 7	0.214 8
−0.8	0.211 9	0.209 0	0.206 1	0.203 3	0.200 5	0.197 7	0.194 9	0.192 2	0.189 4	0.186 7
−0.9	0.184 1	0.181 4	0.178 8	0.176 2	0.173 6	0.171 1	0.168 5	0.166 0	0.163 5	0.161 1
−1.0	0.158 7	0.156 2	0.153 9	0.151 5	0.149 2	0.146 9	0.144 6	0.142 3	0.140 1	0.137 9
−1.1	0.135 7	0.133 5	0.131 4	0.129 2	0.127 1	0.125 1	0.123 0	0.121 0	0.119 0	0.117 0
−1.2	0.115 1	0.113 1	0.111 2	0.109 3	0.107 5	0.105 6	0.103 8	0.102 0	0.100 3	0.098 53
−1.3	0.096 80	0.095 10	0.093 42	0.091 76	0.090 12	0.088 51	0.086 91	0.085 34	0.083 79	0.082 26
−1.4	0.080 76	0.079 27	0.077 80	0.076 36	0.074 93	0.073 53	0.072 15	0.070 78	0.069 44	0.068 11
−1.5	0.066 81	0.065 52	0.064 26	0.063 01	0.061 78	0.060 57	0.059 38	0.058 21	0.057 05	0.055 92
−1.6	0.054 80	0.053 70	0.052 62	0.051 55	0.050 50	0.049 47	0.048 46	0.047 46	0.046 48	0.045 51
−1.7	0.044 57	0.043 63	0.042 72	0.041 82	0.040 93	0.040 06	0.039 20	0.038 36	0.037 54	0.036 73
−1.8	0.035 93	0.035 15	0.034 38	0.033 62	0.032 88	0.032 16	0.031 44	0.030 74	0.030 05	0.029 38
−1.9	0.028 72	0.028 07	0.027 43	0.026 80	0.026 19	0.025 59	0.025 00	0.024 42	0.023 85	0.023 30
−2.0	0.022 75	0.022 22	0.021 69	0.021 18	0.020 68	0.020 18	0.019 70	0.019 23	0.018 76	0.018 31
−2.1	0.017 86	0.017 43	0.017 00	0.016 59	0.016 18	0.015 78	0.015 39	0.015 00	0.014 63	0.014 26
−2.2	0.019 0	0.013 55	0.013 21	0.012 37	0.012 55	0.012 22	0.011 91	0.011 60	0.011 30	0.011 01
−2.3	0.010 72	0.010 44	0.010 17	0.009 903	0.009 642	0.009 387	0.009 173	0.008 894	0.008 656	0.008 424
−2.4	0.008 198	0.007 976	0.007 760	0.007 549	0.007 344	0.007 143	0.006 947	0.006 756	0.006 569	0.006 387
−2.5	0.006 210	0.006 037	0.005 868	0.005 703	0.005 543	0.005 386	0.005 234	0.005 085	0.004 940	0.004 799

注　若 $u > 0$，则 $\phi(u) = 1 - \phi(-u)$。

例：$u = 0.47$，则 $\phi(0.47) = 1 - \phi(-0.47) = 1 - 0.319\ 2 = 0.680\ 8$。